U0960218

示范性职业院校精品规划教材

旅游与酒店管理专业

实用礼仪教程

主　编　金丽娟　郭仲军

副主编　游家云　罗　红　黄春福

天津大学出版社
TIANJIN UNIVERSITY PRESS

图书在版编目（CIP）数据

实用礼仪教程 / 金丽娟，郭仲军主编．—天津：天津大学出版社，2015.3（2018.8 重印）
示范性职业院校精品规划教材．旅游与酒店管理专业
ISBN　978-7-5618-5291-0

Ⅰ．①实…　Ⅱ．①金…　②郭…　Ⅲ．①礼仪—高等职业教育—教材
Ⅳ．①K891.26

中国版本图书馆 CIP 数据核字（2015）第 072996 号

出版发行　天津大学出版社
地　　址　天津市卫津路 92 号天津大学内（邮编：300072）
电　　话　发行部：022-27403647
网　　址　publish.tju.edu.cn
印　　刷　北京虎彩文化传播有限公司
经　　销　全国各地新华书店
开　　本　185mm×260mm
印　　张　12.75
字　　数　324 千
版　　次　2015 年 3 月第 1 版
印　　次　2018 年 8 月第 3 次
定　　价　30.00 元

前　言

Preface

中国素有“礼仪之邦”的美誉。讲“礼”重“仪”是中华民族世代相传的传统美德。孔子曰：“兴于诗，立于礼，成于乐。”孟子也说过：“爱人者，人恒爱之；敬人者，人恒敬之。”古希腊哲人赫拉克利特也说：“礼貌是有教养的人的第二个太阳。”这些都充分说明礼仪的重要性。从某种意义上说，礼仪就是律己、敬人的一种行为规范，是表现对他人尊重和理解的过程和方式。

从个人修养的角度来看，礼仪是一个人内在修养和素质的外在表现；从交际的角度来看，礼仪是一种人际交往艺术；从传承的角度来看，礼仪可以沿承传统美德，净化社会风气，提升国家形象。因此，重视、开展礼仪教育已成为道德实践的一个重要内容。学校是教书育人的专门场所，礼仪教育是德育、美育的重要组成部分，因此，对学生进行礼仪规范教育具有划时代的特殊意义。礼仪规范教育不仅是素质教育的必需，也是社会文明进步的强烈要求。

本书采用项目模块编写体例，通过学习情境、任务驱动及各技能点的讲述、训练，达到帮助学生学礼、知礼、习礼、用礼的目的。全书共分十一个学习情境，由礼仪认知、个人礼仪、日常交往礼仪、通信礼仪、家庭礼仪、校园礼仪、公共礼仪、餐饮礼仪、求职礼仪、中国主要节日习俗礼仪及我国部分少数民族及地区习俗礼仪构成。本书既可作为职业院校各专业的通用教材，亦可作为社会各界人士学习礼仪知识的参考用书。

本书由金丽娟、郭仲军担任主编，游家云、罗红、黄春福担任副主编。具体编写分工为：金丽娟负责全书的框架体系设计和统稿，同时编写学习情境一、学习情境二、学习情境八；郭仲军编写学习情境三；游家云编写学习情境十一；刘谋编写学习情境十；罗红编写学习情境五；黄春福编写学习情境六；杨赞胜编写学习情境七；王礼编写学习情境九；张平编写学习情境四。

本书在编写过程中参考并引用了相关文献与资料，在此谨向相关作者致以诚挚的谢意！由于作者水平有限，编写时间仓促，书中不足之处在所难免，恳请各位专家及广大读者批评指正。

编　者

2014 年 12 月

目 录
Contents

学习情境一
礼仪认知

● 学习目标

知识目标： 了解礼仪的起源和发展；理解礼仪及相关概念的含义、特征与原则。

素质目标： 认知并能有意识地培养自己的礼仪素养，明确礼仪的基本原则并找到提高自身修养的途径。

● 导入案例

文明只在信手之间

2013 年“十一”黄金周，恰逢《中华人民共和国旅游法》(以下简称《旅游法》) 正式实施。国庆前夕，黄山风景区用官方微博在全国景区中率先发起“文明旅途，黄山‘游’礼，邀您同行”主题微博有奖接力倡议活动，号召 103 万名粉丝接力传递，并将从参与转发的粉丝中抽取 5 名，奖励价值 2 478 元的“黄山览秋之旅”大礼包，回馈粉丝和活动参与者。

文明旅游，从我做起。“游客的每一次出游，不仅仅是发现美、感受美的过程，也是传递美、展示美的过程，就像‘你在桥上看风景，看风景的人在楼上看你”，通过倡导文明旅游，号召网友接力转发，在黄山旅游官博矩阵中，形成文明新风，助力《旅游法》的实施，引导游客自觉参与到黄山风景区的文明旅游中来。

作为世界文化与自然双重遗产的黄山风景区有着并不和谐的一面，主要表现在某些游客有乱扔垃圾的不文明行为。在旅游过程中，塑料袋、空矿泉水瓶、方便面盒、用过的面巾纸、水果皮、瓜子皮等随处可见，很多石缝处都有垃圾，在优美的景色中显得十分碍眼。最难解决的是游客扔在悬崖峭壁上的垃圾，这些形形色色的垃圾，只有靠黄山的放绳工冒着危险进行清理。一名放绳工在接受记者采访时说：“黄山景区沿途都有垃圾桶，希望游客们不要乱扔垃圾了。当然，也有不少游客在吃栗子、橘子时，要么将瓜果皮壳集中放进随身携带的塑料袋里，要么攥在手中然后扔到垃圾箱里，大多数人都能保持文明的生活习惯。”

不仅仅是黄山，我国很多景区都存在游客乱扔垃圾的现象。景区内均设立了很多垃圾桶，但令人遗憾的是，往往垃圾桶旁的地上、树边乱扔的垃圾最多，手一伸就能把这些垃圾扔进垃圾桶内，可就是偏偏要乱扔在地上。也有的游客在乱扔垃圾时还是有羞愧感的，所以会把垃圾扔在草丛中、路边不太显眼的地方，可是这些地方往往更难打扫。

景区是供游人放松休闲的地方。景区的秩序也好，卫生也好，要靠大家共同维持，否则，就算清洁工有三头六臂也难以保持黄山等景区美好的一面。景区优美整洁的环境需要每一个公民的爱护。游客在观赏美景的同时，更要注意自己的行为。每一个游客都要为文明出行、保护环境尽到自己的一份责任。

礼仪是一种文化，是指人们在社会交往中由于受历史传统、风俗习惯、宗教信仰等因素影响而形成的，为人们所接受又为人们所遵守的伦理道德和行为规范，礼仪修养不仅是人们必须具备的基本素质，而且是社会交往、旅游活动和其他各项事业成功的一个重要条件。

任务一　礼仪概述

一、礼仪的含义

古人云："致福曰礼，成义曰仪。"中国古代的"礼"和"仪"，实际是两个不同的概念。"礼"是制度、规则，是一种社会意识观念；"仪"是"礼"的具体表现形式，它是依据"礼"的规定和内容形成的一套系统而完整的程序。古人讲"礼者，敬人也"，实际上是一种待人接物的基本要求；而礼仪的"仪"字，顾名思义，仪者，仪式也，即尊重自己、尊重别人的表现形式。

为了更完整、更准确地理解"礼仪"这一概念，我们可以站在不同的角度，对礼仪这一概念做不同的表述。

从个人修养的角度来看，礼仪是一个人内在修养和综合素质的外在表现，也就是说一个人的素质体现于其对礼仪的认知和应用。

从道德的角度来看，礼仪被界定为为人处世的行为规范或行为准则。

从交际的角度来看，礼仪是人际交往中适用的一种交际方式或交际方法，也可以说是一种艺术。

从民俗的角度来看，礼仪既是人际交往中必须遵守的律己敬人的习惯形式，也是人际交往中约定俗成的待人以尊重、友好的习惯做法。简言之，礼仪是待人接物的一种惯例。

从传播的角度来看，礼仪是一种在人际交往中进行相互沟通的技巧。

从审美的角度来看，礼仪是一种形式美，它是人心灵美的必然外化。

综合各种对礼仪的概述，可以进一步地加深对礼仪的理解，并且更为准确地对礼仪进行把握。礼仪是指人们在各种社会交往中所形成的，用以美化自身、敬重他人的行为规范和准则，具体表现为礼、礼貌、礼节、礼仪等。

二、礼、礼貌、礼节、礼仪

1．礼

礼的本意为敬神，后引申为表示敬意的通称。礼的含义比较丰富，它既可以指为表示敬意和隆重而举行的仪式，也可泛指社会交往中的礼貌礼节，是人们在长期的生活实践中约定俗成、共同认可的行为规范。礼的本质是"诚"，有敬重、友好、谦恭、关心、体贴之意。礼是人际交往乃至国际交往中，相互表示尊重、亲善和友好的行为。

2．礼貌

礼貌，是指人们在交往过程中相互表示敬意和友好的行为准则和精神风貌，是一个人在待人接物时的外在表现。它通过仪表及言谈举止来表示对交往对象的尊重。

3．礼节

礼节，是指人们在日常生活中，特别是在交际场合中，相互表示问候、致意、祝愿、慰问以及给予必要的协助与照料的惯用形式。

4．礼仪

礼仪包括“礼”和“仪”两部分。“礼”即礼貌、礼节，“仪”即仪容、仪表、仪态、仪式，礼仪是对礼节、仪式的统称。礼仪是在人际交往中，以一定的、约定俗成的程序方式来表现的律己敬人的过程。

三、仪容、仪表、仪态、仪式

1．仪容

仪容，通常是指人的外观、外貌，其中的重点则是指人的容貌，它是由发式、面容以及所有未被服饰遮掩、暴露在外的肌肤构成的。在人际交往中，每个人的仪容都会引起交往对象的关注，并影响对方对自己的整体评价。

2．仪表

仪表，是指人的外表，包括容貌、姿态、风度、服饰和个人卫生等，是礼仪的重要组成部分。人的仪表美包括容貌美、形体美和在二者基础上通过装饰打扮而取得的修饰美。仪表之美当然首先是个人所好，但也表现了对他人、对社会的尊重，同时还反映出民族的习俗和社会的风尚。

3．仪态

仪态，指的是人的姿势、举止和动作。不同国家、不同民族以及不同的社会历史背景，对不同阶层、不同群体的仪态都有不同的标准或要求。仪态美是指人的仪表、举止、姿态所显现出的美，它是人类把自身作为审美对象进行自我观照的结果，是人类按照美的规律实现自身外在改造的结果。

4．仪式

仪式，是礼的秩序形式，即为表示敬意或隆重，而在一定场合举行的、具有专门程序的规范化的活动，如签字仪式、剪彩仪式、开幕式等。

任务二　中国礼仪的起源与发展

中国是世界公认的文明古国，也是人类文明的发源地之一。中国自古以来都崇尚礼仪，素有“礼仪之邦”的美称。中国礼仪的起源，可以追溯到久远的过去。应当说，中华民族的历史掀开第一页的时候，礼仪就伴随着人类的活动，伴随着原始宗教而产生了。礼仪制度正是为着处理人与神、人与鬼、人与人这三大关系而制定出来的。中国古代有“五礼”之说，祭祀之事为吉礼，冠婚之事为嘉礼，客人之事为宾礼，军旅之事为军礼，丧葬之事为凶礼。民俗界认为礼仪主要包括生、冠、婚、丧四种人生礼仪。

一、中国礼仪的起源

礼仪起源于原始社会和奴隶社会时期。归纳起来，大体有五种礼仪起源说：一是天神生礼，二是礼为天地人的统一体，三是礼产生于人的自然本性，四是礼为人性和环境矛盾的产物，五是礼生于理起于俗。

1. 天神生礼说

这是人们还没有认识到礼仪的真正起源时的一种信仰说教，是神崇拜的反映，代表了人类图腾崇拜时期对原始礼仪的一种认识。《左传》有言：“礼以顺天，天之道也。”意思是说，礼是用来顺乎天意的，而顺乎天意的礼就合乎“天道”。“天神生礼说”虽然不科学，但却反映了礼仪起源的某些历史现象。

2. 礼为天地人的统一体说

这种观点是春秋以后兴起的一股思潮。它认为，天地与人既有制约关系和统一性，又有高于人事的主宰性。把礼引人际关系中来讨论，比单纯的“天神生礼说”有了很大进步，但仍没有摆脱原始信仰，所以仍是不科学的。

3. 礼起源于人性说

这是儒家的创见，他们把礼和人性结合起来，认为礼起源于人的天性。孔子以仁释礼，一方面把“礼”作为处理人际关系的总则，另一方面又把“仁”当作“礼”的心理依据。克己以爱人，就是“仁”；用仁爱之心正确而恰当地处理好人际关系，就是“礼”。

4. 礼为人性和环境矛盾的产物说

这一学说的目的，在于解决人和环境的矛盾。孔子“克己复礼”的观点，就是看到了人和环境的矛盾，而解决这种矛盾的方法是“克己”。人若对自己的好恶欲望不加以节制，就会什么坏事都干得出来，于是圣人制礼，节制贪欲。

5. 礼生于理起于俗说

这是对礼仪起源的更深入的探讨。理，是指事物的必然性道理。人们为了正常生存和发展，根据面临的生存条件，制定出合乎人类生存发展规律的行为规范，就是“礼”。“礼”是理性认识的结果。事物的礼落到实处，使之与习俗相关，所以又有了礼起源于俗的说法。荀子说：“礼以顺民心为本……顺人心者皆礼也”，从理和俗上说明了礼的起源。

根据上述种种说法，可以认为，“礼”先于“仪”，有了“礼”这个道德规范，才用“仪”这种形式去实现。“礼”与“仪”常常密不可分。礼仪与部落群居同步产生，并随着社会组织形式和国家制度的变化而变化，随着人类社会生活的发展而逐步完善。

二、中国礼仪的发展

在漫长的历史沿革和岁月洗礼中，礼仪经历了一个从无到有、从低级到高级、从零散到完整的渐进过程。追根溯源，礼仪的发展史大致可以分为以下几个阶段。

1. 礼仪的萌芽时期（前 5 万一前 1 万年）

礼仪起源于原始社会时期，在长达 100 多万年的原始社会历史中，人类逐渐开化。在原始社会中晚期出现了早期礼仪的萌芽。例如，生活在距今约 1.8 万年前的北京周口店山顶洞人，就已经知道打扮自己了。他们用穿孔的兽齿、石珠作为装饰品，挂在脖子上。他们还在去世的族人身旁撒放赤铁矿粉，举行原始的宗教仪式，这是迄今为止在中国发现的最早的葬仪。

2．礼仪的草创时期（前 1 万年一前 22 世纪）

公元前 1 万年前后，人类进入新石器时期，不仅能制作精细的磨光石器，而且开始从事农耕和畜牧。在其后数千年岁月里，原始礼仪渐具雏形，例如在今西安附近的半坡遗址中，发现了约 5000 年前的半坡村人的公共墓地。墓地中坑位排列有序，死者的身份高低有别，有带殉葬品的仰身葬，还有无殉葬品的俯身葬等。此外，仰韶文化时期的其他遗址及有关资料表明，当时人们已经开始讲究尊卑有序、男女有别。长辈坐上席，晚辈坐下席；男子坐左边，女子坐右边等礼仪日趋明确。

3．礼仪的形成阶段（前 21 世纪一前 771 年）

这一阶段主要是指夏商周时期。从史料上看，夏代已开始制礼，到商代，礼仪已渗透到社会生活的各个方面。记载周代礼仪的书籍“三礼”的出现，标志着周礼已经达到了系统完备阶段。在这一时期，礼仪已从单纯地祭祀天地、鬼神、祖先扩展成为全面制约人们行为的规范。在这一阶段中，礼的内容主要体现在《周礼》中的“王礼”部分。所谓“王礼”，就是分别用于祭祀、冠婚、宾客、军旅和丧葬的“吉礼”“嘉礼”“宾礼”“军礼”和“凶礼”，这是对我国古代礼仪的总结汇编。这些礼仪内容对后世人们的行为规范、人际交往以及社会公德的形成，都产生了极大的影响。

4．礼仪的发展、变革时期（前 770一前 221）

西周末期，王室衰微，诸侯纷起争霸。公元前 770 年，周平王东迁洛邑，史称东周。承继西周的东周王朝已无力全面恪守传统礼制，出现了所谓“礼崩乐坏”的局面。

春秋战国时期是我国奴隶社会向封建社会转型的时期。这一时期，学术界形成了百家争鸣的局面，在此期间，以孔子、孟子、荀子为代表的诸子百家对礼教进行了研究和发展，对礼仪的起源、本质和功能进行了系统阐述，第一次在理论上全面而深刻地论述了社会等级秩序的划分及其意义。

5．礼仪的强化时期（前 221－1796）

在我国长达 2000 多年的封建社会里，尽管在不同的朝代礼仪文化具有不同的社会政治、经济、文化特征，但却有一个共同点，就是一直为统治阶级所利用，礼仪是维护封建社会等级秩序的工具。

公元前 221 年，秦王嬴政最终吞并六国，统一中国，建立起中国历史上第一个中央集权的封建王朝——秦朝。秦朝制定的集权制度，成为后来延续两千余年的封建体制的基础。

西汉初期，叔孙通协助汉高帝刘邦制定了朝礼之仪，突出发展了礼的仪式和礼节。西汉思想家董仲舒将封建专制制度的理论系统化，提出了“惟天子受命于天，天下受命于天子”的“天人感应”之说，并把儒家礼仪具体概括为“三纲五常”。

● **知识链接 1-1**

“三纲五常”

三纲、五常这两个词，来源于西汉董仲舒的《春秋繁露》一书。但作为一种道德原则、行为规范，它出现得要早得多，源于先秦时代的孔子。孔子曾提出了君君臣臣、父父子子和仁义礼智等伦理道德观念。孟子进而提出“父子有亲，君臣有义，夫妇有别，长幼有序，朋友有信”的“五伦”道德规范。董仲舒按照他的大道“贵阳而贱阴”的阳尊阴卑理论，对五伦观念做了进一步的发挥，提出了三纲原理和五常之道。

“三纲”是指“君为臣纲，父为子纲，夫为妻纲”，要求为臣、为子、为妻者必须绝对服从于君、父、夫，同时也要求君、父、夫为臣、子、妻做出表率。它反映了封建社会中君臣、父子、夫妇之间特殊的道德关系。

“五常”即仁、义、礼、智、信，是用以调整、规范君臣、父子、兄弟、夫妇、朋友等人伦关系的行为准则。

董仲舒认为，在人伦关系中，君臣、父子、夫妇三种关系是最主要的，而这三种关系存在着天定的、永恒不变的主从关系：君为主、臣为从；父为主，子为从；夫为主，妻为从。三纲皆取自阴阳之道，具体地说，君、父、夫体现了天的“阳”面，臣、子、妻体现了天的“阴”面；阳永远处于主宰、尊贵的地位，阴永远处于服从、卑贱的地位。董仲舒又认为，仁、义、礼、智、信五常之道是处理君臣、父子、夫妻上下尊卑关系的基本法则，治国者应该给予足够的重视。

汉代时，《礼记》问世。《礼记》堪称上承奴隶社会、下启封建社会的礼仪汇集，是封建时期礼仪的集大成者。

盛唐时期，《礼记》由“记”上升为“经”，成为“礼经”三书之一。

宋代将封建礼仪推向了一个新的高峰，出现了以儒家思想为基础，兼容道学、佛学思想的理学，程颢、程颐兄弟和朱熹为其主要代表。二程认为，自然界天地万物无不体现天理，“理”是天下万物都要遵循的普遍原则，是永恒存在的；“理”不仅是自然的，也是社会的最高原则，而人性的本质就是天理的体现。

朱熹继承了二程的“理”，强调天地万物的对立与差别，认为这种对立与差别是不能改变的，即使山河大地都沦陷了，“理”仍将存在。他进一步指出：“仁莫大于父子，义莫大于君臣，是谓三纲之要，五常之本。人伦天理之至，无所逃于天地间。”

“家礼”的兴盛是宋代礼仪发展的另一个特点。道德和行为规范是这一时期封建礼教强调的中心，“三从四德”成为这一时期妇女的道德礼仪标准。

明代时，交友之礼更加完善，而忠、孝、节、义等礼仪日趋繁多。这一时期礼仪的重点是尊君抑臣、尊夫抑妇、尊父抑子、尊神抑人。在漫长的历史演变过程中，它逐渐成为妨碍人类个性自由发展、阻挠人类平等交往、桎梏思想自由飞翔的精神枷锁。

纵观封建社会的礼仪，内容大致有涉及国家政治的礼制和家庭伦理两类。这一时期的礼仪是构成中华传统礼仪的主体。

6．礼仪的衰落时期（1796—1911）

元、明、清三代，封建制度越来越走向集权专制，传统礼仪也随之暴露出专制、残暴、繁冗、僵化的一面，封建礼仪开始走向衰落。元朝蒙古人一统天下，大量的游牧民族风俗习惯对中原传统礼仪造成了很大的冲击。清代一些礼仪更显虚浮、烦琐，如清代的品官相见礼。当品级低者向品级高者行拜礼时，轻则一跪三叩，重则三跪九叩。清代后期，清王朝政权腐败，民不聊生，古代礼仪盛极而衰。而伴随着西学东渐，一些西方礼仪传入中国，中国传统礼仪一统天下的局面不复存在，礼仪开始走向新生。

7．现代礼仪时期（1911－1949）

1911 年末，清王朝土崩瓦解，当时远在美国的孙中山先生火速赶回祖国，于 1912 年 1 月 1 日在南京就任中华民国临时大总统。受西方资产阶级“自由、平等、民主、博爱”等思想的影响，中国的传统礼仪规范、制度受到强烈冲击。孙中山先生和战友们破旧立新，用民权代替君权，用自由、平等取代宗法等级制；普及教育，废除祭孔读经；改易陋俗，剪辫子、禁缠足等。五四新文化运动对腐朽、落后的礼教进行了清算，符合时代要求的礼仪被继承、完善、流传，那些繁文缛节逐渐被抛弃，同时一些国际上通用的礼仪形式也被引进。新的礼仪标准、价值观念得到推广和传播，现代礼仪的帷幕正式拉开。

民国期间，由西方传入中国的握手礼开始流行于上流社会，后逐渐普及民间。20 世纪三四十年代，中国共产党领导的苏区、解放区重视文化教育事业建设及移风易俗，进而谱写了现代礼仪的新篇章。

8．当代礼仪阶段（1949 年至今）

新中国成立后，新型的社会关系和人际关系的确立，标志着我国礼仪进入了一个新的历史时期。当代礼仪的发展大致可以分为三个阶段。

（1）礼仪革新阶段（1949—1966）

1949 年至 1966 年，是中国当代礼仪发展史上的革新阶段。此间，摒弃了昔日束缚人们的“神权天命”“愚忠愚孝”以及严重束缚妇女的“三从四德”等封建礼教，确立了同志式的合作互助关系和男女平等的新型社会关系，而尊老爱幼、讲究信义、以诚待人、先人后己、礼尚往来等中国传统礼仪中的精华则得到继承和发扬。

（2）礼仪退化阶段（1966—1976）

1966 年至 1976 年，中国进行了文化大革命，使国家遭受了难以弥补的严重损失，也给现代礼仪建设带来了一场浩劫。许多优良的传统礼仪，被当作“封资修”扫进了“垃圾堆”。礼仪受到摧残，社会风气发生逆转。

（3）礼仪复兴阶段（1977 年至今）

在这一时期，中国的礼仪建设进入新的全面复兴时期。从推行文明礼貌用语到积极树立行业新风，从开展“18 岁成人仪式教育活动”到制定市民文明公约，各行各业的礼仪规范纷纷出台，岗位培训、礼仪教育日趋红火，人们学习礼仪知识的热情空前高涨。讲文明、讲礼貌蔚然成风。《公共关系报》《现代交际》等一批涉及礼仪的报刊应运而生。《中国应用礼仪大全》《称谓大辞典》《外国习俗与礼仪》等介绍、研究礼仪的图书、辞典和教材不断问世。广阔的华夏大地上再度兴起了礼仪文化热，许多礼仪从内容到形式都在不断变革，具有优良文化传统的中华民族又掀起了精神文明建设的新高潮。

任务三　礼仪的特征、意义与原则

一、礼仪的特征

礼仪作为一种交往规范，与其他社会规范相比，具有以下特征。

1. 规范性

规范者，标准也。没有规矩不成方圆，礼仪的规范性，实际上就是强调与他人交往过程中待人接物的标准化做法、标准化要求。在人类社会历史上，礼仪始终如影随形地渗透其中。任何国家、任何民族、任何地区都有其相应的礼仪规范。这种规范性，是有其约定俗成的具体规定的，它约束着人们在交往过程中的言谈举止，不断地支配或控制着人们的交往行为。这种礼仪规范是衡量他人、判断自己是否自律、敬人的一种尺度。遵循这种规范的，便是符合礼仪要求的；违反这种规范的，便是失礼的。所以，规范性是礼仪的一个重要特征，任何人要想在交际场合表现得合乎礼仪、彬彬有礼，都必须无条件地遵守礼仪规范。遵守礼仪规范，就会得到社会的认可和嘉许；违反礼仪规范，就会到处碰壁甚至招致反感。正所谓有“礼”走遍天下，无“礼”寸步难行。

2. 传承性

正是由于礼仪是人类在交际活动中形成、发展和完善起来的，是维护正常社会秩序的经验结晶，它就必然被人类世代相传。那些反映人们的精神风貌、代表劳动人民道德水平和气质修养的健康高尚的礼仪得到了肯定和发扬，而那些代表剥削阶级、帝王将相、封建迷信的繁文缛节必然被废除。比如古代的磕头跪拜风早已被现代的握手敬礼所替代，至于古代朝见天子所需的三跪九叩，也早已被抛进历史的“垃圾堆”。而那些“温良恭俭让”“尊老爱幼”的行为规范则得到了弘扬。可见，礼仪变化的传承性必将随着人类历史的不断进步而发展。

3. 差异性

“百里不同风，千里不同俗”，不同的文化背景产生不同的礼仪文化，不同的地域文化决定着不同的礼仪内容和形式。我国疆土辽阔，是一个多民族的大家庭，不同的民族，其风俗习惯、礼仪文化各有千秋。仅见面问候致意的形式就各种各样，有脱帽点头致意的，有拥抱的，有双手合十的，有手抚胸口的，有口碰脸颊的，但更多的还是握手致意。这些礼仪形式的差异均是由不同的地方风俗文化决定的，具有约定俗成的影响力。礼仪的差异性除了地域性的差异外，还表现在礼仪的等级差别上，对不同身份地位的对象应施以不同的礼仪。

4. 时代性

礼仪作为一种文化范畴，必然具有浓厚的时代特色。时代的特性和内容往往决定了当时礼仪的表现。比如，礼仪本起源于原始的祭神，因而人类最初的礼仪是从祭神开始的。时代的特色对文化冲击的烙印是巨大的，可以说，每个时代的文化都是时代变迁的缩影，而礼仪文化也是如此。如辛亥革命的爆发，猛烈地撞击了封建社会的上层建筑及其意识形态，也影响到了人们日常生活的方方面面，于是造就了一代新风尚。礼仪文化总是一个时代的写照，文化大革命时期，清一色的服饰文化正是当时人们思想、行为度高统一在一个文化模式中的反映。而现在丰富多彩的服饰文化也正是现代人丰富的内心世界的反映，也是社会改革开放的投影。

5. 发展性

时代总在不断地前进，礼仪文化自然不可能一成不变，而是随着社会的进步不断发展。礼仪文化随时代的不断进步而时刻发生着变化。随着国家对外交往的不断深入，各国的政治、经济、思想、文化等诸多因素的互相渗透，我国的传统礼仪自然也被赋予了许多新鲜的内容。礼仪规范更加国际化，礼仪变革向符合国际惯例的方面发展。如何形成一整套既富有我们国家自己的传统特色，同时又符合国际惯例的礼仪规范已成为当务之急。这种礼仪文化的培养和形成有助于我们的国家走向世界，更好地与国际接轨，成为地球村中一个真正的礼仪之邦。礼仪规范的这种发展性总是与时代精神密切地结合在一起。礼仪文化的发展总是受时代发展变化的推动，时代不前进，礼仪文化的内容自然也不会得到很好的发展。时代性、发展性和传承性都是相辅相成的。总而言之，随着时代的不断进步，人类的礼仪规范必将更加文明、优雅、实用。

二、学习礼仪的意义

“世事洞明皆学问，人情练达即文章。”人们需要社交，所以才要求自己更加重视礼仪文化。学习礼仪文化不仅可以提升个人魅力，还有助于更好地实现自己的人生目标。学习礼仪文化有以下几点现实意义。

1. 有利于建立良好的人际关系

学习礼仪有利于人们与他人建立良好的人际关系，形成和谐的交流氛围，促进身心健康。任何社会的交际活动都离不开礼仪，而且人类越进步，人类生活越社会化，人们就越需要通过礼仪来调节社会生活。礼仪是人际交往的前提条件，是交际生活的钥匙。实践表明，良好的人际交往有助于提高人们的自信和自尊，降低挫折感，缓解内心的冲突和苦闷，这些都十分有益于我们的身心健康，而且也会最大限度地避免不良情绪的产生。同时，礼仪规范本身就是一种特殊的语言，在新时代我们必须学习和掌握社交礼仪的基本知识和要求，开启各种交际活动的大门，并建立和谐融洽的人际关系。

2. 有利于提高思想道德素质

礼仪是一种社会规范，是调整社会生活成员在社会中相互关系的行为准则。社会规范主要包括法律规范和非法律规范两大类别。礼仪是一种非法律规范，它主要包括道德规范、宗教规范、风俗习惯、共同生活准则等。其中，道德规范具有特殊的地位和作用，因为它是从社会生活中概括提炼出来的一种自觉的社会意识形态，它是依靠社会舆论、传统习惯和个人的信仰来维持的。社会礼仪反映了人们在共同生活、彼此交往中最一般的道德关系，是保证交往活动顺利进行和维护社会生活秩序的重要因素。要想真正做到“诚于中而行于外，慧于心而秀于言”，必须把内在的道德品质和外在的礼仪形式有机地统一起来，只有这样才能成为名副其实的有较高道德素质的现代文明人。

3. 有利于提高人们的人文素质

文化素质教育主要是指通过各种教育途径去塑造和培养人们的内在品格和修养，也就是塑造人们具有高层次的精神境界和高品位的文化境界。人文教育有明显的教化功能，作用于人的情感状态，影响和改变人的价值观、人生观、个性等，最终目标是教会人们学会与他人相处，成为有素质、有修养的文明人。现在一般认为人文素质教育渗透在文学、艺术、历史、哲学、伦理等学科中。而社交礼仪教育涵盖了中华民族的文化教育和道德教育。可见，社交礼仪教育更能直接地教会自己如何与他人相处，如何做文明人。

4．有利于强化人们的文明行为，促进精神文明建设

社交礼仪教育是社会主义精神文明教育体系中的基础内容，讲文明、讲礼貌是人们精神文明程度的实际体现。普及和应用礼仪知识，是加强社会主义精神文明建设的需要。通过社交礼仪教育，让人们明确言谈、举止、仪表和服饰能反映出一个人的内在修养、文明程度和精神面貌。每个人的文明程度不仅关系到自己的形象，同时也影响着整个社会的精神文明程度。通过社交礼仪教育进一步提高人们的礼仪修养，培养人们交际应酬的实际能力，养成良好的礼仪习惯，具备基本的文明素养。

● **知识链接 1-2**

让文明与旅游同行

2013 年 10 月 1 日实施的《旅游法》第十三条要求：“旅游者在旅游活动中应当遵守社会公共秩序和社会公德，尊重当地的风俗习惯、文化传统和宗教信仰，爱护旅游资源，保护生态环境，遵守旅游文明行为规范。”旅游者如果“从事违法或者违反社会公德的活动”，“旅行社可以解除合同”。

近年来，中国旅游者在国内外的行为和形象饱受诟病，带来了诸多负面影响。且不论网上和新闻中的各种不雅视频或图片，仅就国外景点设立的醒目的中文标语如“请勿喧哗”“请勿浪费”“请便后冲水”“请勿插队”等，就足以令我们反省。

在全球化的今天，我们清醒地认识到，一个民族和国家文明程度的高低，不仅取决于其物质财富的多寡，更取决于其成员道德水准和文明程度的高低。经济高速发展的同时，必须保证素质教育的提高。

必要的文明约束是培育文明自觉、展示文明形象不可或缺的手段。美国社会学家英格尔斯曾经说过，人的现代化并不是现代化过程结束后的副产品，而是现代化制度与经济赖以长期发展并取得成功的先决条件。引申之，文明的呵护不能让法律缺位。新《旅游法》的出台不仅包含对文明自律意识的倡导和呼唤，而且还对不文明的行为进行了必要和适度的行为约束，通过适度的道德管制，从根本上警醒失落的文明自觉。

由此可见，社交礼仪的根本目标是教育、引导全体公民自觉遵循社会主义礼貌道德规范以及相应的社交礼仪形式，提高人们的文明意识，养成文明习惯，促使良好社会风尚的形成，使人与人之间、人与社会之间达到高度和谐，努力推进整个社会精神文明程度的提高。

三、礼仪的原则

在日常生活之中，学习、应用礼仪，有必要在宏观上掌握一些具有普遍性、共同性、可操作性的礼仪规律。这些礼仪规律，即礼仪的原则。礼仪的原则是指导我们如何处理好人际关系的准则，掌握这些原则，将有助于我们更好地学习、运用礼仪。

1．真诚友善原则

苏格拉底曾言：“不要靠馈赠来获得一个朋友，你须贡献你诚挚的爱，学习怎样用正当的方法来赢得一个人的心。”可见在与人交往时，真诚是礼仪的重要原则，只有真诚待人，方能创造和谐愉快的人际关系。人与人相交贵在交心，人与人相知贵在知品，人与人相敬贵在敬德。真诚向来是为人所称道的美德，是真心实意的友善表现，是实事求是的客观态度。真诚既是对人对事的一种实事求是的态度，也是待人真心实意的友善表现，真诚和友善首先表现为不说谎、不虚伪、不骗人、不侮辱人；其次表现为相信他人、尊重他人，所谓心底无私天地宽。真诚的奉献，才有丰硕的收获，只有尊重对方才能得到他人的尊重，才能赢得友谊。

2. 遵守时间原则

遵守时间不失约，也是人际交往中极为重要的礼仪，每一个懂得尊重自己、尊重别人的人，自然懂得不可浪费别人的时间，都会严格地遵守自己所做的承诺，否则不仅会造成失礼，还会为此而失信于人。严格遵守与他人约定的时间，适时赴约，上门拜访时不早到早退，发生临时情况而迟到或不能赴约时，有礼貌地尽早向对方通报、解释、致歉，争取对方谅解，是最基本的交往准则。

3. 规范自律原则

礼仪是社会生活中约定俗成的习惯和规则，对人们的各种行为都有着广泛的约束力，但这种约束力不是强制性的。礼仪不像法律那样威严，也不像道德那样肃然，礼仪的实施无须别人的督促和监督，有人冒犯了礼仪规范，也不会受到法律的制裁。因此，礼仪的实施主要是依靠人们自觉地利用礼仪规范来约束自己的行为，这就是礼仪的自律性。礼仪的这一特点，要求人们在实施过程中，树立起一种发自内心的道德信念和行为准则，不断提高自我约束、自我克制的能力，在人际交往中自觉地遵守礼仪规范。礼仪的自律性并不是说礼仪是可以随意冒犯的，不注意礼仪的人，在社会生活中会处处碰壁，孤独、尴尬、失意总是难以摆脱，而自觉地注重礼仪，与人交往就会一帆风顺，处处受人尊重。

● **知识链接 1-3**

中国国际旅行社总社有限公司文明旅游倡议书

2013 年我国出境旅游人数超过 9 819 万人次，是全球出境旅游人口增长最快的国家之一。2014 年 6 月 25 日，在北京美国驻华大使馆举办的一场旅游推广活动上，时任中国国家旅游局局长的邵琪伟表示，2014 年，中国出境旅游人数预计超过 1.15 亿人次，有望再次刷新纪录。中国是一个世界旅游大国，中国公民出境旅游，一言一行代表着国家形象，体现着中国文明程度和国民素质修养。增强文明出游意识，提升文明旅游素质，是每位游客和旅游从业者共同的责任。为积极响应习近平同志的号召，向所有出境旅游的游客、从业人员和旅行社发出如下倡议。

1. 旅游从业者履职尽责、率先垂范

从事出境旅游的旅行社和所有领队、导游，要率先践行中央文明办、国家旅游局颁布的《中国公民出境旅游行为指南》，以自身文明言行示范带动游客；规范经营行为，恪守职业道德，遵纪守法，信守合同；切实履行引导游客文明旅游的职责，做好行前说明培训、行中提醒引导、返程总结提高，及时劝阻游客不文明行为，引导游客做中华文明的传播者、践行者。

2. 广大游客知礼守礼、文明游览

公民出境旅游不仅代表自己，而且关系国家形象。每位游客都应遵守法律，恪守公德，讲究礼仪，爱护环境，尊重旅游目的地的文化习俗，以文明的言行举止为自己加分，为国家添彩。

3．社会各界共同努力，共创新风

中国公民出境旅游人数众多，影响巨大，需要社会各方面一起努力，共同营造文明旅游的良好风尚。要褒扬先进典型，扶正黜邪。社会各界要对有损国格、违背公德的出境游不文明行为说“不”，用公众监督的力量推动文明旅游新风尚的形成。

中国人出境看世界，世界也通过国人的言行来看中国。让我们携起手来，从我做起，从现在做起，从点滴做起，提升出境游客的文明素质，展示文明中国、礼仪之邦的风采，为实现民族复兴贡献力量。

4．理解宽容原则

礼仪的理解宽容原则，是指在运用礼仪时，既要严以律己，也要宽以待人。要多理解他人、体谅他人，切不可求全责备、斤斤计较，甚至咄咄逼人。对不同于己、不同于众的行为，要耐心容忍，不必要求其他人处处效法自身，与自己完全一致。当对方有过错时，不过分计较对方礼仪上的差错过失，学会“得理也让人”，学会宽容对方。宽容是一种较高的思想境界，尊重别人的行动与言论自由，站在对方的立场去考虑问题，是获得友谊最好的方法。

● 案例解读 1-1

不和谐的音符

2013 年是黄金周制度实施的第 15 个年头，休闲出游已经成为许多人度过假期的惯常选择。然而，屡屡出现的不文明现象却像一面镜子，映射出一个显而易见的事实：对许多人而言，他们还远远没有学会文明旅游这门休闲的必修课，在旅游过程中出现诸多不理解、不宽容而导致的不文明现象。

2013 年 9 月 2 日，一段名为“实拍多名游客故宫群殴”的视频被网友传至互联网上。视频中有多名游客在故宫内发生冲突，扭打成一团。不少看过视频的网友都对打架的七名游客表示谴责：“故宫里那么多外国友人，在他们面前打架不觉得丢人么？”对于视频内游客倒在地上仍在厮打的样子，更有网友大呼“没素质”：“能有多大的事情，值得在大庭广众之下打成这样？”

2013 年 10 月 2 日，在贵州西江千户苗寨景点，下午 5 点多钟的一场苗族风情歌舞演出吸引了几千名观众，当演出进行到原生态苗家歌曲演唱时，几位观众为了座位发生口角，最后双方大打出手，场面一度混乱，双方的打斗引起观众的嘘声，后来打斗被及时赶到的警察和保安制止。

宽以待人、宽大为怀，是我国的古训，也是一种美德、一种气度。真诚地宽容别人的过错，应做到“静坐常思己过，闲谈莫论人非”。能在静下来的时候，检讨自己在做事或待人方面有疏忽、有亏欠的地方，自然就减少了对别人抱怨或嫉恨的心情。对人怀持一个“恕”字，多原谅别人的缺点，就可以获得一种心平气和的快乐，大事化小，小事化了，社会大家庭就会更和谐了。

5．规范适度的原则

礼仪虽然有种种规则程序，有严格的规范性，但也并不是刻板僵化的。在与他人交往时，要把握分寸，规范得体，做到恰到好处。礼仪规格要与受礼者的身份相符，表现出从容的姿态，不失态、不失格。“度”指的是一定事物保持自己的质的数量界限，超过这个界限，就要引起质的变化。人际交往中的表达也要适度，要因时、因地、因事而别，凡事过犹不及，热情会使人感到亲切、温暖，从而拉近与他人的感情距离，但过分热情，也会使人感到虚情假意或别有用心，因而有所戒备，无意中筑起一道心理防线。所以，与人相处既要彬彬有礼，但不能低三下四；既要热情大方，但不能虚情假意；要自尊，但不能自负；要坦诚，但不能粗鲁；要信人，但不能轻信；要活泼，但不能轻浮；要谦虚，但不能拘谨。当然，要把礼仪真正运用得恰如其分，只有靠平时的细心积累和总结，勤学多练，积极实践，此外别无他途。

6．尊重隐私原则

个人隐私泛指一个人出于个人尊严和某些方面的考虑，不愿告之于人或不愿公之于众的个人情况。在人际交往中，尊重个人隐私是至关重要的。在许多国家和地区，个人隐私是受到法律保护、不容侵犯的。之所以重视个人隐私的保护，一方面是为了保护个人自由选择生活方式的权利；另一方面也是为了保护个人安全。在人际交往中，应有意识地回避涉及对方个人隐私的一切问题，保持一定的距离。不同国家、不同地区、不同民族，由于历史、文化、宗教等方面的不同，形成了各自特殊的风俗习惯，在交往中应无条件地予以理解和尊重。

任务四　提高礼仪修养的途径

良好的礼仪素质和修养是要经过长期、有意识的学习、实践和积累而逐步形成的，只有自己重视，有意识地去培养，才能取得良好的效果。提高礼仪修养的途径可以从以下几个方面着手。

一、加强道德修养

道德品质是社会道德现象在个人身上的具体体现，是指一定的社会道德原则和规范在个人行为举止中所表现出的某种比较稳定的特征和倾向。道德品质的修养与礼仪行为的养成有着密切的联系，二者是相辅相成的统一的过程。礼仪行为从广义上说就是一种道德行为，处处渗透和体现着一种道德精神。一个人想要在礼仪方面达到较高的造诣，离开道德品质方面的修养是不可能的；一个人要形成一种高尚的道德品质，就应该从日常礼仪规范做起。

二、培养个性修养

个性是一个人表现出来的与众不同的本质特征，每个人的个性都有其特殊性，从更深的意义来讲，个性反映了一个人的涵养，对于其从事社交活动、建立社交形象有着重要的影响。加强礼仪修养，必须注重个性的自我完善。礼仪修养应建立在健康、良好的个性基础上。人们常把人的容貌比作美丽的鲜花，而鲜花是有季节性的，总有凋零之时。与容貌相比，人的个性修养就如同苍劲的松柏，它给人的美是不受容貌和年龄制约的。因此，个人礼仪必须以个性修养为基础，从培养良好的个性修养做起。

三、提高文化修养

个人礼仪不是简单的个人行为表现，而是个人的公共道德修养在社会活动中的体现，它反映的是一个人内在的品格与文化修养，只有“诚于中”方能“行于外”。一个人只有具备广博的文化知识，才能深刻理解礼仪的原则和规范。只有具备较高的文化层次，才能更加自如地在不同场合合理运用礼仪。因此，要提高自己的礼仪修养，必须有意识地广泛涉猎多种科学文化知识，使自己具备见多识广的综合知识素养，提高文学、艺术欣赏能力，提高审美能力。这样，就会有意无意地按照美的规律来认识生活和改造周围的环境。

四、积极参加礼仪实践

实践是动机和效果由此及彼的桥梁。对礼仪知识的学习，仅仅停留在从理论上弄清礼仪的含义和内容，而不去实践中运用是远远不够的。在提高礼仪修养时，要以积极的态度，坚持理论联系实际，将自己学到的礼仪知识积极运用于社会实践的各个方面。积极投身到实践之中，对增强自己的文明意识、培养礼貌的行为、改正不良的生活习惯、提高礼仪修养水平是大有益处的。在人际交往中，时时处处自觉从大处着眼、小处着手，以礼仪的规范来要求自己的言谈举止。多听、多看、多学，通过各种场合的经验积累，不断提高自己的礼仪修养。

五、养成良好的行为习惯

礼仪是人们交际活动中的一种行为模式。这种行为模式只有通过长期而自觉的练习，变成自发行动，形成习惯，才能在交际活动中更好地发挥作用。礼仪修养实际上就是指人自觉地用正确的思想战胜不正确的思想，用良好的行为习惯纠正不良行为习惯的过程。检验一个人的礼仪修养如何，很重要的一条标准就是看他是否已把交际礼仪规范变成自身个性中的稳定成分，是否能在各种交际场合自然而然地遵循交际礼仪要求。

情境实训与习题

一、思考题

1. 怎样理解礼仪的含义？

2. 礼仪是如何产生的？
3. 礼貌、礼节、礼仪的含义是什么？它们之间的关系是怎样的？
4. 礼仪有哪些特点和作用？
5. 礼仪的基本原则有哪些？
6. 礼仪修养的意义是什么？
7. 可通过哪些途径提高自身的礼仪修养？

二、案例分析题

文明旅游“里子”比“面子”更重要

近年来，关于国人出境游陋习的报道屡见不鲜。当看到一组国人在法国卢浮宫水池里泡脚的照片时，很多人还是会不由自主地“无语”与“汗颜”。

对于国人出境游的诸种不文明行为，其中一个公认的看法是要入乡随俗，不能让“外泄”的陋习影响国人在世界人民心中的美好形象。其实，文明出游无关国际形象，却是一面镜子，照得出一个人的品格与修养、一个国家和民族的道德风尚与文明水平，为什么在国内我们对这些不文明行为熟视无睹，只有出了国门才觉得伤了“面子”？

其实，中国游客在境外出现这样或那样的不文明行为，是现阶段我国公民整体文明素质水平的具体体现。如今，中国每年的出境游游客达数千万人次。如果我们不在提高自身文化修养和道德修养上下功夫，做到文明礼仪表里如一，家里家外都一样，国人的种种陋习总会找到这样那样的“外泄”渠道。一句话，“里子”应该比“面子”更重要。

作为礼仪之邦，需要的不单是规则，更要由内而生的自觉力量。借用社会学家费孝通先生晚年提出的“文化自觉”理论，生活在一定文化中的人，只有对其文化有自知之明，明白自己文化的精髓与优秀传统，并以之界定自己，才是“文化自觉”。

所以说，文明礼仪不是“面子”问题那么简单，它关乎一个国家和民族的文化自觉与文化自信，更关乎一个国家和民族的成长与未来。文明礼仪，须先从“里子”做起。

——新华网

思考：

1. 从礼仪塑造个人形象的角度，说明个人礼仪应注意哪些方面的细节。
2. 为什么说文明旅游“里子”比“面子”更重要？

学习情境二
个人礼仪

● 学习目标

知识目标： 了解个人礼仪规范的主要内容，包括仪容、仪表、仪态礼仪规范。

技能目标： 能规范地进行个人的仪容修饰，能熟练掌握个人的着装礼仪，掌握正确的站、立、行、蹲等姿势。

素质目标： 掌握个人礼仪的基本知识，能将个人礼仪运用到实际的人际交往活动中。

● 导入案例

文明中国礼，仪容仪表要得体

中华民族素有“礼仪之邦”的美称，中国人民素来也以注重礼节闻名于世，但是在经济日益发展、人们生活水平越来越高的今天，很多人失去了“礼仪”观。为了加强人们的礼仪道德观念，国家也相继推出了很多文明礼仪公益广告，室内室外随处可见。

2014 年中央电视台推出了一则公益广告(见图 2-1):“文明中国礼，仪容仪表要得体。遇到尊长先问好，守时还须守秩序。相见及待人，真诚而友善。帮助别人，快乐自己。文明中国礼。”作为一个拥有五千年历史的文明古国、礼仪之邦，我国有着悠久的礼仪传统。随着社会的发展，礼仪也在不断发展，并加入了新的内涵，能给人以启迪和力量。

图 2-1　文明中国礼

讲文明、讲礼貌，需要的是从自己做起，从小事做起。现今有了丰富的物质基础，更需要建设高度的精神文明社会。这样，我们的国家才能成为强大的、高度文明的国家，才能受到更多人的敬仰。

与人为善、微笑致意、谦恭有礼、尊老敬贤、礼貌待人、仪容端正、排队礼让……一件件小事诠释着“礼仪”的含义，是心灵美的一种表现，是为人处世的基本准则。礼仪文明作为中国传统文化的一个重要组成部分，对中国社会历史发展起了广泛而深远的作用。

中国的历史可以说是一部礼仪的历史，在儒家学说中，礼为治国之本，千百年来都在强调以礼治国、以礼治家。随着社会的进步，人们更需要通过文明礼仪来树立良好的个人、集体和国家形象。

任务一 仪容礼仪

一、个人仪容要求

1．讲究个人卫生

个人卫生最基本的要求是做到“五勤”：勤洗头、勤洗澡、勤漱口、勤剪指甲、勤换衣袜。头发干净无头屑，发型得体大方；要注意面部的清洁与修饰，不同的场合妆容要得体。做到早晚刷牙、饭后漱口，随时保持口气的清新。特别是在公共活动前，不吃大葱、大蒜、韭菜等带有异味的食物。

2．服饰整洁

在任何情况下，服饰都应该是整洁的。衣服要熨烫平整，衬衣、袜子要勤洗、勤换，不能沾有污渍，不能有脱线的地方，更不能有破洞。尤其注意衣领和袖口处要整洁，皮鞋要擦光亮。

二、妆容礼仪

妆容因不同的时间、场合有一定的差异。化妆最实际的目的是使自己更精神、美丽，更光彩照人。有一位哲人曾经说过：“化妆是使人放弃自卑，与憔悴无缘的一味最好的良药。它可以让人们更加自爱，更加光彩夺目。”化妆的作用在于塑造形象，也能体现对交往对象的尊重。

1．面部的清洁

首要的清洁工作是洗脸。在早上起床之后和晚上睡觉之前，可针对不同的季节、皮肤类型和性别选择适合自己的洁面用品进行清洁。

2．女士化妆程序和技巧

从技巧上讲，进行一次完整而全面的化妆，其程序与步骤也有一定之规。女性全套化妆步骤大体如下。

（1）洁面

用洗面奶去除油污、汗水与灰尘，使面部彻底清洁。

（2）上底妆

洁面后在脸上扑打化妆水，为面部化妆做好准备。用少量的护肤霜，以保护皮肤免受其他化妆品的刺激。用洁净的海绵或手指蘸取粉底，顺着脸颊纹路由内往外、由上到下推开。注意发际、脖子连接处不要留下清楚的分界线，嘴、眼周围等活动较多的部位，要仔细涂匀，使粉底与肤色自然融合。

（3）画眼线

从内眼角往外眼角、沿着睫毛生长处画眼线，在外眼角处稍上扬。画内眼角线时，抬高下颚，眼睛往下看；画下眼线时，拉低下颚，眼睛往上看，这样比较容易描画。刷上睫毛时，眼睛稍微往下看，横拿睫毛膏；刷下睫毛时，则将睫毛刷竖拿，利用其前端刷睫毛膏。

（4）涂眼影

用深色的眼影，从外眼角开始上色后，再往内眼角方向晕开，内眼角处眼影的颜色宜浅一些，可以体现出眼部的立体感。越靠近睫毛处颜色越深，浅浅往上淡开，体现一定的层次，给人干净自然的感觉。

（5）打鼻影

打鼻影即画鼻侧影，使鼻形看起来更有立体感。

（6）描眉

眉毛要定期修剪，保持一定的眉形，利用眉笔或眉粉将眉毛较稀疏处补上色彩，然后利用眉刷将眉毛刷整齐。

（7）涂腮红

涂腮红的目的是修饰、美化面颊，使人看上去容光焕发。涂好腮红之后，应再次用定妆粉定妆。

（8）涂唇膏

先用唇线笔描出唇形，然后填入色彩适宜的唇膏，使红唇生色。

（9）修正补妆

检查化妆的效果，进行必要的调整、补充、修饰和矫正。

至此，一次全套化妆彻底完成。

3．男士的妆容要求

每一位职业男士，都希望能获得上司的信任和公众的好感，更愿意赢得同性的尊敬和异性的青睐，从而给人留下深刻而美好的印象。要做到这一点，适当地修饰装扮是必不可少的。正式场合男士面部的修饰以干净、自然为主要标准。

1）每天剃须、修面。每日清晨应该剃须，认真洁面，然后在面部涂上润肤霜。

2）洁牙，保持口腔卫生。定期洁牙，不要有牙垢和异味；饭后漱口，在出席重要的活动之前一定不要吃带有刺激味道的食物。

3）定期修剪鼻毛，切忌鼻毛外露。

从根本上看，正式场合中男士面部化妆要自然、不露痕迹。职业男士在化妆方面不能像女性那样精描细画，一团脂粉气，而应当着力表现男性的刚毅美和风度美。

4．颈部的护理

在精心保养脸部的时候，也不要忽视颈部护理。颈部肌肤的厚度只有脸部的 2/3，而且胶原蛋白含量也比较少，如果缺乏适当的护理，很容易出现缺水、粗糙、黯沉、松弛和细纹，因此应注意清洁保养。

5．手部的护理

人们常说“手是人的第二张脸”，手也是人际交往中使用最勤、动作最多的一部分。一双健康、干净的手会给对方留下良好的印象，因此，保护和修饰自己的双手是很有必要的。只记得护理面部而忽视手部护理是不对的，保持手部的清洁、不留长指甲、指甲内部无污垢、指甲两侧无死皮，女士不涂色彩夸张的指甲油，不采用夸张的甲饰。

三、发式礼仪

发型是人体美的重要组成部分，是自然美与修饰美的结合。发型不仅反映着人们的物质、文化生活水平，而且也体现了时代的精神风貌。头发整洁、发型大方是个人礼仪对发式的最基本要求。整洁大方的发式易给人留下神清气爽的印象，而披头散发则会给人以萎靡不振的感觉。一般来说，发式本身是无所谓美丑的，无论男女，只要一个人所选的发式与自己的脸型、肤色、体型相匹配，与自己的气质、职业、身份相吻合时，即能显现出真正的美。

1. 保持头发清洁

在正常情况之下，人们观察一个人往往是“从头开始”的，如果我们不打算使自己“头上失礼”的话，就应该重视头部的修饰。发型礼仪的基本要求是保持干净、整齐的状态。

2. 发型的选择

发型对个人形象有着重要的、不可替代的作用。发型的选择应与脸型、年龄、身材、职业、性格、气质、爱好等因素相适应。每个人的脸型轮廓、五官特征都不尽相同，所以在选择发型时要注意扬长避短。

3. 头发的护理

不同发质的护理详见表 2-1。

表 2-1　不同发质的护理

发质类型	表　现	成　因	护　理
油性	头发细长，发丝油腻，经常需要清洁；洗后第二天，发根出现油垢；头皮厚，容易头痒	荷尔蒙分泌紊乱，精神压力大，遗传，过度梳理，常吃高脂肪食物等	缓解精神压力，勤于洗发，调解内分泌平衡，少吃高脂肪食物
干性	头发缺乏光泽，干燥，油脂少；易打结，难梳理，易生头皮屑；一般发根稠密，发梢稀薄，时有分叉，头发僵硬，弹性较低	皮脂分泌不足，头发蛋白缺乏水分，经常漂染或高温吹干，天气干燥等	多摄入高蛋白食物和水分，少漂染头发，少高温吹干，最好自然风干，勤于梳理
中性	头发不油腻，不干燥，柔软滑顺有光泽，只有少量头皮屑	皮脂分泌正常，日常护理良好	无须特别护理，按常规进行护理即可
混合性	头皮油腻、干燥，靠近头皮 1 cm 以内的头发有很多油垢，越往发梢越干燥甚至分叉	经期女子或青春期少年体内的激素分泌不稳定，过度烫发或染发等	少烫发或染发，在护肤专家的指导下进行护发

● **知识链接 2-1**

世界卫生组织的十项健康标准

（1）精力充沛，能从容不迫地担负日常生活和繁重的工作，而且不感到过分紧张疲劳。

（2）处事乐观、态度积极，乐于承担责任，事无大小不挑剔。

（3）善于休息、睡眠良好。

（4）应变能力强，能适应外界环境的各种变化。

（5）能抵抗一般性疾病，如感冒等。

（6）保持标准体重，身材匀称，站立时头、肩、臂位置协调。

（7）眼睛明亮，反应敏捷，眼睑不易发炎。

（8）牙齿完整、整洁，无龋齿，不疼痛，牙龈颜色正常，无出血现象。

（9）头发有光泽，无头皮屑。

（10）肌肉丰满，皮肤有弹性。

任务二 仪表礼仪

仪表是指人的外表，亦称人的外在形象，通常包括人的容貌、发型、服饰、个人卫生、姿态等方面。仪表是一个人的内心世界和自我修养的外在表现，体现了一个人的道德素养、教育程度和志趣品位，也反映了时代的特点和一个国家、民族的精神风貌。

一、仪表美的内涵与修饰要求

1．仪表美的内涵

仪表美有三个层面的内涵。一是仪表的天然美。天然美即所谓的先天姣好的面容和迷人的身段。二是仪表的修饰美。它是指根据相关的规范和个人特点，对仪表进行必要的修饰，扬长避短，从而塑造出良好的个人形象。三是仪表的内在美。它是指通过不断提高文化、艺术、道德等方面的修养，培养高雅的气质与美好的情操，给人以秀外慧中、表里如一的美感。仪表美是这三个层面的高度统一。

2．仪表修饰的基本要求

适当的仪表修饰，这不仅是对他人的尊重，同时也使着装者有一种职业的自豪感、责任感，是敬业、乐业在服饰上的具体表现。整洁是仪表修饰的首要条件，也是最好的修饰。

（1）整齐得体

服装必须整齐、合身，袖长至手腕，裤长至脚面，裙长过膝盖，尤其是内衣不能外露；衬衫的领围以可插入一指大小为宜，裤裙的腰围以插入五指为宜。不挽袖，不卷裤，不漏扣，不掉扣；领带、领结、飘带与衬衫领口的吻合要紧凑且不歪斜；如有工号牌或标志牌，要佩戴在左胸正上方，有的岗位还要戴好帽子与手套。

（2）清洁挺括

服装的清洁既表现了一个人的精神面貌，也反映了一个企业的管理水平和卫生状态。服装要求无污垢、无油渍、无异味，领口与袖口处尤其要保持干净，与服装配套的鞋袜要光亮、干净。衣裤不起皱，穿前要熨平，穿后要挂好，做到上衣平整、裤线笔挺。

（3）自然和谐

仪表美是一种整体的美，是无法与周围环境割裂开来的。只有当一个人的仪表从整体上表现出和谐，并与周围的环境相称时，才能体现出真正的仪表美。“清水出芙蓉，天然去雕饰。”和谐的美，应该是个人良好内在素质的自然流露。但应注意，自然大方绝不等同于过分随便、不修边幅。要想有大方得体的仪表，给他人以良好的印象，就必须从文明礼貌、文化修养、道德情操、知识才能等各方面来不断提高个人素质。

二、着装与服饰礼仪原则

服饰是非语言交流的重要媒介，正确的着装能使形体、容貌等形成和谐的整体美。正如 17 世纪英国哲学家培根所说：“美不在部分而在整体”，孤立地看一个事物的各个部分可能不美，但整体来看却可能显得很美；相反，各部分拆开而言都很完美，但组合起来可能会很不和谐。

衣着影响着一个人生活、工作的各个方面。每人的具体情况千差万别，无论什么身份、地位，如何穿着皆可反映其审美能力和素质修养。要使着装后的个人形象富有神韵和魅力，应遵循以下原则。

1．协调原则

穿着要和年龄、职业、体型相协调。爱美是人的天性，人们对美的追求是没有年龄、性别之分的，但是，不同的人却有不同的穿着要求。不能盲目地追求时尚，要根据自己的体型、职业合理穿着，扬长避短。年轻人热情奔放，充满青春活力，可选择时尚的服饰。有的服装穿在少女身上会显得可爱，如色彩鲜艳的超短裙，而年龄较大的女士却不适合穿着。中老年则应穿着成熟、稳重的服装。

在职业场合，穿着要求端庄稳重，不宜过于新潮。要保持整洁、大方、得体，还要因不同体型选择合适的款式。个头不高、体型较胖的人，宜穿款式简单、“V”字领、深颜色和竖条纹的衣服，因为深色给人以收缩感。身材较瘦的人则刚好相反，在颜色上宜以浅色为主。

2．“TPO”原则

“TPO”原则就是要求人们要因时间（Time）、地点（Place）和场合（Occasion）的变化而穿着不同的服装，即着装应该与当时的时间、所处的地点和场合相协调。这一原则简称为着装的“TPO”原则。

（1）时间（Time）原则

时间涵盖了每一天的早、中、晚三个时间段，也包括春、夏、秋、冬四个季节。因此职业人士在着装时必然要考虑时间因素，做到“随时更衣”。

在通常情况下，晨练着装应以方便、随意为宜，如可以选择运动服、便装、休闲服等；工作时间的着装要根据职业的性质，以庄重大方为原则；晚间以宴请、舞会、音乐会一类的正式社交活动居多，着装以晚礼服为宜。

一年四季的着装变化更大。夏季以轻柔、凉爽、简洁的着装为主，色彩与款式的选择要充分考虑给予他人的视觉与心理感受，同时也使自己感觉轻快凉爽；冬季应以保暖、轻便的着装为主，避免着装过厚而显得臃肿不堪，也要避免为了风度穿得过于单薄；春、秋两季着装的自由度相对较大，但总体上以轻巧灵便、薄厚适宜为着装原则。

（2）地点（Place）原则

置身于室内或室外，身处于单位或家中，着装的款式理当有所不同。西装革履步入金碧辉煌的高级酒店会产生一种人境两相宜的效果，而西装革履地出现在农田里，便会显得极不协调。穿泳装出现在海滨、浴场，是人们司空见惯的，但若是穿着泳装去上班、逛街，则只会让人瞠目。在静谧肃穆的办公室里着一套随意性极强的休闲装，穿一双拖鞋，或者在绿草茵茵的运动场穿着一身挺括的西装，穿一双皮鞋，都会因地点与服饰的不协调而显得人境两不宜。所以有必要选择适宜的服饰款式与色彩，取得人景相融的最佳效应。

（3）场合（Occasion）原则

不同场合的衣着要与场合的气氛相协调。在喜庆的场合不能穿得太古板，在悲伤的场合不能穿得太艳丽，在庄重的场合不能穿得太随意，在休闲的场合也不必穿得过于正式。

在较为正式的场合，如参加会议、庆典、招待会、酒会以及各种仪式、会见活动等，衣着应正式、稳重。参加舞会或音乐会，男士一般以穿深色两件套或三件套西服为宜，女士可穿华丽、高贵、漂亮的礼服，色彩也可以丰富一些。在运动会、郊游等场合，着装应休闲、舒适，如牛仔装、运动装、T 恤衫等。参加葬礼或追悼会则要穿得庄严，宜穿黑色、灰色等深颜色的衣服。

3．男士穿着的“三个三”原则

男子在社交场合的着装，要讲究“三个三”原则。第一，应当遵从“三色”原则，即西服套装、衬衫、领带、腰带、鞋袜一般不应超过三种颜色，同一色系算一种颜色，比如深蓝、浅蓝就是一种颜色。从视觉上讲，服装的颜色超过了三种以上，就会显得杂乱无章。第二，应当遵从“三一”定律，即鞋子、腰带、公文包以黑色为首选。第三，应当谨记“三大”禁忌，即西服左边袖子上的商标不拆、穿着浅色（尤其是白色）的袜子、穿夹克衫打领带。

三、男士服饰礼仪

西装是一种国际性服装，它起源于欧洲，目前是世界上最流行的一种服装，也是出席正式场合的首选服装。

1．男士西装的选择

（1）西装的款式

男式西装分为两件套和三件套。一件上衣、一条裤子为两件套。一件上衣、一条裤子、一件西装背心为三件套。一般场合可以穿两件套，非常重要的场合可以选择三件套。西装根据扣子又有双排扣和单排扣之分。单排扣西装又有两粒扣、三粒扣之分。

（2）西装的面料

正装西装一般都是纯毛面料或是含毛比例比较高的混纺面料。这种面料悬垂、挺括、透气，外观显得比较高档、典雅。而休闲西装的面料就比较多样，有麻的、棉的、皮质的，等等。

（3）西装的颜色

西装的颜色有黑色、灰色、藏蓝色、米色、棕色等。在正式的场合，男士应该穿着深色西装，一般来说，藏蓝色适用于正式场合，而黑色西装则更适合正式晚宴或聚会时穿着。休闲西装的色彩可以是纯色的，也可以是混合色的，如宝蓝色、灰蓝色、浅蓝色、咖啡色和黄色等比较随意，有的还有格子或者条纹状的，不拘一格。

2．男士西装的穿着规范

人们常说：“西装七分在做，三分在穿。”可见，怎样穿西装也是很重要的。

（1）衬衣

白色的长袖衬衫是搭配西装最好的选择，其次是浅蓝色带有细致条纹或小格子图案的衬衫。衬衫大小要合身，不能有污垢，要熨烫平整，领子要挺括。衬衫袖口应露出西装外 1～2 cm，衬衫衣领应高出西装衣领 0.5～1 cm，这样既可以显示衣着的层次，又可以起到保护西装的作用。

（2）领带

领带是西装的灵魂，一条打得漂亮的领带，会发挥画龙点睛的作用。领带要注意与西装颜色、款式的搭配，如果西装和衬衫看上去比较朴素，可以系一条有图案的领带，但不要太过花哨。领带的长度要适当，以达皮带处为宜。系领带时衬衣的第一颗扣子一定要扣好（如果穿西装不系领带，第一颗扣子要解开）。如果佩戴领带夹，一般应夹在衬衣的第三、四颗纽扣之间，领带结要饱满有型。下面介绍几种常见的领带的打法。

1）平结（见图 2-2）。平结为应用最广的领结打法之一，几乎适用于所有质地的领带。要注意领结下方所形成的凹洞需让两边均匀且对衬。

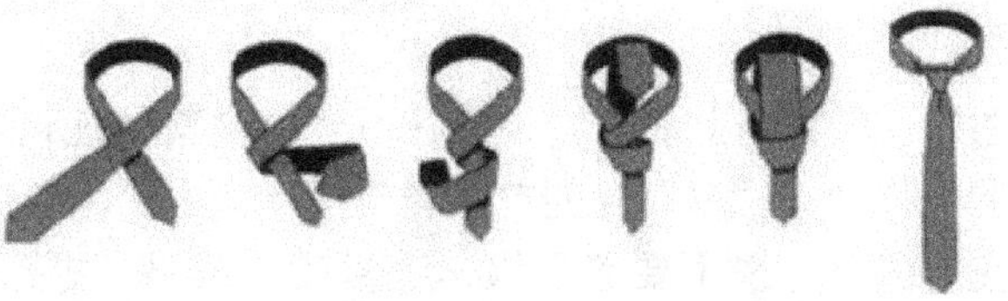

图 2-2 平结

2）交叉结（见图 2-3）。这是单色素雅且质料较薄的领带适用的领结打法，喜欢展现个性的男士不妨多加使用“交叉结”。

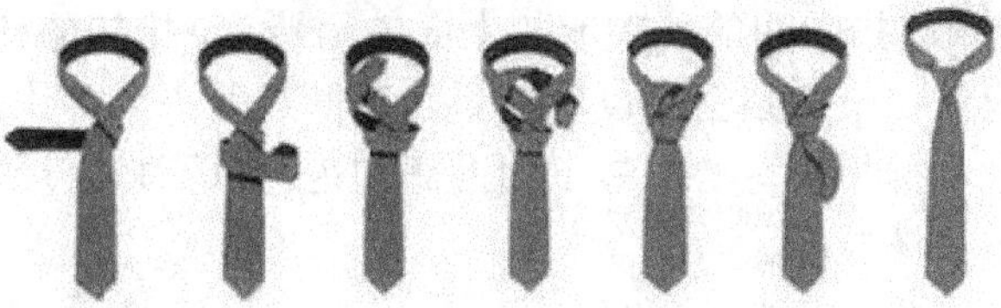

图 2-3 交叉结

3）双环结（见图 2-4）。一条质地细致的领带再搭配上双环结颇能营造时尚感，适合年轻的上班族选用。该领结的特色就是第一圈会稍露出于第二圈之外。

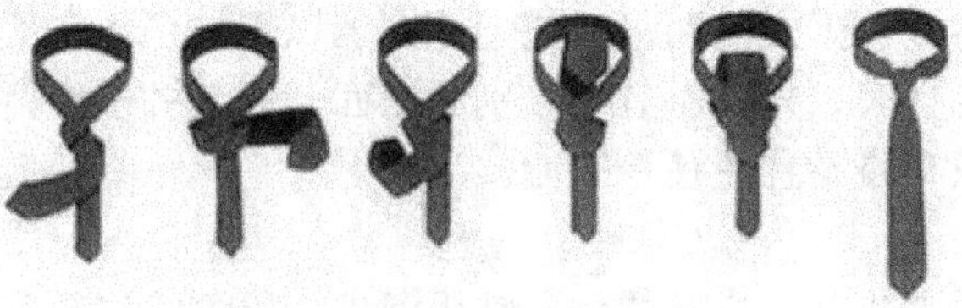

图 2-4 双环结

4）温莎结（见图 2-5）。温莎结适合用于宽领型的衬衫，该领结相对其他样式显得较为粗扁，所以应避免质地过厚的领带，领结也勿打得过大。

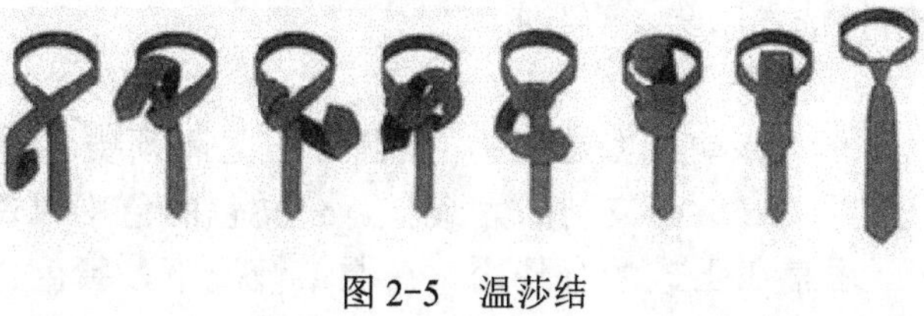

图 2-5 温莎结

5）双交叉结（见图 2-6）。这样的领结很容易给人以高雅且隆重的感觉，适合正式活动场合选用。该领结应多运用在素色且丝质领带上，若搭配大翻领的衬衫不但十分和谐且有种尊贵感。

图 2-6　双交叉结

（3）毛衫

除了衬衫与背心之外，在西装上衣之内，最好不要再穿其他任何衣物。如逢寒冷季节，可在西装上衣之内穿上一件薄型“V”领的单色羊毛衫或羊绒衫。但千万不要穿色彩、图案十分繁杂的羊毛衫或羊绒衫，也不要穿开领羊毛衫或羊绒衫，更不能同时穿上多件羊毛衫、羊绒衫、背心。因特殊情况必须在衬衫之内加穿背心、毛衫时必须注意：数量以一件为限，色彩必须与衬衫的色彩相近，款式上应短于衬衫，其领型以“U”领、“V”领为宜。

（4）纽扣

西装有单排扣和双排扣之分。单排两粒扣的西装上衣，讲究“扣上不扣下”，即只扣上面一粒纽扣。单排三粒扣则扣中间的一颗或扣上面的两颗，单排扣的西装有时也可以不扣。双排扣的西装上衣要把纽扣全部系上，以示庄重。穿西装背心，不论是与西装配套还是单独穿，都要扣上纽扣，单排扣的背心的最下面的纽扣也可以不扣。现在的西装裤多使用拉链，要时刻提醒自己将拉链拉好。

（5）口袋

西装的上衣、背心、裤子、内衣等口袋里尽量不装东西或少装东西。西装上衣左侧的外胸袋除可插入一块用以装饰的真丝手帕外，不能再放其他任何东西，尤其不应当别钢笔、挂眼镜。西装上衣内侧的胸袋，可用来别钢笔、放钱夹或名片夹，但不要放过大或过厚的东西或无用之物。西装外侧下方的两只口袋，原则上以不放任何东西为佳。西装背心上的口袋多具装饰功能，除怀表以外，不宜再放别的东西。西装裤子两侧的口袋只能放手帕、钥匙包，其后侧的两只口袋不宜放任何东西。

（6）鞋袜

与西装配套的鞋子是皮鞋，皮鞋的颜色宜用深色，黑色的皮鞋可以和任何颜色的西装相配。不能穿旅游鞋、布鞋或露脚趾的凉鞋，这些都是与西装不相宜的。穿皮鞋要注意擦拭光亮，皮鞋要经常通风保持无气味。

穿西装、皮鞋时要搭配深色或单色的袜子，最好是黑色的，不能穿白色袜子和色彩鲜艳的袜子。袜子要经常换洗，以防止有异味。

（7）公文包

公文包被称为男士的“移动式办公桌”，是其外出之际须臾不可离身之物。公文包的面料以真皮为宜，并以牛皮、羊皮制品为最佳。公文包的色彩以深色、单色为好，浅色、多色的公文包均不适宜在正式场合使用。在通常情况下，黑色、棕色的公文包是最正统的选择。若从色彩搭配的角度来说，公文包的色彩若与皮鞋的色彩一致性，会显得更加和谐。

四、女士服饰礼仪

女士服装的款式和颜色比男士服装要丰富许多。作为职业女性，其工作场合的着装也有别于其他场合的着装，尤其是代表一个企业和一个单位的形象时，更要追求大方、简洁、素雅的风格。

1．女士套装的选择

在正式场合，女士的正式服装是套裙。套裙是西装套裙的简称，上身是女式西装，下身是半截式裙子；也有三件套的套裙，即女式西装上衣、半截裙和背心。套裙可以分为两种基本类型：一种是用女式西装上衣和随意的一条裙子自由组合形成的“随意型”，一种是女式西装上衣和裙子成套设计、制作而成的“成套型”或“标准型”。

一套在正式场合穿着的套裙，应该由高档面料缝制而成，上衣和裙子要采用同一质地、同一色彩的素色面料。在造型上讲究为着装者扬长避短，所以提倡量体裁衣、精工细作。上衣注重平整、挺括、贴身，较少使用饰物和花边进行点缀。裙子要以窄裙为主，裙长以到膝或者过膝为宜。

色彩方面以冷色调为主，应当清新、大气而稳重，以体现着装者典雅、端庄和稳重的形象。藏青、炭黑、茶褐、土黄、紫红等稍冷一些的色彩比较适合正式场合。有时套裙的上衣和裙子可以是一色，也可以是上浅下深或上深下浅等两种不同的色彩，这样形成的鲜明对比，可以强化着装者留给别人的印象。正式场合穿的套裙，最好不带任何图案，讲究朴素而简洁。以方格为主体图案的套裙，可以使人静中有动，充满活力。一些以圆点、条纹图案为主的套裙，也可以穿着，但不宜用花卉、动物、人物等符号为主体图案。套裙上不要添加过多的点缀，否则会显得杂乱而小气。如果喜欢可以选择制作精美而简单的点缀。

2．女士着装规范

（1）衬衣

与职业套裙搭配的衬衣颜色最好是白色、米色、粉红色等单色，也可以有一些简单的线条和细格图案。最佳面料是棉、丝绸。穿衬衫时，衬衫的下摆必须放在裙腰之内，不能放在裙腰之外。除最上端一粒纽扣按惯例允许不系外，其他纽扣必须扣上。在穿着职业套裙时，不能在外人面前脱下西装，直接以衬衫面对对方。身穿紧身而透明的衬衫时，特别要注意这一点。

（2）裙子

套装的裙子要干净整洁、熨烫平整。套裙的上衣和裙子的长短没有明确的规定，一般认为裙短不雅，裙长无神。最理想的裙长是裙子的下摆长及膝盖至小腿肚最丰满的地方之间。

（3）皮鞋

鞋子可以选择中高跟的，船鞋最适合搭配女士的职业套装。鞋子的颜色最好与手提包一致，并且要与衣服的颜色相协调。露出脚趾和脚后跟的凉鞋并不适合正式场合。冬天，很多女士喜欢穿长筒的皮靴，但在正式场合应该避免穿着靴子。皮鞋要保持光亮，不留灰尘和污迹。

（4）袜子

穿职业装时最好穿丝袜，肉色的丝袜可以搭配任何服装。穿长筒袜时，要防止袜子有破洞、跳丝现象，职业女性应在办公室或手袋里预备一两双袜子，以备替换。

五、饰物的佩戴

在日常交往活动中，人们除了要注意服装的选择外，还要根据不同场合的要求佩戴戒指、耳环、项链、胸针等饰物。饰物的佩戴应与服装搭配协调，且不宜过多，最好保持在三件以内。

1. **手表**

手表一般佩戴在左手上，正式场合，手表往往被视同饰物，对于平时只有戒指一种首饰可戴的男士来说，更是备受重视。有人甚至强调说："手表不仅是男人的首饰，而且是男人最重要的首饰。"在西方国家，手表与钢笔、打火机曾一度被称为成年男子的"三件宝"。佩戴手表，通常意味着时间观念强、作风严谨，也是一个人地位、身份、财富状况的体现。

手表在造型方面应当庄重、保守，避免怪异、过于新潮。男士，尤其是位尊者、年长者更要注意。一般而言，圆形、椭圆形、正方形、长方形以及菱形手表，因其造型庄重、保守，适用范围极广，特别适合在正式场合佩戴。不论是单色手表还是双色手表，其色彩都要清晰、高贵、典雅。金色表、银色表、黑色表，即表盘、表壳、表带均有金色、银色、黑色的手表，是最理想的选择。

2. **戒指**

戒指一般戴在左手，而且最好只戴一枚，至多戴两枚。戴两枚戒指时，可戴在左手两个相连的手指上，也可戴在两只手对应的手指上。戒指的佩戴往往暗示佩戴者的婚姻状况和择偶条件：戒指戴在中指上，表示正处于恋爱之中；戴在无名指上，表示已订婚或结婚；戴在小手指上，则暗示自己是独身主义者，将终身不嫁（娶）；修女一般把戒指戴在右手无名指上，这意味着将全部的爱奉献给上帝；如果把戒指戴在食指上，表示无偶或求婚。在西方，人们把结婚戒指戴在左手的无名指上，这是因为古罗马人相信人的无名指上有一条静脉血管直通心脏，将戒指戴在无名指上可以获得永恒的爱情。

3. **耳环**

耳环是女性的主要首饰之一，佩戴时应根据自己的脸型来选配。在正式场合，应避免佩戴发光、发亮、发声的耳环，应该选择比较低调的耳钉和耳坠。不同的脸型在耳环形状的挑选上也是不尽相同的。比如，方形脸可以选择纵向的、椭圆的，或者叶子形状的耳环，应尽可能避开方形与三角形的耳环；长形脸可以选择圆形、横向、扇形等形状较为圆润的耳环，应避免长坠型；圆形脸可以选择偏长形的和有柔和线条的，如水滴形，尽量避免横向的、圆形的或棱角尖锐的；"由"形脸，即上小下大，则建议选择上大下小的耳环，如倒水滴形或长坠形；颧骨较大的菱形脸，则最好挑选下大上小的形状，如水滴形、心形或倒三角形；瓜子脸与鹅蛋脸对于耳环的形状并无太多禁忌，基本上任何类型都适合搭配。从整体上来说，体格骨架较小的人应当选择小巧轻盈的耳环，而体格骨架相对较大的可以选择形状较大、较重的耳环。

4. **项链**

项链也是比较受女性青睐的首饰之一，佩戴项链，在视觉上对脸型有一定的改观作用。佩戴项链应和自己的年龄及体型协调，要根据不同的脸型来佩戴项链，以获得令人满意的效果。

一般来说，脖子粗短的人，宜戴细长的项链，这样就会使脖子有被拉长的错觉；脖子细长的人，宜配戴方形或粗短状项链；圆形脸和方形脸的人不宜戴由圆珠串成的大项链，因为过多的圆线条不利于调整脸型的视觉印象，如果选择带坠子的项链，可以利用项链挂件下垂形成的“V”字形，使脸部的视觉长度加强；长形脸应该选择圆形、扇形的项链坠子，项链长度也不可太长；椭圆形脸在项链款式的选择上几乎不受限制，要依照自己的爱好和场合来选择。

5．手链和手镯

手链是一种佩戴于手腕上的链状饰物。手镯和手链的佩戴相似，与手镯不同的是，男女均可佩戴手链。在一般情况下，只在左手上配戴一条手链，一只手上不能同时戴两条或两条以上的手镯或手链，不能双手同时戴手链，手链与手镯同时佩戴也不太美观的，它与手镯均不应同手表戴于一只手上。

6．手套

手套的作用是保护手，但是有时候手套也被当作一种装饰。一般与人握手的时候，应先摘掉手套，但如果女性戴的是装饰性的手套，也可以不摘除。

任务三　仪态礼仪

仪态是指人的身体在日常生活中呈现出的具体表现和各种造型，包括举止动作、神态表情和相对静止的体态，它直接展示了一个人的气质和风度。仪态在心理学上称为“形体语言”，是一种动态中的美，是风度的具体体现。在人际交往中，举止优雅的人更易获得他人的好感。仪态礼仪的作用绝不亚于语言的作用。它有利于沟通，得到信任，从而取得良好的交往效果。

一、站姿

我们常说：“站有站相，坐有坐相。”站姿的基本要求是“站如松”，就是说站立时身体要像松树一样挺拔。男女站姿脚位有所不同，正确的要领是：男士双脚分开，与肩同宽（不要超过肩宽），女士双腿并拢，脚跟相靠，或者脚尖分开呈 30°～45°，身体重心放在两脚中间至脚跟部分；挺胸收腹，提臀立腰，双肩放松，头正肩平，下颌微收，双目平视前方，面带微笑，自然呼吸；身体有向上的感觉，体现出挺拔俊美、庄重大方、舒展优雅、精力充沛的面貌。站姿的类型主要有如下几种。

1．侧放式

这是男女通用的站立姿势，通常用于比较庄严肃穆的场合，其要领除了上述站立的基本要求外，双臂自然下垂，处于身体两侧，中指指尖对准裤缝，手部虎口向前，指尖向下，手指自然弯曲，见图 2-7。注意提髋立腰，身体重量应平均分布在两腿上。

2．前腹式

在立正站姿的基础上，女士两脚脚尖略展开，两手在腹前交叉，右手握左手的手指部分，身体重心置于两脚上，也可以置于一脚上，通过两脚重心的转移减轻疲劳，见图 2-8。男士保持两脚打开与肩同宽的姿势，两手在腹前交叉，左手握成半拳头状，右手握左手于手腕部位，身体立直，身体重心放在两脚上。

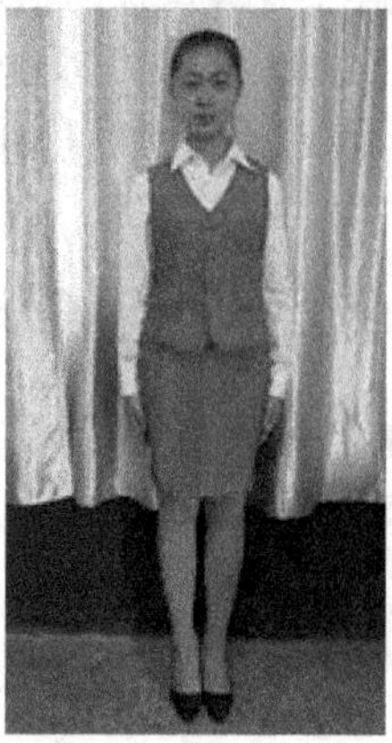

图 2-7 侧放式站姿

图 2-8 前腹式站姿

3．后背式

在立正站姿的基础上，两手在身后交叉。男士两脚与肩同宽，脚尖展开 45° 左右，见图 2-9。女性站姿与前腹式相同，两手在身后交叉。

4．“丁”字式

“丁”字式站姿又称“T”字式站姿，是女士常用的站立姿势。其要领是：头、面、眼、颔、颈、肩、腰等部位的姿势与侧放式相同，一脚在前，将脚跟靠在另一脚内侧，双脚尖向外略展开，形成斜写的一个“丁”字，双手在腹前相交，身体重心在两脚上，见图 2-10。站累时，可自行调节交换双脚的位置，将身体重心偏向于后方的一只脚上。

图 2-9 后背式站姿

图 2-10 “丁”字式站姿

由于性别的差异，男士在站立时要稳健，以显出男性刚健、强壮、英武、潇洒的风采，以给人一种阳刚之美。女士在站立时要突出柔美，即给人以亭亭玉立的感觉，同时要注意表现出女性轻盈、妩媚、娴静、典雅的韵味，以给人一种宁静之美。

二、坐姿

正确的坐姿要求是“坐如钟”，就是说坐立时要像钟一样稳当。基本要领是：上半身挺直，两肩放松，下巴向内微收，脖子挺直，挺胸收腹，并使背部和臀部成一直角，双手自然放在双膝上，两腿自然弯曲，小腿与地面基本垂直，两脚平落地面。女子两腿并拢，男士两腿间的距离以不超过肩宽为宜。表情亲切，目光柔和，双唇微闭。总的来说，坐姿的类型有如下几种。

1．正襟危坐式

要求入座者上身与大腿、大腿与小腿均成直角，并使小腿与地面垂直，双膝双脚完全并拢，见图 2-11。此种坐姿适用于正式的场合，男女均适宜，但要注意在尊者和长者面前不宜坐满椅面，以占 2/3 左右为宜，以示对尊者和长者的尊重。

2．垂腿开膝式

与第一种要求一致，只是双膝稍许分开，但不应超过肩宽，男士多用此坐姿，女士不宜。

3．双腿叠放式

双腿一上一下完全交叠在一起，叠放在上的那条腿，脚尖稍加内收垂向地面，双手自然压放于裙摆上，见图 2-12。采用此种坐姿，切忌双手抱膝，此坐姿适合穿短裙的女性。

图 2-11　正襟危坐式坐姿

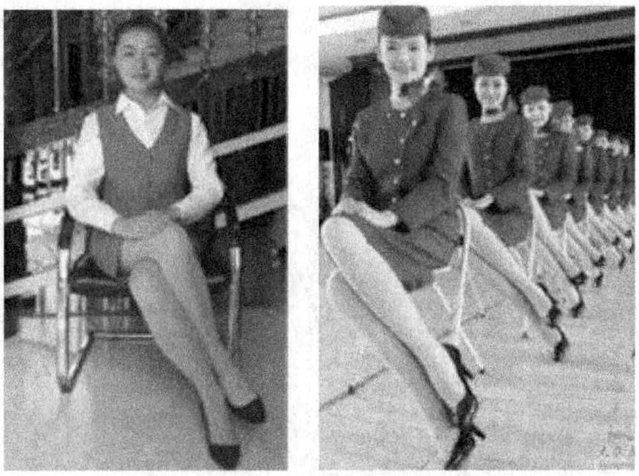

图 2-12　双腿叠放式坐姿

4．双腿斜放式

双腿并拢后，双脚同时向右侧或左侧斜放，并与地面成 45° 角，双手自然压放于裙摆上，见图 2-13。此坐姿适用于穿短裙的女士。

5．双腿交叉式

双膝并拢，双脚在脚踝部交叉后向身后并拢，见图 2-14。此坐姿男女皆宜。

图 2-13　双腿斜放式坐姿

图 2-14　双腿交叉式坐姿

● 案例解读 2-1

孟子休妻的故事

“孟子休妻”的故事出自韩婴《韩诗外传》。原文：孟子妻独居，踞。孟子入户视之，谓其母曰：“妇无礼，请去之。”母曰：“何也？”曰：“踞。”其母曰：“何知之？”孟子曰：“我亲见之。”母曰：“乃汝无礼也，非妇无礼。《礼》不云乎：‘将入门，问孰存。将上堂，声必扬。将入户，视必下。’不掩人不备也。今汝往燕私之处，入户不有声，令人踞而视之，是汝之无礼也，非妇无礼也。”于是孟子自责，不敢言妇归。

孟子的妻子一个人在屋里，两腿叉开坐着。孟子走进房内，看见这种情况，就告诉他的母亲说：“妻子不守礼法，我要休了她。”孟母说：“不是你的妻子不守礼法，是你自己不守礼法。《礼》书上不是说了吗，‘将要走上庭堂，声音必须高扬；将要走进房门，眼睛必须下视。’这是告诫人们不要乘人不备呀。今天你单独去卧房，进门时没有一点儿声音，使你的妻子没有防备，叉开两脚坐着而让你看见。这是你不守礼法，而不是你的妻子不守礼法啊。”孟子感觉自己错了，也不敢再提休妻的事了。

中国古代非常讲究礼仪，讲究坐有坐相，站有站相。像上文中孟子妻叉开两腿而坐，即使在家人面前也是不允许的。

三、行姿

正确的行姿要求是“行如风”，就是说走起路来要像风一样轻盈。其基本要领是：上身保持站立姿势，头正肩平，目视前方，双臂前后自然摆动约 15°，步伐适中均匀，身体的重心随着前进的步伐而略向前倾，两脚之间的距离不宜太大，一般以一脚的距离为宜，最大不超过一脚半的距离。保持行姿的优美稳健，行走不要过于随意，不要左顾右盼，注意两腿之间的重心转移要协调。步伐不要过快，不要弯腰驼背，不要摇晃肩膀，不要扭腰摆臀，走路过程中脚跟不可以拖地。

1．前行时的行姿

行走时脚跟先着地，由脚跟向脚尖方向抬脚，注意走直线。要注意使腿部肌肉向内侧拉伸，背部拉长。迈出的脚要脚跟先着地，之后身体的重心再移至全脚，再由脚跟向脚尖方向抬起。男士的步幅一般在 50cm 左右，女士的步幅一般在 30cm 左右。行走时双臂前后摆动的幅度为 30～40cm。男士在行走时，两只脚踩出的是两条平行线；女士在行走时，两只脚尽可能走在一条直线上。

2．后退时的行姿

与人告别时，应当先后退两三步，再转身离去，退步时脚轻擦地面，步幅要小，先转身后转头。

3．工作中行进姿态的礼仪要求

1）在工作中行进时，要有意避开人多的地方，切忌在人群中乱冲乱撞，甚至碰撞到客人的身体，这是极为失礼的。

2）在行进中，特别是在人多路窄的地方，要礼让客人，让客人先行，而不应抢道先行；若有急事，则应该向对方声明并表歉意。

3）行走时脚步要轻，第一，行进时落脚不要过分用力；第二，上班不要穿带有金属鞋跟或钉有金属鞋掌的鞋子；第三，上班时所穿的鞋子一定要合脚，否则走动时会发出“啪嗒啪嗒”的声音。

4）在走路时一定要显得稳重大方，保持自己的风度，控制好自己的情绪，更要避免上蹿下跳，甚至是连蹦带跳的失态状况。如有急事要办，可以在行进中适当加快步伐。除非遇上紧急情况，最好不要在工作时跑动，尤其是不要当着客人的面风风火火地狂奔而去，那样会令其他人感到莫名其妙，产生猜测，甚至还有可能造成过度紧张的气氛。

5）在道路狭窄的地方不要悠然自得地缓步而行，甚至走走停停，而应注意避免多人并排而行：在路上一旦发现了自己阻碍了客人，务必让开，请对方先行。

四、蹲姿

在一些欧美国家，人们认为“蹲”这个动作是不雅观的，所以只有在非常必要的时候才蹲下来做某件事情。在日常交际活动中，我们必须要注重一些蹲姿的礼仪常识，做到美观、大方、端庄。

下蹲拾物时应自然、得体、大方，脊背保持挺直，臀部带动腰部下沉，头、胸、膝关节应在一个角度上，以使蹲姿优美。下蹲时，一脚在前，另一只脚在后，向下蹲，双腿紧靠，臀部向下，上身稍微向前倾。

1．高低式蹲姿

下蹲时一般是左脚在前，右脚稍后；左脚应完全着地，小腿基本上垂直于地面；右脚则应脚掌着地，脚跟提起；右膝须低于左膝，右膝内侧可靠于左小腿的内侧，形成左膝高、右膝低的姿态，见图 2-15。女士两腿应紧靠，男士则可以适度分开。这种蹲姿的特征就是双膝一高一低，既方便又优雅。

2．交叉式蹲姿

下蹲时，右脚在前，左脚在后，右小腿垂直于地面，全脚着地；右腿在上，左腿在下，两者交叉重叠；左膝由后下方伸向右侧，左脚脚跟抬起，并且脚掌着地；两腿前后靠近，合力支撑身体；上身略向前倾，臀部朝下，见图 2-16。该蹲姿通常适用于女士，尤其是身着裙装的女士。它的优点是造型优美典雅，基本特征是蹲下后双腿交叠在一起。

图 2-15　高低式蹲姿

图 2-16　交叉式蹲姿

3．蹲姿的注意事项

1）下蹲的时候，切勿速度过快，并注意与他人保持一定的距离，避免彼此迎头相撞。

2）在他人身边下蹲时，最好是与之侧身相向。正面面对他人或是背部对着他人下蹲，通常都是不礼貌的。

3）在公共场所下蹲时，身着裙装的女士一定要双腿并拢做下蹲的姿势，同时注意一定不要有弯腰驼背、臀部向后撅起的动作，见图 2-17。

4）蹲姿是在特殊情况下的姿势，所以不可随意乱用。另外，不可蹲在椅子上，也不可蹲着休息。

图 2-17　不雅的蹲姿

五、其他体态语言

体态语包含人的手势、身姿、眼神、面部表情以及交际中相互的空间位置关系，是借助于神态情状和肢体动作来传递信息、表达感情、参与交际活动的特殊语言。有专家认为，在人际交往中，7%的情绪信息由语言传递，声音担负 38%，其余 55%则靠体态语等非语言来传递，可见体态语在人际交往中的重要作用。

1．眼神礼仪

人们常说，眼睛是心灵的窗户，那是因为它是人体传递信息最有效的器官之一。所以，我们在与人进行交往时，务必要注意眼神的运用。据统计，单是眉毛的动作表情就多达 20 多种，再加上眼睛的动作，就可表达诸如眉目传情、眉开眼笑、目不转睛、暗送秋波、横眉冷对、愁眉不展、眉飞色舞等众多信息。在人际交往中，交谈时目光注视的时间长短、眼睛的开合、瞬间的眯眼以及其他许多细小变化和动作都会向交谈对方发出不同的信息。

● **知识链接 2-2**

有趣的眼神礼仪

世界各地的人们，往往用特定的眼神来表示一定的礼节或礼貌。

注视礼：阿拉伯人在倾听尊长或朋友谈话时，两眼总要直直地注视着对方，以示敬重。日本人交谈时，往往恭恭敬敬地注视着对方的颈部，以示礼貌。

眯目礼：在波兰的亚斯沃等地区，已婚女子同丈夫的兄长交谈时，女方总要始终眯着双眼，以示谦恭之礼。

眨眼礼：当贵宾光临时，安哥拉的基母崩杜人总要不断地眨左眼，以示欢迎之礼。来宾则要眨右眼，以表答礼。

挤眼礼：澳大利亚人路遇熟人时，除说“哈罗”或“嗨”以示礼遇之外，有时要行挤眼礼，即挤一下左眼，以示礼节性招呼。

不难看出，人们的眼神往往受到不同文化的影响和约束，当它约定俗成地成为一种礼仪的时候，就有了严格的规范。

眼神礼仪受世界各国和各地区不同文化的影响很大，不同国家或民族的人们常常因为多看几眼或少看几眼的问题而引起误解。因此，了解世界各地不同的眼神礼仪，使自己更加恰当地运用眼神礼仪，显得很有必要。

（1）注视的部位

公务型注视，两眼及前额之间；社交型注视，两眼至唇部之间；亲密型注视，两眼到锁骨之间，见图 2-18。

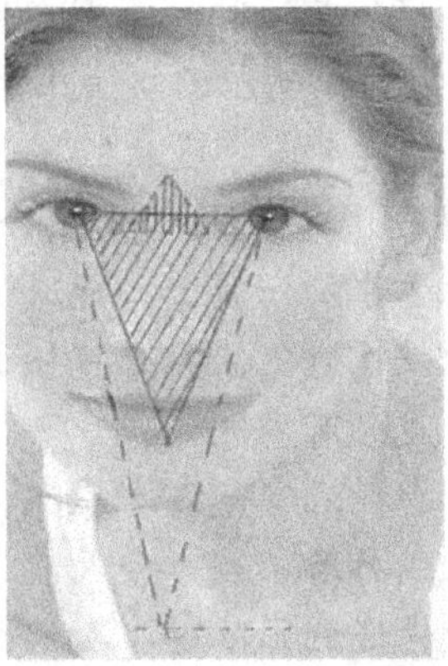

图 2-18　注视的范围

当你与他人交谈时需要尽量把目光控制在礼仪范围之内，特别不能明显地将目光集中于对方脸上的某个部位或身体其他部位。如果是初次相识，或者关系一般以及异性之间，更应该注意这一点，不要轻易超越这个“许可区间”，否则将被视为是无礼的表现。

即使是在普通的社交谈话中，礼仪要求之一就是目光一定要注视谈话者。通常认为，在别人讲话时东张西望、心不在焉、玩弄东西或者不停地看手表是都很不礼貌的行为，也难以得到他人的尊重和信赖。

在公众场合避免令人不愉快的凝视可采用的方法：一是适时地转移视线，尽量不要长时间注视同一个人；二是善用失神的眼光，例如乘坐公交车时，由于人多拥挤，有时不得不面对对方，这时可以使眼神显出茫然失神或若有所思的样子，以免失礼。

（2）注视的角度

平视，表示平等；斜视，表示失礼；俯视，表示轻视别人。正确的做法是：当与人交谈时，目光应正视对方的眼、鼻三角区，以示尊重；当对方沉默不语时，就不要盯着对方，以免加深对方的不安和尴尬。在整个交流过程中，还要特别注意不要使用向上看的目光，因为这种目光常常会给人一种目中无人、骄傲自大的感觉；当然更不能东张西望，给人以缺乏修养、不懂得尊重别人的印象。

2. 微笑

微笑是一种特殊的语言——“情绪语言”，其传播功能具有跨越国籍、民族、宗教、文化的性质。几乎在所有的社交场合下，都可以和有声的语言及行动相配合，起到“互补”作用，充分表达尊重、亲切、友善、快乐的情绪，拨动对方的心弦，沟通人们的心灵，缓解紧张的气氛，架起友谊的桥梁。

微笑是无声的语言，它是对良好言行的褒奖，对不当言行的宽容。微笑，有时也是回答无聊、浅薄、责难、挑衅的最佳方法。微笑是“润滑剂”，当人与人之间发生矛盾时，微笑能化解敌意，增进和谐，帮助人们营造融洽的人际关系。微笑传递了人的真诚和善良，显示了人的超然和心胸宽广。

● **知识链接 2-3**

微笑吧，朋友

微笑是开在人们脸上的一朵美丽的花，时时刻刻散发着迷人的芬芳。微笑是春风，能拂去心灵上的愁云；微笑是音乐，能奏起生活的欢快乐章。微笑是有魅力的，心烦意乱时，别人一个鼓励的笑，会使您心平气和地走出颓废的低谷。发生矛盾时，彼此一笑，就能“化干戈为玉帛”。亲朋好友分别时，彼此赠送一份恋恋不舍的微笑，就蕴含了美好的祝愿与悠长的牵挂。与陌生人同行时，对方微微一笑，就能减少拘束，增加信任感。你精神贫乏时，微笑会赋予生活新的内涵；你怯懦时，微笑会将怯懦化为勇敢。商家信奉“人无笑脸莫开店”的格言，提倡微笑服务，是颇有成效的。

微笑是公平的，无论是男女老少，或者是贫富尊卑，都可以拥有微笑，拥有微笑的魅力。善于微笑，是一个人心理健康的标志，是一个人能适应复杂环境的表征。微笑是自信的展示，勇敢的流露，机智的体现。遇到困难时，人们往往通过微笑来给自己鼓气，以表示一定能征服困难取得胜利。

“请把我的歌带回你的家，请把你的微笑留下。”别人的帮助可以谢绝，别人的敌意可以蔑视，但别人的微笑你必须“留下”。因为微笑是一种姿态，或表示理解，或表示鼓励，或表示欣赏，或表示友善的姿态。

微笑吧，朋友！只有微笑面对生活的人，才会拥有别人的关怀，才能拥有年轻的自我。微笑永远是生活里明亮的阳光，让我们紧紧地握住这把神奇的钥匙吧！

六、手势

手势是指人们在人际交往中运用手部各种动作变化的姿势来表情达意的、一种极具表现力的体态语言。聋哑人能用手语进行交流，可见手势语的丰富程度。适当地运用这种无声的信息表达方式，能够起到很好的沟通效果。手势的运用要规范和适度，动作不宜过大，要给人一种优雅、含蓄和彬彬有礼的感觉。

手势在表达上有两类：一是不完全遵循有声语言的语言规律，表达过程无严密的顺序；二是完全遵循有声语言的语法规律，表达过程与口语、书面语一致。因手的表现力有限，故手势的表达能力不如有声语言准确，且难以表示抽象概念。在不同的国家、民族和地区，由于文化习俗的不同，手势的含义也有很大区别，同一手势在不同的国家很可能是完全不同的概念。所以，手势的运用要合乎规范。常用的手势有以下几种。

1．翘起大拇指

这是中国人最常用的手势之一，表示夸奖和赞许别人，表示“好”“妙”“了不起”“高明”之意。在韩国，该手势表示“首级”“父亲”“部长”和“队长”。在墨西哥、荷兰、斯里兰卡等国家，这一手势表示“祈祷”“幸运”。在美国、印度、法国，这一手势则是表示要搭车。在德国，该手势表示数字“1”，在日本，则表示数字“5”。在印度尼西亚，人们习惯于用大拇指指东西。在尼日利亚，宾客来临，主人要伸出大拇指，表示对来自远方的友人的问候。在澳大利亚，竖大拇指是一个粗野的动作，表示骂人。

2．大拇指向下

全世界有相当多的国家和地区都使用这一手势，但含义不尽相同。在中国，大拇指向下，意味着“向下”“下面”。在英国、美国、菲律宾，该手势表示“不能接受”“不同意”“结束”之意或表示“对方输了”。墨西哥人、法国人则用这一手势来表示“没用”“死了”或“运气差”。在泰国、缅甸、菲律宾、马来西亚、印度尼西亚，拇指向下表示“失败”。在澳大利亚，使用这一手势表示讥笑和嘲讽。在突尼斯，向下伸出大拇指，表示“倒水”或“停止”。

3．向上伸食指

世界上使用这一手势的民族也很多，但表示的意思不尽相同。中国人向上伸食指，表示数目，可以指“一”，也可指“一十”“一百”“一千”等这样的整数。在日本、韩国、菲律宾、斯里兰卡、印度尼西亚、沙特阿拉伯、墨西哥等国，食指向上表示只有一个（次）的意思。在美国，让对方稍等时，要使用这个手势。在法国，学生在课堂上向上伸出食指，老师才会让他回答问题。在新加坡，谈话时伸出食指，表示所谈的事最重要。在缅甸，请求别人帮忙或拜托某人某事时，都要使用这一手势。在澳大利亚，在酒吧、饭店向上伸出食指，表示“请来一杯啤酒”。在墨西哥、缅甸、马来西亚，这一手势表示顺序上的第一。在中东地区，用食指指东西是不礼貌的。

4．中指和食指交叉相叠

在中国，中指和食指交叉相叠表示数目“十”和“加号”；在我国香港，这一手势则表示“关系密切”。在英国、美国、法国、墨西哥、新加坡、菲律宾、马来西亚，这一手势表示“祝愿”“祈祷”“幸运”。在澳大利亚，该手势表示“期待”“期盼”。在斯里兰卡，该手势表示“曲折”和“邪恶”。在印度，该手势表示“结束”“完成”。在荷兰，该手势表示“发誓”“赌咒”或指“对方撒谎”。在尼日利亚，该手势表示东西或数字相加。

5．伸出食指和中指

在欧洲绝大多数国家，人们在日常交往中常常伸出右手的食指和中指，手掌向外。比划作“V”形表示“胜利”。“V”是英语单词 Victory（胜利）的第一个字母，是表示“胜利”之意。这种手势是英国前首相丘吉尔首先使用的，现在已广为流传。世界大多数地区伸手示数时表示“二”，在我国也表示“二”。如果掌心向内，该手势在西欧国家则表示“侮辱”“下贱”之意；在英国则指“伤风败俗之事”。在希腊，做这一手势的时候，即使手心向外，如果手臂伸直，也有对人不恭之嫌。

6．OK 手势

OK 手势源于美国，用大拇指和食指相接成圆形，其余三指伸直，掌心向外，表示“同意”“很好”“顺利”的意思。而这一手势在法国则表示“零”或“没有”。在日本、韩国、缅甸，该手势表示“金钱”。在泰国，这一手势表示“没问题”“请便”。在印度，该手势表示“正确”“不错”。在突尼斯，该手势表示“傻瓜”。

● **知识链接 2-4**

2013 年国庆期间央视新闻频道《朝闻天下》报道，10 月 1 日清晨，11 万人冒雨观看天安门广场升旗仪式，庆祝中华人民共和国成立 64 周年。然而，人群散去后，却留下了 5 吨垃圾。2014 年 10 月 1 日清晨，来自全国各地的超过约 12 万名群众在北京天安门广场观看隆重的升国旗仪式，庆祝中华人民共和国成立 65 周年。升旗仪式结束后天安门广场清理出 3.5 吨垃圾，这个数字听起来有点可怕，但回顾 2013 年，这一数字已有所减小，2012 年是 8 吨，再往前追溯是 20 吨、50.6 吨……无可置疑，数字逐年减少体现了国民素质的不断提高。

近年来，随着旅游业的日臻规范，游客文明素质得到了较大的提高，但不文明现象仍然随处可见，如乱扔垃圾、缺乏环保意识；走路不靠右行、行人乱穿马路、车辆任意停靠；在购票、乘车、购物、参观时插队加塞；乘坐公共交通工具争抢座位，自驾游违规行驶；在高速公路上往车窗外扔杂物；在公共场所大声喧哗、举止粗鲁，动辄恶语相向、大打出手；无视禁烟标志想吸就吸；攀登公共建筑和名胜古迹拍照，随意涂鸦；踩踏绿地，攀折花木，破坏绿化和公共设施；在公共场所无所顾忌的搔头皮、抓痒、修指甲、掏耳朵、抠鼻孔、剔牙、伸懒腰、打哈欠、嚼口香糖、化妆、跷二郎腿等。

这些个人的不文明举止会让人反感，严重影响个人、集体及国家形象。伴随社会物质和精神文明水平的不断提高，我国的旅游业日益发展壮大，旅游已经成为人们生活中不可或缺的部分。利用节假日游览名山大川，赏古迹、品佳肴，可以陶冶情趣，锻炼体魄，开阔视野。人们在饱览祖国秀美河山的过程中，更得到了无限的精神怡悦。同时，旅游也是一面镜子，它能够折射出一个社会的文明程度、文明素质和道德水平。

文明旅游不可能一蹴而就，也难以立竿见影，这就需要我们每一个公民不断加强自己的语言、行为规范，倡导文明出行，不断提升公民旅游文明素质。个人礼仪贵在平时的积累和坚持，有位行为学家说过：“留心你的思想，因为思想可变为你的语言；留心你的语言，因为语言可变为你的行动；留心你的行动，因为行动可变为你的习惯；留心你的习惯，因为习惯可改变你的性格。”我们要有树立良好的个人语言和行为意识，时刻鞭策自己。人们寄情于山水、陶冶情操时，不再被种种“杂音”煞了风景。

情境实训与习题

一、思考题

1. 女士的仪容包括哪几个方面？

2. 规范的站姿、坐姿、行姿及蹲姿要注意哪些问题？

3. 女士的着装有何规范？首饰的佩戴有哪些禁忌？

4. 正式场合男士的着装有何要求？

二、情境实训

1. 站姿训练：按照标准的站姿要求背靠墙训练，要求后脑勺、双肩、臀部、小腿及脚后跟都紧贴墙壁站立。也可以两人一组，背靠背站立训练，放轻音乐，训练不同的站姿。

2. 走姿训练：走直线或顶书而行。要求眼睛平视前方，收腹、挺胸、面带微笑；练习背小包、拿文件夹、公文包、穿旗袍时的行走姿势。

3. 模拟不同场景，严格按照操作标准，协调面部表情，着重练习几种不同的基本坐姿。入座时女生有理裙的动作。

4. 用技术比武的方式练习领带的系法，要求至少会两种以上，看谁系得又快又好。

5. 组织一次专业化妆师进行讲座，观摩女士化妆的全过程。

三、案例分析题

服饰与企业形象

"你永远只有两分钟，前面一半用来让人认识你，后面一半用来让人喜欢你。"这是美国形象大师罗伯特·庞德给年轻人的金玉良言。在我国和西方的很多大型企业中，管理者不惜重金进行员工的形象培训，有的公司明文规定着装要求，有的为员工订做价格不菲的职业套装，有的甚至聘请专门的礼仪公司指导员工的形象塑造……

美国公司通常直截了当，上班第一天就明确告诉你哪些着装是允许的，哪些是触犯禁忌的，具体细节有何规定，等等。日本公司则相对比较含蓄，他们不会把这些要求以文字形式列入公司制度，而是将公司的着装要求以图片展的形式贴在公司的醒目位置，如走廊、大厅等，只要稍微留心，你自然就会明白公司的"良苦用心"。欧洲公司就更含蓄了，既不会有明文规定，也不设置图片展，而是通过老员工以身作则的方式，让新员工自己去领会。

思考：

1. 分析国内外的企业为什么如此注重员工的服装打扮，谈谈在正式场合该如何着装。

2. 在个人礼仪方面你有何优点和缺点？你将如何规范自己的仪容、仪表、仪态？

学习情境三
日常交往礼仪

● 学习目标

知识目标：了解人际交往中称呼、介绍、名片、握手、鞠躬等日常交往的各种礼仪规范。

技能目标：掌握称呼、介绍、名片、握手、鞠躬礼仪的规范和顺序，能正确规范地使用日常交往礼仪。

素质目标：能运用所学知识，熟练应对日常交往过程中的各种情境。

● 导入案例

被拒绝的生日蛋糕

有一位先生想为一位外国朋友订做生日蛋糕。他来到一家酒店的餐厅，对服务员说：“小姐，您好！我要为我的一位外国朋友订一份生日蛋糕，同时订一张贺卡，你看可以吗？”服务员接过订单一看，忙说：“对不起，请问先生，您的朋友是小姐还是太太？”这位先生也不清楚这位外国朋友结婚没有，从来没有打听过，他为难地抓了抓后脑勺想想说：“小姐？太太？一大把岁数了，应该是太太。”生日蛋糕做好后，服务员小姐按地址来到酒店客房送生日蛋糕，敲门后一位外国女士打开了门。服务员有礼貌地说：“请问，您是怀特太太吗？”女子愣了愣，不高兴地说：“错了！”服务员丈二和尚摸不着头脑，抬头看了看门牌号，再回去打电话问那位先生，没错，房间号码没错。再敲一遍，开门。“没错，怀特太太，这是您的蛋糕。”那位女子大声地说：“告诉你错了，这里只有怀特小姐，没有怀特太太。”“啪”一声，门被大力关上，蛋糕掉在地上。

在社会交往中，交际双方见面时，如何称呼对方，这直接关系到双方之间的亲疏、了解程度、尊重与否及个人修养等。一个得体的称呼，会令彼此如沐春风，为以后的交往打下良好的基础，否则，不恰当或错误的称呼，可能会令对方心生不悦，影响到彼此的关系乃至交际的成功。

随着人们日常交际的频繁，在商务活动、公务活动、社交活动中越来越重视交往的细节，也许一个微小的细节决定了一个人的第一印象。要想提高自己在别人心目中的地位，通过塑造良好的职业形象助你获得成功的事业和幸福的人生，了解掌握商务礼仪是非常有必要的。

任务一 称呼礼仪

称呼是指人们在日常交往中，用以表示关系的名称，也叫称谓。在人际交往中，称呼的运用与对交往对象的态度有着直接的关系，因此，如何称呼他人至关重要。尊重客人，首先要从尊重他人的姓名开始，从有礼貌的、友好的称呼开始。在与他人交往中，我们既要学习掌握称呼的基本规律和通行的做法，又要特别注意各国之间的差别。人际称呼本着礼貌、亲切、得体的原则，因此，必须使用正确的称呼。

1．称呼的类型

（1）敬称

敬称是表示尊敬礼貌的称呼。除了礼貌上的必须之外，使用敬称还可体现一个人的文化修养。敬称一般用于：比较正规的社交场合，与师长或身份、地位较高的人交谈时，与人初次见面以及会议、谈判等公务场合等。

泛指的敬称：主要是指“先生”“小姐”“夫人”一类可广泛使用的性别性称呼，它几乎适用于任何场合。一般来说，对未婚女性称“小姐”，对已婚女性称“夫人”，如果难以分辨对方婚否，可称呼“女士”或“小姐”。对男性一般统称为“先生”。如果知道对方姓名或职业，也可在称呼前搭配使用，如“张先生”“布朗先生”“卡特夫人”“律师先生”“秘书小姐”“护士小姐”等，敬称一般用于初次见面或较为正式的场合。

（2）谦称

谦称是向他人表示谦恭和自谦的一种称呼。谦称最常见的用法是在别人面前谦称自己和自己的亲属。例如，愚，谦称自己不聪明；鄙，谦称自己学识浅薄；敝，谦称自己或自己的事物不好；卑，谦称自己身份低微。

自谦和敬人是不可分割的统一体。尽管日常生活中使用不多，但其精神无处不在。只要你在日常用语中表现出你的谦虚和恳切，自然会得到他人的尊重。

（3）亲属称呼

古代将凡血缘相近的同姓本族和异姓外族都称作亲属，亲属称谓是血缘相近的同姓本族和异性外族之间的称谓，如“爷爷”“奶奶”“外公”“外婆”“爸爸”“妈妈”“伯父”“舅舅”“叔叔”“阿姨”“哥哥”“妹妹”等。

（4）职业性称呼

在工作中，有时可按职业进行称呼。对于从事某些特定行业的人，可直接称呼对方的职业，如“老师”“医生”“律师”等，也可以在职业前加上姓氏或姓名，如“张老师”“李明医生”等。

（5）职务性称呼

对于具有职称或职务者，直接以其职称或职务相称，也可以在职称或职务前加上姓氏，如“姓+职务”“名+职务”“姓+职称”“名+职称”等。职务性称呼一般适用于较正式的场合，如“教授”“上校”“总经理”“董事长”“李工程师”“张明书记”等。在职称与职务中有副职的，称呼时应省去“副”字而直接称呼，如不称“张副校长”而直接称呼为“张校长”。

（6）一般性称呼

一般性称呼即直接的姓名称呼，如同事之间、熟人之间、夫妻之间、长辈对晚辈、老师对学生、上级对下级，可直接称呼对方的姓名。对于夫妻之间、关系较亲密的同事、熟人之间，可不称姓而直呼其名，夫妻之间还可以用昵称。

● 知识链接 3-1

世界各国的姓名排序

1. 姓前名后

姓前名后的用法多在我国及朝鲜、越南、日本、蒙古、阿富汗、匈牙利等国家通行。朝鲜、越南的姓名习惯与中国相同；日本最常见的是四字组成的姓名，前二字为姓，后二字为名。一般口头称呼姓或名，正式场合称全名。

2. 名前姓后

名前姓后的用法多在欧美国家通行。口头称呼一般称姓，正式场合则用全称。大多数欧美人的姓是一个词，而名则由两个或更多的词组成。法国人往往把自己尊重的知名人士或某个长辈的名字加进自己的名字中以示纪念，但别人称呼或书写时则只用其为首的本名，俄罗斯人的姓名一般由“名-父名-姓”三部分组成。他们一般口头称姓或只称名，为表示客气和尊敬时，称名字加父名。为特别表示对长者的尊敬，也有只称父名的，如列宁的全称是弗拉基米尔·伊里奇·乌里扬诺夫·列宁，而人们常称列宁为伊里奇。阿拉伯人的姓名一般由三四个部分组成，即本人名-父名-祖父名-姓。正式场合用全名，简称时只称本人名。

3. 有名无姓

这种用法在缅甸、印度尼西亚最有代表性。缅甸人有名无姓，但通常在名字前面加个称呼，表示此人的长幼、性别和社会地位。在年纪较大的人名前加“吴”，意即“先生”和“伯叔”；对平辈或年轻人称“郭”，即“大哥”的意思；对幼辈或少年称“貌”，即“小弟”的意思；对年轻的姑娘，一般称“玛”，为“姑娘、姐妹”的意思；对年纪较大或有地位的妇女，称“杜”，意为“姑、姨、婶”。

（7）特殊性称呼

特殊性称呼是指对于皇室成员或神职人员的称呼，如“陛下”“殿下”“皇后”“神父”“牧师”等。

2. 称呼的注意事项

（1）合理使用称呼

称呼既要遵循礼仪规范的原则，又要入乡随俗，尊重被称呼者的个人习惯。掌握各民族和国家的风俗习惯，合理理解和使用称呼。例如，“小姐”是对年轻女性的通称，我国在很多服务业也用来称呼女服务员，但在海南等地不宜这样称呼，要称呼“小妹”或“阿妹”；“爱人”是中国人用来称呼配偶的，而欧美国家的人则常用来称呼配偶以外的恋人。

（2）不使用不通行的称呼

在正式场合，不使用地方性的或不通行的称呼。如北京人爱称他人为“师傅”，山东人爱称他人为“伙计”。但是，在南方人听来，“师傅”等于“出家人”，“伙计”肯定是“打工仔”。

（3）不使用绰号称呼他人

不要随便称呼别人的外号（绰号），特别是在公共场所，这是极不尊重他人的表现。尤其不可称呼他人有关弱点或生理缺陷的外号。

（4）慎用昵称

对不是很熟悉或很亲近的人不宜称呼他人的小名或昵称。

总之，称呼是指人们在人际交往时，用以表示彼此关系的名称用语，不论是在口头语，还是在书面语中，称呼对交往都十分重要。称呼的选择和使用反映对待交往对象的实际态度，是给对方的第一印象。尊重他人，首先要从有礼貌的、友好的称呼开始，这对展示个人素质和集体形象，形成融洽的人际交往氛围有积极的作用。

● **案例解读 3-1**

“无礼”与“五里”

有个年轻人骑马赶路，眼看已近黄昏，可是前不着村，后不着店。正在着急，忽见一位老汉从这里路过，他便在马背上高声喊道：“喂！老头儿，离客栈还有多远？”老人回答：“五里！”年轻人策马飞奔，急忙赶路去了，结果一口气跑了十多里，仍不见人烟，他暗想，这老头儿真可恶，说谎骗人，下次若再碰到定要教训他一下不可。他一边想着，一边自言自语道：“五里、五里，什么五里！”猛然，他醒悟过来，这个“五里”，不正是“无礼”的谐音吗？于是掉转马头往回赶。追上那位老人，急忙翻身下马，诚恳地喊了声“老大爷”。话没说完，老人便说：“客栈已走过头了，如不嫌弃，可到我家一住。”

故事虽小，意义却深远，这不正是告诫我们文明处世的基本准则——文明礼仪吗？正如名人葛洪所说：“人之有礼，犹鱼之有水也。”

人如不讲礼貌，说话粗鲁，行为无状真的很难在社会上立足。做任何事都要明白“礼到人心暖，无礼讨人嫌”的道理。

任务二　介绍礼仪

现代生活，人们交往范围日益广泛，似乎每天都在认识新的面孔，结交新的朋友。初次认识，总少不了介绍，或介绍自己，或介绍别人。介绍，是一切社交活动的开始，是人际交往中与他人沟通、建立关系、增进了解的一种最基本、最常见的形式。得体的介绍往往会给对方留下良好的第一印象，因此人们又把介绍称为交际之桥。

一、自我介绍

自我介绍是指主动向他人介绍自己，或是应他人的要求而对自己的情况进行一定程度的介绍。

进行自我介绍，要掌握好自我介绍的艺术，必须注意以下几方面要点。

（1）时间简短

介绍时，一定要掌握好时间，介绍的时间不宜过长，一般以半分钟左右为佳，最多不要超过一分钟，为了节省时间，做自我介绍时，还可利用名片、介绍信加以辅助。

（2）内容真实

自我介绍要实事求是，不可自吹自擂、夸大其词。

在不同的场合，自我介绍的内容也要有一定的区别，在应酬式自我介绍中，只需介绍自己的姓名。在正式的自我介绍中，本人的姓名、工作单位、所在部门、具体职务要介绍全面。在正式交往场合，宜采用正式的自我介绍。

（3）态度诚恳

进行自我介绍时，态度一定要自然、友善、亲切、随和，应落落大方，彬彬有礼。既不能唯唯诺诺，又不能信口开河、轻浮夸张、矫揉造作。

（4）把握时机

自我介绍要寻找适当的机会，如当对方正与他人亲切交谈时，便不宜走上前去进行自我介绍，以免打断别人的谈话。在对方有兴趣、有需要时适时介绍，最好是能接过话头，自然地引入介绍。例如，有人问“小姐，请问怎么称呼”，说明时机已到。而当对方一个人独处或者与人闲谈时，不妨抓住时机进行自我介绍。

自我介绍要看场合，如与一人会见，问好后便可开门见山进行自我介绍。此外，进行自我介绍前，也可以引发对方先做自我介绍，诸如“请问您贵姓”“怎么称呼您”等，待对方回答后再顺水推舟地介绍自己。

二、介绍他人

介绍他人，通常是指由某人为彼此不认识的双方互相介绍和引见的一种认识方式。在介绍时要注意以下几点。

（1）了解双方是否有结识的意愿

介绍者为被介绍者介绍之前，最好先征求一下被介绍双方的个人意愿，不要贸然行事，让被介绍者感到措手不及。为他人介绍时还可说明被介绍人与自己的关系，便于新结识的人相互了解与信任。

（2）介绍时应遵循的顺序

为他人做介绍时必须遵守“尊者优先”的规则，即受尊敬的一方有优先了解另一方是谁的权利。一般是，先介绍身份低、年纪轻的一方，后介绍身份高、年龄大的一方；先介绍男士，后介绍女士；先介绍职务低的，后介绍职务高的；介绍来宾与主人认识时，应先介绍主人，后介绍来宾；介绍同事、朋友与家人认识时，应先介绍家人，后介绍同事、朋友；如果双方年龄、职务相当，则把男士介绍给女士。介绍时一般应起立，向对方点头示意。但在餐桌上或会谈时也可以不起立，被介绍者只要微笑点头即可。如果被介绍双方相隔较远，中间又有障碍物，可举起右手点头微笑致意。

三、介绍集体

介绍集体是介绍他人的一种特殊形式，分以下三种情况：一是将一人介绍给大家，二是将大家介绍给一人，三是双方人数都较多。

这时应遵循的原则是：先主后宾，先卑后尊；具体介绍到个人时，先尊后卑。人数较多的多方介绍，应遵循由尊而卑的原则。

四、介绍的仪态要求

作为介绍人在为他人做介绍时，态度应热情友好，动作应文雅、大方。

介绍人在为被介绍者互相介绍前，最好先与双方打好招呼。在介绍一方时，应先以微笑的目光把另一方的注意吸引过来，再使用手势进行介绍。正确的手势是：掌心向上，四指并拢，胳膊略向外伸，指向被介绍者，不可用手拍打被介绍者的肩、头、背等部位，也不要用拇指或食指比划被介绍的任何一方。在介绍的时候说话要清楚，不能含糊其词。还要注意介绍的先后顺序和避免过分颂扬某一方。

五、被介绍时的仪态

在介绍他人时，介绍者与被介绍者都要注意自己的表达、态度与反应。被介绍者在介绍者询问自己是否有意认识某人时，一般不应加以拒绝或扭扭捏捏，而应欣然表示接受。实在不愿意时，则应委婉说明缘由。

当介绍者走上前来，开始为被介绍者进行介绍时，被介绍者双方均应起身站立，面含微笑，大大方方地目视介绍者或对方，神态自然，表情专注。

当介绍者介绍完毕后，被介绍者双方应依照合乎礼仪的顺序进行握手，并且彼此问候对方。此时的常用语有“您好”“很高兴认识您”“久仰大名”“认识您非常荣幸”“幸会，幸会”等。必要时，还可做进一步的自我介绍。

任务三 名片礼仪

名片，又称卡片，中国古代称名刺，是社交场合用来表示个人身份的卡片。其规格是：工作单位在名片的正面上方，中间有姓名、职务，下方是邮政编码、地址、电话、电子邮箱等联系方式。名片的反面可以是相同内容的外语，也可以说明业务范围。

一、名片的作用

名片的用途十分广泛，使用名片可以加深人们在初次认识时的印象，有利于日后的交往联系；使用名片有助于结交朋友，使沟通变得更加畅通；名片有时可以代替拜访，如向他人表示祝贺、慰问或吊唁时，若自己不能前往，也可随鲜花或礼物附上名片一张；名片还可以传达信息，如拜访他人不遇时，可留下名片做简短附言。

二、名片的递接

1. 交换名片的顺序

一般来说，应先由地位低的人把名片递给地位高的人，客人递给主人。当与多人交换名片时，应依照职位高低的顺序，或是由近及远依次进行，切勿跳跃式地进行，以免给对方留下厚此薄彼之感。

2．名片的递送

向他人递送自己的名片时，应将名片正面朝向对方，用拇指夹住名片，其余四指托住名片的反面，双手奉上。同时身体微微前倾，面带微笑，目视对方，并说“请多多指教”。如果自己的姓名中有不常用的字，最好能将名字读一遍，以便对方称呼。

3．名片的接受

接受他人的名片时，应尽快起身或欠身，面带微笑，眼睛要友好地注视对方，并口称“谢谢”，使对方感受到你对他的尊重。

接过名片后，应认真阅读一遍，最好将对方的姓名、职务轻声地念出来，以示敬重，看不明白的地方可以向对方请教。必要时可将名片上的姓名、职务，特别是较高的或较重要的职务轻轻读出声来，以示幸会。如果遇到知名人士，还可表示感叹。要将对方的名片郑重收藏于自己的名片夹或上衣口袋里，或者办公室显著的位置。不要看也不看就放入口袋，或者随手放在一边，也不要将其他东西压在名片上或拿在手里随便摆弄，这都是对对方的一种不尊重。

“来而不往非礼也”，接受名片后要回赠给对方一张，如果自己没有名片或者没带名片，应当首先向对方表示歉意，再如实说明原因，如“很抱歉，我没有名片”“对不起，今天我带的名片用完了”。如果接受了对方的名片，不递上自己的名片，也不解释一下原因，是非常失礼的。

三、名片使用的注意事项

1．名片的放置

事先准备好名片，放在易于拿取的口袋或皮包里，以便使用时能及时掏出。如果放在身上，最好放在上衣的内兜里，注意名片不能有皱褶。

2．名片使用的“三不准”原则

一是名片不随意涂改。在国际交往中，名片有如脸面，如果电话号码和职务等有变化，应制作新的名片。

二是名片不提供私宅电话，只提供办公电话和移动电话，保护个人隐私。

三是名片上一般不提供两个以上的头衔，头衔过多，容易给人不务正业、浮夸吹嘘的感觉。有不同身份的人，最好同时准备几种名片，对不同的交往对象，使用不同的名片。

任务四　握手礼仪

握手是人们见面和离别时相互致意的最普遍的方式。此外，它还可成为感谢、慰问、祝贺或相互鼓励的表示。握手的力量、姿势和时间的长短往往能够表达出对握手对象的不同礼遇和态度，显露自己的个性，给人留下不同印象。

● 知识链接 3-2

握手的起源

握手最早发生在人类“刀耕火种”的年代。那时，在狩猎和战争时，人们手上经常拿着石块或棍棒等武器，他们在遇见陌生人时，如果大家都无恶意，就要放下手中的武器，并伸开手掌，让对方看清自己手中没有武器，走近以后互相抚摸手心，表示友好。

将握手视为一种礼节，最晚从我国的汉代开始。《后汉书·李通列传》：“往答之，及相见，共语移日，握手极欢。”这种习惯逐渐演变成现今人们见面时一种通常的礼节。

握手礼通常先打招呼，说敬语或问候语，寒暄一下。相互问候“您好”“很高兴认识您”“久仰”等。双目应注视对方，神情专注，姿态自然，微笑点头，然后相互握手。

一、握手的基本要求

握手时要注意姿势（见图 3-1），一般在距离对方约一步远的地方站立，上身略微前倾，两足立正，自然伸出右手，四指并拢，拇指张开，掌心向上或略微偏向左，手掌稍稍用力握住对方的手掌。握力适度，大致握力以在两公斤左右为宜，并上下微动，停 3～5 秒钟，礼毕即松开。握手时要注视对方，面带微笑，以示真诚和热情，同时讲问候语或敬语。

图 3-1　握手的姿势

握手礼同时是情感流露的重要形式，在手掌相触时可感受到对方的态度。有一定力度且时间较长的握手表示的是热情和真诚；而轻轻一握即分开则表示冷淡。握手时，为了向交往对象表示热情友好，与亲朋故旧握手时，所用的力量可以稍微大一些；而在与异性以及初次相识者握手时，则千万不可用力过猛。

二、握手的顺序

握手时的先后顺序应遵循“尊者在先”的原则。握手时，应先打招呼，后行握手。

1）地位高的长辈、上司主动伸出手，晚辈、下属后伸手。

2）在宾主之间，主人应先向客人伸手，以示欢迎。

3）在男士与女士之间，男士要等女士伸手后才能握手，一般只宜轻轻握住女士的手指部位。如果女士无握手之意，男士则应鞠躬或点头致意。

4）在平辈同性朋友之间，相见时先伸手为敬。

5）如果需要和多人握手，握手时要讲先后次序，先尊后卑，先长辈后晚辈、先上级后下级、先女士后男士。如果人数较多，可以只和几个主要的人握手，向其他人点头致意。

三、握手的方式

1）“平等式握手”：与人握手时手掌垂直于地面最为适当，表示不卑不亢。

2）“友善式握手”：与人握手时掌心向上，表示谦恭、谨慎。

3）“控制式握手”：与人握手时掌心向下，一般不宜使用。

4）“手套式握手”：适用于年轻者对长者、尊者或上级，应稍微向前欠身，双手握住对方的手以示尊敬。此种方式的握手不适用于初识者或异性，因为它有可能被理解为讨好或失态。

5）“死鱼式握手”：在与人握手时，毫不用力，毫无反应，爱答不理，这是非常无理的，使对方感到缺乏诚意、怠慢无礼。

四、握手的禁忌

1）握手时切忌用左手，尤其当对方是阿拉伯人和印度人时，因为他们认为左手是不洁净的。

2）同多人握手时应按照顺序进行，忌交叉握手，两手同时和另外两人相握成交叉状，是十分失礼的。

3）和女士握手时长握不放，会让对方无所适从，这是很失礼的行为。

4）在需握手的场合，本应先伸手却没有主动伸手，或者在对方伸手后，自己犹豫不决，出手慢慢吞吞。

5）切忌戴手套、墨镜、帽子握手，握手时一般不戴手套、墨镜、帽子，此举表示一种尊重。除非女子地位较高或所戴的为装饰性手套。

6）握手的力度不要过大或过小，太轻会使人感到冷淡和傲慢，太重会使人觉得粗鲁。

7）握手时左手不要插在衣袋里，或是毫无表情、东张西望、漫不经心，这种表现是很不礼貌的。

8）不要拒绝和他人握手。在特殊情况下，如果因做事手上有水或不干净时，应向对方致歉并微笑或鞠躬致意。

握手是现今国际上通行的见面礼仪形式，在正式场合，握手时伸手的先后顺序是由握手人双方所处的社会地位、年龄、性别等各种条件决定的，握手应遵守“尊者决定”的原则。行握手礼要把握好时间、力度、神态等，才会显得彬彬有礼。

任务五　鞠 躬 礼 仪

鞠躬礼是向他人表示尊重和敬佩的一种郑重其事的表达方式。在日本、韩国和中国使用较为普遍，欧美国家则较少使用。

一、鞠躬礼的方法

行礼时必须面对对方，伸直腰，脚跟靠拢，脚尖微微分开，目视对方，视线由对方脸上落至自己的脚面 1.5m 处（15° 礼）及脚前 1m 处（30° 礼）。男性双手放在身体两侧，女性双手下垂交叠置于腹前。鞠躬的幅度可根据施礼对象和场合决定，90° 鞠躬礼属最高礼节，一般用于三鞠躬。在日本，人们习惯行 60° 到 90° 的鞠躬礼；45° 鞠躬礼通常用于下级向上级、学生向老师、晚辈向长辈、服务员对来宾；15° 鞠躬礼，用于一般的应酬，如问候等。

施鞠躬礼时必须注目，不可斜视，受礼者也同样。受鞠躬礼者要还以鞠躬礼，地位较低的人要先行鞠躬礼，且鞠躬的幅度要相对大一些。当然，上级、长辈或尊者在对方行礼时，可以不鞠躬，以欠身点头或同时伸右手以答之。

- **知识链接 3-3**

日本的鞠躬礼

在日常交往中，日本人通常都爱以鞠躬作为见面礼节。鞠躬礼分立礼和跪坐礼两种，立礼即站立鞠躬礼，跪坐礼即跪坐鞠躬礼（见图 3-2）。在行鞠躬礼时鞠躬角度的大小、鞠躬时间的长短以及鞠躬次数的多少，往往与向对方所表示的尊敬的程度有关。女性与他人见面时，是鞠躬而不握手的。在行见面礼时，必须同时态度谦恭地问候对方。在工作场合与他人初次见面时，通常都要互换名片，否则即被理解为是不愿与对方交往。

图 3-2　跪坐鞠躬礼

二、鞠躬礼的适用场合

在中国，鞠躬礼通常被用来表示“由衷的敬意”，或者向他人表达深深的感激，如晚辈对长辈、学生对老师、下级对上级、表演者对观众等都可行鞠躬礼。在喜庆的场合，如新人结婚时向长辈或来宾鞠躬；领奖人上台领奖时，向授奖者及全体人员鞠躬行礼；演员谢幕时，常以鞠躬向观众致谢；演讲者也用鞠躬来表示对听众的谢意。在庄严的场合，如追悼会或祭奠时，向逝者行鞠躬礼。

三、行鞠躬礼时的注意事项

1）行鞠躬礼时须脱帽，戴帽鞠躬是不礼貌的，同时还会使帽子掉下来。

2）鞠躬时目光应该向下看，表示一种谦恭的态度，不可以一面鞠躬一面翻起眼睛看对方。

3）鞠躬时嘴里不要吃东西、嚼口香糖或含香烟。

4）礼毕抬起身，双眼应礼貌地注视对方，面带微笑。如果视线移向别处，即使行了弯腰最深的鞠躬礼，也会让人觉得缺乏诚意。

任务六　其他日常交往礼仪

一、点头礼

点头礼也就是颔首礼。点头礼的做法是头部向下轻轻一点，同时面带笑容。注意不要反复点头不止，点头的幅度也不宜过大。点头礼适用的范围很广，如路遇熟人或与熟人、朋友在会场、剧院等不宜交谈之处见面，以及遇上多人而又无法一一问候之时，都可以点头致意。与对方目光接触时，面含微笑，头微微向下一点，幅度不必太大。行点头礼时，最好摘下帽子，以示对对方的尊重。

二、挥手礼

挥手礼也叫举手礼。举手致意，应全身直立，面向对方，至少上身与头部要朝向对方，在目视对方的同时，应面带微笑。致意时应手臂自下而上向侧上方伸出，手臂既可以略有弯曲，亦可全部伸直，掌心向外，面对对方，五指并拢，略弯曲，指尖朝向上方，轻轻横摆一下即可，不要反复摇动。

三、脱帽礼

帽子与手套是西方社会的一种时髦装饰，同时还是个人身份和地位的象征。西方的男士还习惯用脱帽礼来跟熟人打招呼，向人表示歉意、致谢等。具体的做法是：把帽子稍稍往上提一提，并点一下头。在以下场合男士需要脱帽以示尊重和礼貌：别人介绍他与一位陌生人认识时；与长者、女士以及其他任何应表示尊重的客人交谈时；在国旗前面走过，或是听到奏国歌时；在葬礼以及其他任何庄严的场合。在公共场合行此礼时，男子摘下帽子向对方点头致意即可。若相识者侧身而过，双方亦可回身补问“您好”，并将帽子略掀一下即可。若相识者在同一场合先后多次相遇，双方不必反复脱帽，只点头致意即可。当进入主人房间时，客人必须脱帽，以示敬意。在庄重场合，人们应自觉脱帽。

● **知识链接 3-4**

脱帽礼的起源

据说脱帽礼来源于冷兵器时代，当时，作战都要戴头盔，头盔多用铁制，十分笨重。战士到了安全地带，首先是把头盔摘下，以减轻沉重的负担，这样脱帽就意味着没有敌意。如到友人家，为表示友好，也以脱盔示意，这种习惯流传下来，就形成今天的脱帽礼。

四、亲吻礼

亲吻礼是西方某些民族常见的古老礼节之一。它是用唇或面颊接触他人，是人们日常见面和分别时表示亲密友好的礼节。

亲吻礼在现代西方社会只局限于至亲好友之间使用，而且依照双方关系的亲疏程度，亲吻的部位和方式也不尽相同。一般来说长辈亲吻晚辈，应当亲吻额头；晚辈亲吻长辈，应当吻下颌或面颊；同辈之间，同性应当贴面颊，异性应当亲吻面颊；只有情侣或夫妻之间才亲吻对方的嘴唇。亲吻礼必须稳重、自然。在涉外交往中，年轻女性一般不宜与男性外宾行亲吻礼，而应主动行握手礼。

五、拥抱礼

拥抱礼作为一种礼节，有非正式和正式两种。在机场、车站迎接久别的亲人或亲密的朋友时，往往互相拥抱；熟人之间、陌生人之间、同性之间、异性之间为了表示友好，也常常会抱一抱或礼节性地搂一下；在日常生活中，情人或夫妻之间也常常会热情拥抱，但这种拥抱没有严格的规定，属非正式的拥抱礼节。

但在正式的社交场合，行拥抱礼就十分讲究了。施拥抱礼，一般两人相对而立，相距20厘米，右臂偏上，左臂偏下，右手环抚于对方的左后肩，左手环抚于对方的右后腰；按各自的方位，两人头部及上身都向左相互拥抱，然后头部及上身再转向右拥抱，再次向左拥抱，礼毕。

六、拱手礼

拱手礼是相见、祝贺或感谢时常用的一种礼节。行礼时，双腿站直，上身直立或微俯，双手互握合于胸前。一般情况为男子右手握空拳，左手抱右手，女子则正好相反。值得注意的是：中国古代拱手有吉凶之分，喜庆之事为阳，凶丧之事为阴；男为阳，尚左，女为阴，尚右。行吉礼时，男子左手在外，女子右手在外（见图3-3）；行凶丧之礼时，男子右手在外，女子左手在外。只不过到了现代，提倡男女平等，为了更方便地在现代适用拱手礼，无论男女，一律采用传统中最常见的左外右内。行礼时，两手合抱于胸前，有节奏地晃动两三下，并微笑着问候对方。拱手致意时，往往与寒暄语同时进行，如“恭喜恭喜”“久仰久仰”“节日快乐”等。

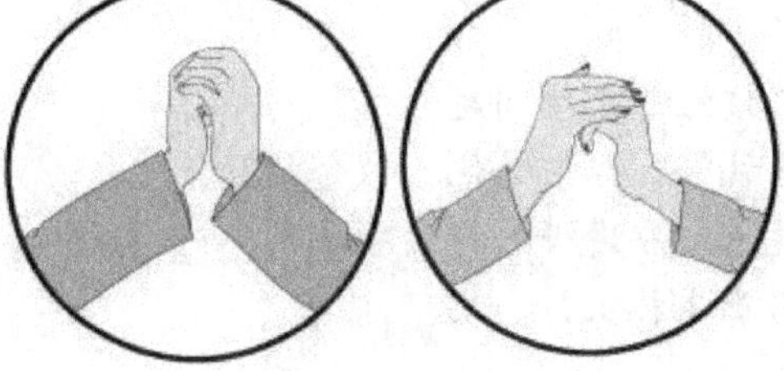

图3-3　拱手礼

在我国，拱手致意通常用于以下场合：在重大节日，如春节等，邻居、朋友、同事见面时，常拱手为礼，以表祝愿；为欢庆节日而召开的团拜会上，大家欢聚一堂，互相祝愿，常以拱手礼致意；婚礼、生日、庆功等喜庆场合，来宾也可采用拱手致意的方式向当事人表示祝贺；双方告别，互道珍重时可用拱手礼；向对方表示歉意时，也可用拱手的方式表达诚挚的歉意。

● **知识链接3-5**

中国传统拱手礼

拱手礼在我国已经有两三千年的历史了，从西周起就开始在交往时采用。拱手礼有模仿带手枷奴隶的含义，意为愿作对方奴仆，后来拱手逐渐成了相见问候的礼节。古人通过程式化的礼仪，以自谦的方式表达对他人的敬意。国人是讲究以人和人之间的距离来表现出“敬”的，而不像西方人那样喜欢身体的亲近。这种距离不仅散发着含蓄典雅的气息，而且也比较符合现代卫生要求。拱手礼可避免握手之拘束，行礼时不分尊卑，不受距离之限。所以很多礼学专家都认为，拱手礼不仅是体现中国人文精神的见面礼节，而且也是最恰当的一种交往礼仪。

七、合十礼

合十礼亦称合掌礼，原是印度古代的文化礼仪之一，后被各国佛教徒沿用为日常礼仪。现在此礼流行于泰国、缅甸、老挝等佛教国家。行礼时，双手合拢于胸前（见图 3-4），微微低头，神情安详、严肃。对长者行合十礼时双手举得越高越有礼，但手指尖不得超过额头。当对方行合十礼时，我们应以同样的方式还礼。

图 3-4　合十礼

情境实训与习题

一、思考题

1. 在称呼对方时，应该注意哪些问题？
2. 介绍时应注意哪些礼节？如何为他人做介绍？
3. 交换名片有哪些礼节？应遵循怎样的顺序？
4. 行握手礼时须注意哪些礼仪？

二、情境实训

1. 站姿训练：按照标准的站姿要求背靠墙训练。要求：后脑勺、双肩、臀部、小腿及脚后跟都紧贴墙壁站立；也可以两人一组，背靠背站立训练，放轻音乐，训练不同的站姿。

2. 走姿训练：走直线或顶书而行。要求：眼睛平视前方，收腹、挺胸、面带微笑；练习背小包、拿文件夹、公文包、穿旗袍时的行走姿势。

3. 练习入座的姿势和几种不同的坐姿，入座时女生要有理裙的动作。

4. 用技术比武的方式练习领带的系法，要求至少掌握两种以上手法，看谁系得又快又好。

5. 组织一次专业化妆师讲座，观摩女士化妆的全过程。

三、案例分析题

名片的失误

某公司新建的办公大楼需要添置一系列的办公家具，价值数百万元。公司总经理已做了决定，向 A 公司购买这批办公用具。

这天，A公司的销售部负责人打电话来，要上门拜访这位总经理。总经理打算，等对方来了，就在订单上盖章，定下这笔生意。

不料对方比预定的时间提前了两个小时，原来对方听说这家公司的员工宿舍也要在近期内落成，希望员工宿舍需要的家具也能向A公司购买。为了谈这件事，销售负责人还带来了一大堆的资料，摆满了台面。总经理没料到对方会提前到访，刚好手边又有事，便请秘书让对方等一会儿。这位销售员等了不到半小时，就开始不耐烦了，一边收拾起资料一边说："我还是改天再来拜访吧。"

这时，总经理发现对方在收拾资料准备离开时，将自己刚才递上的名片不小心掉在了地上，对方却并没发觉，走时还不小心从名片上踩了过去。就这个不小心的失误，却令总经理改变了初衷，A公司不仅没有机会与对方商谈员工宿舍的设备购买，连几乎到手的数百万元办公用具的生意也告吹了。

思考：

1. A公司销售部的负责人错在哪里？
2. 如果你是A公司销售部的负责人，你会怎么做呢？

学习情境四
通信礼仪

● 学习目标

知识目标： 掌握电话、电子邮件、即时通信的基本礼仪规范。

技能目标： 掌握与他人友好相处的通信礼仪，掌握正确接听、拨打电话的礼仪规范以及编辑短信、电子邮件的礼仪规范。

能力目标： 能在日常交往中表现出恰当的通信礼仪规范，提高运用通信工具与人沟通、联络感情的能力，塑造良好的形象。

● 导入案例

聚餐上玩手机，怒掀饭桌立“家规”

《汕头都市报》2014 年 1 月 21 日报道：近日，家住广厦新城的吴伯一家出了一件惊动邻里的“掀桌事件”，导致老人怒不可遏的竟是家中一屋子的“低头族”。

吴伯育有二子一女，三名子女成家后和父母分开住，只有周六上午大家才回父母家一块儿吃中午饭。上个周末，吴伯和老伴从一早就开始忙活午饭，但子女一大帮人进门后，却只顾着玩手机，没有人主动上前帮忙，也没人陪老人聊聊天，被晾在一边的吴伯心里很不是滋味。等到菜上桌了，儿孙们还全在玩手机，吴伯叫了两次，大家伙才慢吞吞凑过来吃饭。谁知，饭没吃到一半，大家又拿起手机边吃饭边玩，吴伯多次想和孩子们说说话，但发现个个低头捧着手机玩，吴伯觉得自己很不受尊重，一怒之下，老人竟然站起来掀翻了桌子，拂袖而去。

吴伯掀桌离席后，子女们意识到自己的不是，赶忙向父母道歉。吴伯气消后，也立下了一个“家规”——吃饭时不能玩手机，谁要玩手机就先离席！在吴伯看来，家庭聚餐本是一件开心的事情，尤其是像他们这种长期和子女分开生活的，大家难得聚在一起，自顾自玩手机只会带来“亲情隔阂”。吴伯说：“有什么事情比一家人坐在一起吃饭更重要呢？”

如今，数码时代催生“小小低头族”，家庭聚会中，常常看到这样的场景——大人忙着与老朋友叙旧，而孩子们则低着头玩手机，沉浸在各自的数码世界里，令代沟越来越大。

通信礼仪不仅仅是一种文雅的举止，更是内在修养和素质的体现。只有遵守通信礼仪才能在人与人之间的交流中脱颖而出，给别人留下好印象。随着科学技术的发展和人们生活水平的提高，电话的普及率越来越高，人离不开电话，每天要接打大量的电话。打电话是一门学问、一门艺术。因此，我们应当学会如何正确使用电话，遵守礼仪规范，在通信过程中给人以良好的印象。

任务一 电 话 礼 仪

一、塑造美好的“电话形象”

一个人的电话形象主要由他使用电话时的语言、态度、内容、举止及时间等方面的因素决定。电话是靠声音进行交流的，因此，打电话和接电话都应注意音量、语气及谈话的内容，以便给对方留下美好的印象。

1．准确接听

听到电话铃声，应准确迅速地拿起听筒，最好在三声之内接听。长时间无人接电话或让对方久等是很不礼貌的。

2．声音悦耳

我们在打电话时，若听到对方亲切、柔美的招呼声，心里一定会很愉快，使双方对话能顺利展开，对对方产生较好的印象。在电话中只要稍微注意一下自己的行为就会给对方留下完全不同的印象。同样说“你好，这里是××公司”，声音清晰、悦耳，吐字清脆，就会给对方留下好的印象，对方对你所在单位也会有好印象。因此要记住，接电话时，应有代表单位形象的意识。

3．音量适中

通话时声音不能太大，以免妨碍他人或给对方不愉快的感觉，也不能太小令对方听不清楚。同时发音要清晰，吐字要准确。

4．语气亲切

通话时切忌语气生硬，那样会令人反感。只有热情诚恳的态度，亲切温和的语气，才能使对方心情愉快。

5．心情愉悦

打电话时要保持良好的心情，这样即使对方看不见你，但是从欢快的语调中也会被你感染，给对方留下极佳的印象。因为面部表情会影响声音的变化，所以即使在电话中，也要抱着“对方看着”的心态去应对。

6．言简意赅

打电话时应注意通话时间，讲究语言准确简练，长话短说，切忌啰唆。

7．礼貌结束

要结束电话交谈时，一般应当由打电话的一方提出，然后彼此客气地道别，说一声“再见”，再挂电话，不可只管自己讲完就挂断电话。

● **案例解读 4-1**

声音和说话技巧

（1）你的声音听起来是否清晰、稳重而充满自信？

（2）你的声音是否充满活力与热情？

（3）你说话时是否使语调保持适度变化？

（4）你的语气是否坦率而明确？

（5）说话时你能避免屈尊迁就、低三下四吗？

（6）你发出的声音能让人听起来不感到单调乏味吗？

（7）你能让他人从你说话的方式中感受到一种轻松自在、愉悦欢快的情绪吗？

（8）当你大声讲话时，能否压低自己的嗓门？

（9）你说话时能否避免使用“哼”“啊”等词？

（10）你是否十分注重正确地说出每一个词语或姓名？

如果以上问题的答案基本是肯定的，那么恭喜你，你是一个很快能吸引到听众的人；如果大多否定，那也没关系，多学习发音和说话技巧，你也可以成为说话的高手。

二、拨打电话礼仪

电话不仅仅是一种传递信息、获取信息、保持联络的工具，还是反映通话者单位或个人形象的载体，通过拨打、接听电话，可以给人以深刻的第一印象。

1．选择通话时机

一般说来，应利用对方便利的时间或双方预先约定的时间进行通信。如果用电话谈公事，尽量在对方上班10分钟以后或下班10分钟之前通电话，这时对方可以比较从容地接听。若是谈私事，除非重要事情，否则不要在他人休息时间打电话。如用餐时间、午休时间及早上7点钟以前和晚上10点钟以后，都不适宜打电话，以免打扰他人休息。

2．掌握通话时间

打电话前，最好先想好要讲的内容，以便节约通话时间，不要现想现说或者“煲电话粥”，通常通话时间不应超过3分钟，即所谓的“3分钟原则”。

3．通话内容合理

拨打电话前要做好充分准备，以便接通电话后直入主题。尤其是给陌生人或者上司打电话时，应该给对方以沉着冷静、思路清晰的感觉。电话机旁应备有笔与便签纸，以备需要记录时用。

4．使用礼貌语言

通话之初，应说“您好”，在问候对方后，要简明扼要地自报家门。通话时，不使用脏话、粗话。请受话人找人或代转时，应说“劳驾”或“麻烦您”，不要认为这是理所应当的。

5．留言简洁明了

请求转告时，留言要简洁明了，说清楚自己的姓名和电话号码，并向传达者表示谢意。

6．拨错电话致歉

拨错电话应表示歉意，说声“对不起”“打扰您了”，等等。切忌不做任何解释而直接挂断电话。

7．礼貌终止通话

交谈完毕时，打电话的一方，应先说“再见”等礼貌语言，再结束话题，话筒应轻放。

三、接听电话礼仪

接听电话应注意以下礼仪。

1．接电话前

听到电话铃声就是专心应答的开始，不要对接电话敷衍了事，更不能口中含有食物。不要在接听电话的过程中暴露不佳的情绪。接电话前准备好笔和纸，停止一切不必要的动作。接听要及时。坐直，深呼吸，微笑，以饱满的精神和热情的态度拿起话筒。

2．接电话时

接电话时，一般以铃响三次时拿起话筒为最好时机。接听电话有以下步骤及要点。

1）一手接电话，另一手拿笔，准备随时记录要点。

2）拿起话筒后，声音要热诚、有精神。首先向对方问好，立刻告知自己的身份，如果是在公司里，则必须马上报上自己的部门及姓名，如："您好，××部，我是××，请问您找哪位？"直接说明自己的身份就不必对方费疑猜，并可节省时间。不可先询问对方，"喂！你是谁？""你找谁？"这样是不礼貌的。如果对方打错电话，不要责备对方，知情时还应告诉对方正确的号码。

3）如果确实有事在铃声响了很久之后才接听，应先向对方表示歉意，如"您好！××部，很抱歉让您久等了。"

4）确认对方姓名后，询问来电事项，并拿笔准备记录。

5）通话过程中，表达清晰，语气亲切，音量适度，时间不宜过长。语言要简练、清楚、明了，不拖泥带水，以免浪费时间，引起对方反感。

6）谈话的重点内容，应互相确认，可请求对方复述一遍。当对方有不同意见时，应予尊重，如不接受其意见，耐心听完后再委婉说明不能接受的理由。

7）不要被动倾听，要积极聆听。在听的过程中，首先要善于将对方的话进行归纳总结，这样才能更好地理解对方的意图，寻找准确的信息。其次要恰当地表达感受，如"我也是这样认为的"。此外一般不要在对方话没有讲完时打断对方。如实在有必要打断时，则应该说"对不起，打断一下"。

8）接电话过程中如果需要对方等待一段时间，此时应该向对方解释让他（她）等候的原因；如果等待时间在 30 秒之内，提议让对方稍等，可说"您好，我帮您查一下相关信息，请您稍等，好吗？"若时间较长，可提议对方先挂断电话，等问题得以解决后再给对方回电话。得到对方的回应或允许后再进行下一步。回到通话中后再次向对方致歉，如"对不起，让您久等了"。

9）电话结束时，扼要汇总和确认来电事项。谢谢对方来电，愉快地结束通话。说声"再见"，对方挂后再轻挂电话。按常规应该是主叫方先挂电话或长辈、领导先挂。

● **案例解读 4-2**

一时口误遭冷遇

一位先生要找 A 酒店，但拿起电话却顺嘴说了 B 酒店。接电话的 A 酒店员工一听对方要找的是自己的竞争对手，马上说："你打错了。"然后"啪"的一下就挂断了电话。这位先生回过神来，觉得心里很不舒服。他以前也跟这位员工联系过几次，没想到对方的温文尔雅都是装出来的，员工这样，酒店应该也是如此吧，以后还是不要和 A 酒店合作好了。

3．代接电话

如果对方要找的人就在附近，应该说"请稍等"，然后手捂住话筒再叫人。如果人在其他地方，应该说"请稍等，我去找他"，然后轻轻放下话筒再去找人。如果要找的人不在，一定要主动询问对方是否需要留言，如"请问您有急事吗？是否可以十分钟后再打来？""您方便留下您的电话及姓名吗？我会通知××，他（她）会尽快给您回复。"在记录对方的留言或信息时，对于姓名、数字、日期、时间、地点等需要重复确认，以避免不必要的信息错误；听不清对方说话的内容时，不要犹豫，应立即将情况告诉对方，"对不起，您能重复一下吗？"对方要找的人回来后要及时准确地传达。

4．接电话之后

接电话之后要做好相关的记录并向相关人员通报来电内容。留言或转告要立即执行，将来电所托事项填写在"电话留言便条"上，以口头形式传达或以便条形式传递。

"电话形象"是指人们在使用电话时留给通话对象及其他在场人士的总体印象。一般认为，一个人的"电话印象"主要由接打电话的态度、表情、举止、内容以及时间的把握等方面构成，企业、个人均应有塑造电话形象并维护职业形象的意识。

● 知识链接 4-1

接打电话规范用语

错　误	正　确
你找谁	请问您找谁
有什么事	请问您有什么事
你是谁	请问怎么称呼您
不知道	抱歉，这事我不太了解
我问过了，他不在	我再帮您看一下，抱歉，他还没有回来，您方便留言吗
你等一下，我要接个别的电话	抱歉，请稍等
懂了没有啊？你听不懂吗	请问您明白了吗？还需要再解释一下吗
不对	是这样吗？我再查查看看
我知道了，我清楚了，你不用再……	好的，我已经明白了
那不是我的工作	抱歉，这个问题您可以联系××，电话是…… 抱歉，这个问题需要联系××，现在为您转接，可以吗

四、移动电话礼仪

移动电话等移动通信工具是现代文明的产物，已越来越普遍地应用于人们的日常生活。在当今这个信息时代，在公共场合禁用移动电话（手机）是不可能的，因而对于"移动电话礼仪"我们应给予高度重视，移动电话礼仪有如下几点。

1．安全使用

禁止使用手机的场合。

1）驾车时。驾车打电话会分散注意力，干扰正常驾驶操作，这是十分危险的。

2）乘坐飞机时。在飞机飞行和起落过程中，手机信号可能对导航系统和控制系统产生干扰。

3）规定禁止使用手机的医疗场所。手机信号可能会影响医用设备的正常工作，如心电图、电子起搏器等。

4）禁止在加油站、天然气接收站、炼油厂及润滑油厂的生产装置区及储存罐区、采油厂联合站及计量站、铁路专线、危险化学品作业场所、易燃易爆油气装卸作业场所和区域内等易燃易爆场所使用手机。

2．手机信息安全

在高端智能手机高速发展的同时，也面临着隐私泄露、病毒、骚扰、网络入侵等风险以及手机银行及手机支付安全问题等。因此，在手机的使用过程中，务必做到以下几点。

1）要确保使用安全的手机软件。

2）对通信等隐私信息加密，尽量不使用手机传送重要信息。

3）尽量不要将手机借给他人，不要去不正规的维修点维修。

4）收到陌生的短信不要随意点击附带的链接，很有可能是病毒木马。

5）提高个人素养，养成良好习惯，不点击浏览不安全的网站网址，实时更新杀毒软件。

3．文明使用

手机礼仪既有电话礼仪的共性要求，也有其特殊的规范。手机的最大特点在于可移动性，它可以把噪声带到任何场所，所以极易在公共场合产生不良影响。因此，手机使用者除了遵循电话礼仪之外还要特别注意顾及他人。

1）遵守公共秩序。在公共场合如图书馆、课堂、会议、宴会、舞会、音乐会中，应将手机调成振动或静音模式。如果是非接不可的来电，应尽量压低声音或到其他的地方接听。

2）遵守公德。不要在公共场合肆无忌惮地使用手机。接听电话时应控制自己的音量，不要大喊大叫。也不要长时间“煲电话粥”，影响旁人，迫不得已时应该选择一个不会影响他人的地方打电话。

- **案例解读 4-3**

此起彼伏的电话铃声

各种大型会务活动中，常常有一种现象值得我们反思：正当大家置身于会议室就某个议题展开激烈讨论时，一阵刺耳的电话铃音打破了这种和谐，许多人的目光不约而同地搜索，直到停留在某个角落。当然，当事人多数会非常不好意思，赶紧挂断电话。

更有另外一种情景：电话铃声骤然响起，某人将头深深埋入桌下，“喂……哎……我在……听不清……什么……这事你看着办……”，虽说知道这个场合不该打电话，那就只好埋下头来，就当看不到周围异样的目光……好一个掩耳盗铃！会议现场此起彼伏的电话铃声，耐人寻味，值得思考。

文明礼仪是我们生活的根基，即使拥有了高深的科学文化知识，仍然要先学做人，学习文明的交往规范。播下一个动作，收获一个习惯；播下一个习惯，便收获一个品格。

3）打电话前考虑对方。给对方打手机时，首先应该想到他是否方便接听你的电话，在接通电话后，先问问对方是否方便接听电话。或者在打电话前先了解对方的作息时间。

4）在餐桌上，有必要关掉手机或是把手机调到震动模式。避免正吃到兴头上的时候，被一阵烦人的铃声打断。

5）尊重他人。手机有一些附带的功能，比如拍照、录像等。在给别人拍照、录像之前要先征得对方的同意。尊重他人的隐私，一般不要随便借用别人的手机，更不能随便翻看他人手机中的任何信息（如短信、通话记录、相册等），也不要随便打探他人的手机号码，更不能不负责任地将别人的手机号码转告他人。

6）暂时不用手机时，要放在合乎礼仪的常规位置。总的原则是：既要方便使用，又要合乎礼仪。不要放在手里或是挂在上衣口袋外。可将手机放在随身携带的公文包里，这种位置最正规；也可放在上衣的内袋里。交谈时暂放在手边、身旁、背后等不起眼处，但不要放在桌子上，特别是不要放在聊天对象面前。

五、短信礼仪

手机短信属于一种非实时的、非语音的数据通信业务。短信的广泛使用使得它已成为移动电话礼仪关注的焦点。

短信礼仪有如下几点。

1）不要在别人注视到你的时候查看短信。一边和别人说话，一边查看手机短信，是非常不礼貌的行为。

2）在短信的内容选择和编辑上要慎重。通过你发的短信，可以反映你的品位和素养，因此不要编辑或转发不健康的短信。短信内容应该主题明确，表述清楚，不使用粗俗、不正规的语言。

3）短信署名是对对方的尊重。尤其是给初次相识的人或不熟悉的人发短信一定要署名。不过手机有来电显示功能，所以对于熟识的人以及亲朋好友之间可以不用署名。

4）祝福短信一来一往足矣。现在每逢节日，人们都会发短信祝福。来而不往非礼也，所以别人发来短信，自己就要回一个短信。接到对方短信回复后，一般就不要再发致谢之类的短信，以免没完没了。就祝福短信来说，一来一往足矣，二来二往就多了，三来三往就成了繁文缛节。

5）了解对方的状态。常见开场白有“做什么呢”或者“在忙吗”“最近好吗”等，然后根据对方回答的速度、内容，语气综合判断对方的状态。如果感觉对方心不在焉或没时间，那么就不要再发短信，以免招人厌烦。或者直接礼貌地询问是否有时间和你进行短信交流。

6）上班时间不要没完没了地发短信。上班时间即使你不忙，对方也要上班、学习。你不停地发短信很可能就会打扰对方。如果对方正在主持会议或者正在商谈重要事项，闲聊天式的短信只会让对方心生不悦。

7）礼貌回复。对方发来的短信应该及时回复。如果自己很忙无暇马上回复，迟点回复时一定要加以解释。

任务二　电子邮件礼仪

在日常交往中，邮件成为了一种简单而又很平常的沟通工具。电子邮件又称电子信函或电子函件，英文名为E-mail。是一种通过网络实现相互传送和接收信息的现代化通信方式。使用电子邮件进行联络时，应当遵守一定的礼仪规范，主要包括以下四个方面。

一、标题明确

一个电子邮件大都只有一个主题，并且往往需要在前注明。若是将其归纳得当，收件人见到它便对整个电子邮件有个大致的了解。添加邮件主题是电子邮件和信笺的主要不同之处，在主题栏里用短短的几个字概括出整个邮件的内容，便于收件人权衡邮件的轻重缓急，分别处理。

二、称谓得体

电子邮件的文体格式类似于书面交谈式的风格，开头要有问候语，但问候语的选择比较自由，如“您好”。结尾也可随意一些，比如“以后再谈”“祝你愉快”等；也可什么都不写，直接附上自己的名字。但是，如果你写的是一封较为正式的邮件，还是要用和正式的信件一样的文体。开头要用“尊敬的”或者是“先生/女士，您好”，结尾要有祝福语。

三、内容简洁

在交往中，电子邮件也是一种文本，应当认真撰写。向他人发送的电子邮件，一定要精心构思，内容应当简明扼要，当文字太长的时候，可以分块处理，使之方便阅读，这样写起来清楚，读起来也方便。

四、回复及时

收到重要邮件的时候，要及时回复，告知对方你已经收到。否则对方将不确定你是否收到，回复不需要很长，简明表示已收到邮件即可。

任务三　即时通信礼仪

即时通信是目前网络上最为流行的通信方式之一，大大地加深了人与人之间的联系。它从单一的文本聊天发展到语音聊天以及图像、视频聊天（见图 4-1）。随着智能手机及相关手机通信软件的发展，即时通信系统不但成为了人们的沟通工具，还成为了人们利用其进行电子商务、工作、学习等的交流平台。这些即时通信软件一般具有在线聊天、续传文件、文件共享等多种功能。即时通信已成为重要的交流沟通手段，因此，了解一些即时通信礼仪是很有必要的。

图 4-1　即时通信

即时通信礼仪和电话通信礼仪、移动电话礼仪以及邮件礼仪有共通之处，但由于即时通信的即时性以及传播速度快、范围广的特点，它有特别的礼仪要求。

1）尊重他人及他人的隐私，不要随意公开聊天记录和视频等内容。

2）尊重他人的时间。除非对方愿意花时间和你在网上聊天，否则在他人工作、休息时间里不要不断地发送即时信息打扰对方。当对方发送即时信息给你时，你应该及时回复，如果你暂时不方便上网聊天，应清楚说明。用即时通信软件洽谈公务时，语言应简洁明了，把对话的重点压缩在几句话中。

3）不要随便要求别人加你为好友，除非有正当理由。

4）在别人状态为“忙”的时候，不要打扰。或耐心等待对方的回应，不要为了让对方回复你，连续不断地发消息。

5）不要随意给别人发送链接或者不加说明的链接。

6）内容健康，用词文雅，使用规范、合乎礼仪的礼貌用语，避免谈论使人为难的话题。发送语音、视频信息时，不要故意发出怪异的声音，不要使用污秽的语言，不进行人身攻击，不中伤他人。尤其是视频交流相当于面对面交流，还应该注意自己的面部表情、仪容仪表和仪态。

7）不要传播恶意有害的信息、文字、图片、影音资料及各类淫秽、低俗信息。即时通信传播速度快、范围广，某些恶意有害的信息借助即时通信工具在公众平台传播，扰乱正常社会秩序，影响社会健康发展，情节严重的还可能危害国家安全和社会安定，也触犯了法律。

情境实训与习题

一、思考题

1. 在人际交往中为什么要注重通信礼仪？如不遵循通信礼仪会带来什么影响？
2. 通信礼仪主要有哪些内容？
3. 打电话怎样选择合适的时机？
4. 拨打电话和接听电话应注意哪些礼仪？
5. 使用电子邮件应当遵守的礼仪规范主要包括哪几个方面？
6. 使用即时通信工具要注意什么问题？

二、情景实训

1. 回顾电话礼仪规范，提炼知识要点。
2. 以课堂小组为单位进行模拟练习。
3. 项目组互评，教师综合点评，指出每组优缺点，对不足的地方进行修正演练。
4. 拨打、接听电话礼仪训练。
5. 两名同学为一组，互相练习拨打、接听电话礼仪的要领，着重掌握电话礼仪的程序。
6. 组织学生自编情景剧，主要围绕拨打、接听电话展开，通过正反两种不同的表现让学生深刻领悟到电话礼仪的要领。

三、案例分析题

案例一：病房电话“批次”不断

“扰人电话千万种，但哪种也没有在病房里‘批次’打电话折人寿。”市民徐某在街头接受采访时称。

徐先生说，自己82岁的父亲因心脏病在本市一家二甲医院住院。老人病情较重，容不得病房里有什么响动。3天前，同病房住进新病人万先生后，老人被电话吵得求饶。

40岁的万先生因左下肢动脉急性栓塞入院，精神状态却很好。入院当天上午，万先生安顿好自己后，便拿出手机开始向亲友通报住院消息。徐父当即把头缩到被窝里躲避。

原以为很快就能消停，可万先生第一个“批次”的电话就打了8通——从父母到岳父母，再到兄弟姐妹，每通不下5分钟。备受困扰的徐父，不得不用上了救心丸，并向万先生求饶，希望他把打电话改成发短信。

“短信怎么说得清楚呢？”对此，万先生不仅没觉得抱歉，反而觉得老人的要求有些过分。几分钟后，旁若无人的“第二批次”开始了。

案例二：黑夜里响起“恐怖片音乐”

家住武汉前进三路的小许，最近由于中山大道封路，每天晚上下班后都得走不短的路程回家。谈起不文明打手机的举动，他马上吐槽：“最近就在大晚上遇到个怪异铃声。”

小许回忆，那时他刚走到一个小巷子，天已经完全黑了，前面拐角处突然响起了《荒村客栈》中那个特别瘆人的幽怨曲子，他一下子汗毛都竖了起来了。十几秒后曲子停了，然后听到“喂，你好……”的说话声。小许惊魂初定：“我从那人身边经过时，差点上去打他一顿！”

随后，小许在网上发帖讲述了这一经过，众多网友纷纷表示深有同感。有网友称：“中午在办公室睡午觉睡得正香，突然响起仙桃腔调的大声叫骂，结果也是铃声，当时就想骂人。”

思考：

1．你认为案例一、案例二中有哪些不妥之处？怎样才算正确的做法？

2．有哪些不符合通信礼仪规范的行为举止？如何改进？

学习情境五 家庭礼仪

● 学习目标

知识目标：了解家庭礼仪的基本概念、特点和意义，掌握家庭礼仪、成员礼仪、称谓礼仪、仪式礼仪、待客礼仪、婚礼礼仪、葬礼礼仪、邻里相处礼仪的规范。

素质目标：培养学生在家庭和邻里成员交往中能自觉地运用家庭礼仪，养成礼貌待人的习惯，提高公民的礼仪素质。

● 导入案例

最美孝心女

巴中市某职业中学高二财会班有一位17岁的学生叫志琼。她成绩优异，多次获得“三好学生”和“优秀团员”称号。

志琼出生在巴州区某乡一个小山村里。两岁时母亲去世，她与父亲和爷爷奶奶相依为命。初三那年，父亲又因身患癌症撒手人寰，半年后，爷爷因伤心劳累中风瘫痪卧床不起，奶奶终日以泪洗面，患上了严重的眼疾。接二连三的不幸，让这个本就贫困的家庭雪上加霜。乖巧懂事的志琼擦干眼泪，把悲伤埋在心里，用自己柔弱的肩膀，毅然挑起了生活的重担。

放学一回到家里她就放下书包，背起背篓上坡打猪草喂猪。中考成绩出来了，她以优异的成绩考入了巴中某高中，家里实在拿不出钱来，在老师的指导下，她选择了免收学费的职业中学。离开家的那天，她抱着奶奶哭了，家里的重担都落在了眼睛不好的奶奶身上。奶奶安慰了她很久，她才恋恋不舍地离开了家。

在职业中学的校园里，老师和同学们经常会看到志琼忙碌的身影，她总是抢着做值日，抢着打扫卫生，抢着回答问题，她第一个进教室，最后一个离开教室。每逢周末，她又总是第一个冲出校门，给爷爷买药、买点心，她要急着赶回家，把省吃俭用攒下来的生活补助费交到奶奶手里。回到家里，她就扛起锄头走到农田里帮奶奶干活。晚上回到家里，收拾完家务，她还会坐到爷爷床头，给爷爷揉背，为奶奶按摩，给他们讲学校里的新鲜事。爷爷不再唉声叹气，奶奶也听得很入神。在志琼的心里，这样的时光，是最幸福的，幸福得她忘记了疲乏和劳累。

苦难让志琼变得更加坚强。在老师和同学眼里，她是个懂事爱笑的女孩，成绩优异，乐于助人。在爷爷奶奶眼里，她那么乖巧懂事。节假日里，她还会到校外做兼职，挣了钱都留着给爷爷奶奶买药、买好吃的。

这就是最美孝心女志琼。她用行为诠释了什么是孝心。她用行为传承了中华传统之美德。

俗话说："百善孝为先"，所以孝居百行之先。孝一般表现为孝顺、孝敬等，是中华传统文化提倡的行为。做事先做人，在诸多德育教育内容中，孝应摆在第一位。《三字经》里说："孝于亲，所当执。"论语里说："弟子，入则孝，出则悌。"孝顺是中华民族的传统美德。

中国是礼仪之邦，有着悠久的历史和文化，特别是礼仪文化起源较早，可以追溯到氏族社会，家庭礼仪可以说是氏族文化的核心。自有了人类，有了家庭，家庭礼仪就产生了。家庭礼仪随着社会的发展而发展，随着社会的蓬勃发展变得格外复杂而重要，随着人类的进步不断细化。

任务一　家庭礼仪概述

家庭礼仪在现代社会生活中发挥着重要的作用，是维持家庭生存和实现幸福生活的基础。家庭礼仪能调节家庭成员之间达成和谐的关系，家庭礼仪也有助于社会的安定、国家的发展。其实质就是调节家庭成员间和家庭成员与邻里社会关系的约定俗成的道德行为准则，但是与现行法律法规又有一定区别，即不具有强制性的约束力。

一、家庭礼仪的内涵和特点

关于家庭礼仪的概念众说纷纭，但大多人普遍认为家庭礼仪指的就是人们在长期的家庭生活中，用以沟通思想、交流信息、联络感情而约定俗成的行为准则和礼节、仪式的总称。俗话说："不幸的家庭有各自的不幸，幸福的家庭却一样幸福。"这里所说的幸福是建立在礼仪的基础上的。"相敬如宾，白头偕老"阐明的是夫妻间也要有礼节才能幸福一辈子的道理。"父子和而家不败，兄弟和而家不分，乡党和而争讼息，夫妇和而家道兴"，这个"和"用今天的话来解释，也就是相互谦恭有礼的意思。

1. 家庭礼仪的内容

家庭礼仪内容丰富，根据其特性，我们可以分为如下几个方面。

（1）成员礼仪

家庭成员是家庭活动的主体，家庭礼仪在某种程度上即为成员礼仪。成员礼仪主要指成员之间的礼仪规范，如夫妻之间的礼仪、父母子女之间的礼仪、兄弟姐妹之间的礼仪、家庭成员与邻里街坊间的礼仪等。

（2）称谓礼仪

一个人的姓名称谓其实是一种约定俗成的，为大家所公认的符号，存在着很强的适应性和广泛性。它紧紧伴随着家庭成员之间的人际交往，特别是随父母婚姻血缘关系而产生的亲戚间的人际关系中的称谓礼仪，具有一定的规范性，是家庭礼仪长期发展稳固下来的礼仪文化，如爷爷、奶奶、外公、外婆、伯伯、婶婶等。

（3）仪式礼仪

家庭活动离不开某些仪式，如嫁娶婚礼、去世葬礼、出生打喜等人生重大日子，这些仪式都有各自不同的一套行为准则与活动规范，举办者与参加者由于所处的地位、立场不同，其行为都应遵从或符合一定的礼仪规范和要求，如庆贺和祝贺礼仪、馈赠礼仪等。

（4）待客礼仪

礼仪作为行为准则，不仅制约实施者一方，同时也要求另一方遵守规则和规范。在家庭礼仪中就涉及主人的待客与客人的应酬的问题，这一问题从其内容来说，因为涉及的大多是家庭生活，故属于家庭礼仪的研究范畴；从其形式来看，它也是与个人礼仪、社交礼节密切相关的。

2．家庭礼仪的特点

家庭礼仪的基本特点主要表现在以血缘关系为基础、以感情联络为目的、以相互关心为原则、以社会效益为标准四个方面。

（1）以血缘关系为基础

家庭礼仪主要体现在家庭成员之间，而家庭成员之间的关系是人类社会中最为普遍的关系，以血缘关系、感情关系为核心。因此，在家庭礼仪的形成、建立和运用过程中，必须从血缘关系这一基本点出发。

● **案例解读 5-1**

东西方亲情的差异

东方人非常重视家族和血缘关系，“血浓于水”的传统观念根深蒂固，人际关系中最稳定的是血缘关系。西方人独立意识强，相比较而言，不很重视家庭血缘关系，而更看重利益关系。他们将责任、义务分得很清楚，责任必须尽到，义务则完全取决于实际能力，绝不勉为其难。处处强调个人拥有的自由，追求个人利益。

（2）以感情联络为目的

家庭礼仪的主要职能并非以个人形象的塑造为侧重点，而是通过种种习惯形成的礼节、仪式来进一步沟通感情。俗话说“亲戚亲戚，不走不亲”，就是强调亲友间的感情有了血缘关系的基础，还需要通过一定的礼仪手段来维持、强化和巩固。婚嫁喜庆、乔迁新居、寿诞生日等种种快乐，通过礼仪的传播，可以使更多的人体会和享受。这一传播过程的最终目的就是加强感情联系。

（3）以相互关心为原则

之所以说“母爱是最伟大、最神圣的爱”是因为母爱的主要内涵是无私的奉献、无微不至的关怀。要衡量一件事或某一行为是否符合家庭礼仪要求，只要分析一下双方之间是否存在相互关心的成分。真诚的祝贺、耐心的劝导、热情的帮助本身就是合乎礼仪的。

（4）以社会效益为标准

不同的时代、环境，不同的区域风俗，礼仪存在着很大的差异性。家庭礼仪也一样，因为它受多种因素的影响。家庭活动中的许多礼节始终也是变化发展的，如封建社会的婚礼有拜堂入洞房等繁文缛节，而当今出现了许多集体婚礼、旅游结婚等新的婚礼程序。但有一点却是可以肯定的，那就是要评判某一种家庭礼节、仪式是否是进步的、合乎礼仪规范的，只要看它是否合乎时代的价值观念这一标准。

二、家庭礼仪的作用

家庭礼仪规范着家庭成员间和成员与邻里社会间的道德行为，具有以下几方面的作用。

1．促进沟通、相互尊重

在人际交往中，自觉地执行礼仪规范，可以使交往双方的感情得到沟通，在向对方表示尊重、敬意的过程中，获得对方的理解和尊重。人们在交往时以礼相待，有助于加强人们之间互相尊重，建立友好合作的关系，缓和或者避免不必要的矛盾和冲突。

● **案例解读 5-2**

有一位心理学家找来两个七岁的孩子进行一项心理测验。汤姆是来自一个贫穷人家的孩子，家里有六个兄弟，安迪则是一位家境富裕的医生的独子。心理学家叫两个孩子看一幅图画，画里是一个小兔子坐在餐桌旁边哭，兔子妈妈则板着面孔，站在一旁。心理学家叫两个孩子把画中的意思说出来。汤姆立刻说："小兔子为什么在哭？是因为它没吃饱，还想要东西吃，但是家里的东西已经没有了，而兔妈妈也觉得很难过。""不是这样的。"安迪接着说，"它不是没吃饱在哭，而是因为它已经不想再吃东西了，但它妈妈强迫它非吃不可。"

处在什么样的环境，就习惯用什么样的角度看事情。而每一件事情从不同的角度来看时，总会有不同的体验。所谓见仁见智，有些事情并不一定是对或错，而是因为眼光不同，看法也就不一样。其实，有些时候事物本身如何并不重要，重要的是你如何看待它们。让我们学习以宽广的态度接纳不同的人、事、物，以达到对彼此的尊重和体谅。

2．规范行为、约束行动

在社会生活中，家庭礼仪规范着人们的行为方式，协调着人与人之间的关系，维护着社会的正常秩序，在社会交往中发挥着巨大的作用，虽然没有法律法规和规章那么具有较强的约束力，但是却弥补了法律法规和规章对人与人之间关系规范的"盲区"。

3．倡导习俗、遵守道德

家庭礼仪以一种道德习俗的方式，对全社会的每一个人发挥维护社会正常秩序的教育作用。人们通过对礼仪的学习和遵从，建立新型的人际关系，从而在交往中严于律己，宽以待人，互尊互敬，互谦互让，讲文明，懂礼貌，和睦相处，形成了良好的社会风尚。

4．凝聚家庭、协调成员

在现代生活中，人们的相互关系错综复杂，有时会突然发生冲突，甚至会采取极端行为。家庭礼仪有利于促使冲突各方保持冷静，缓解已经激化的矛盾，使人与人之间的感情得以沟通，建立相互尊重、彼此信任、友好合作的关系，进而有利于各项事业的发展。

总之，家庭礼仪的作用是巨大的，其他任何礼仪都无法代替它。

任务二　家庭聚会礼仪

家庭成员为了联络感情时常会以聚会的形式出现。在家庭聚会活动中，以什么样的身份参加家庭成员聚会所必须遵循的家庭道德规范和礼节礼仪，就是家庭聚会礼仪。一般可分为婚礼礼仪、丧葬礼仪、祭扫礼仪和应酬礼仪四类。

一、婚礼礼仪

1．参加婚礼礼仪的要求

在中国人看来，结婚是青年走向成熟的标志性的事件。无论是在农村还是在城市，举行一个仪式是必要的。无论举行集体婚礼，还是举行家庭婚礼庆典，在结婚活动中都要遵循相应的道德规范和礼仪礼节。参加亲戚的婚礼，我们如何遵循相关礼仪呢？

（1）受到邀请，及时回应

当收到喜帖邀请函后，要马上打电话或是回函给对方，别忘了要先说声“恭喜”，然后再告知出席与否，好让对方能掌握正确的出席人数，以便确定接待规模。

（2）按时赴约，着装喜庆

出席喜宴要提前 15 分钟到达。如果有事迟到、早退要事先通知对方，迟到时不要自行进入会场，最好让招待人员领你进去。若要早退，最好等来宾都致完辞后再走。离开时不需要再跟新郎、新娘打招呼，但要跟坐同桌的两侧人打招呼，以示礼貌。

出席喜宴时服饰着装要穿得喜庆得体，红色是最讨人喜欢的颜色，粉色也是不错的选择。尽量穿戴着喜庆、亮丽、符合时令的服装服饰出席婚礼，但锋芒千万不可超过新娘和新郎。若是穿深色，最好配戴小饰品来点缀，以免太过沉重。

（3）礼尚往来，真心祝福

结婚对一个人来说可是人生大事，作为他的亲人、朋友、同事、同学等，都要有一份贺礼，并加上自己满满的祝福。贺礼随风俗习惯和家庭礼尚往来情况而定，量力而行；在结婚仪式上，要向新郎新娘祝福，常用贺语如：天地之合、心心相印、永结同心、百年好合、永沐爱河、佳偶天成、百年偕老、花好月圆、珠联璧合、天缘巧合、美满良缘、郎才女貌、同德同心、情投意合、天赐良缘、白头偕老等。有关订婚的祝福语如：缔结良缘、缘定三生、成家之始、鸳鸯璧合、文定吉祥、姻缘相配、白首成约、喜订鸳鸯、誓约同心、终身之盟、盟订良缘、许订终身等。

（4）认真聆听，娱乐适度

1）喜宴开始后至敬酒前这段时间是媒人和来宾致词的时间，要安静聆听致词，不可喧闹。致词结束时要记得鼓掌。如果边听演说边用餐，要记住最初和最后一定要放下餐具来鼓掌。如果同桌有人上台演讲的话，尽量不要用餐，专心聆听致辞。

2）入座时要先跟邻席的人打招呼，如果跟你同桌的人都是陌生人，你也要表现出愉悦的心情。就座前先对同桌的人自我介绍一番，才不会显得尴尬，但也不要让自己太出风头。

3）饮酒适量、娱乐适度。喜庆的婚礼中应少饮或不饮白酒，适当的啤酒还是可以的。不要带彩娱乐。

总之，参加婚礼是一件快乐隆重的事。服饰服装要得体，语言举止要文明、守时守信、礼尚往来、心情愉快。

2．参加婚礼的礼仪禁忌

参加婚礼的礼仪禁忌随风俗有所差别，一般要注意以下几点。

（1）不要抢新娘的风头

现在的婚礼，新娘既穿西式婚纱也穿中式礼服，为了不抢新娘的风头，女宾客尽量不要穿白色或者很淡的米色系列以及大红色。如果新娘有要求，可以另当别论。另外，不要袒胸露背，招来太多关注。

（2）不要穿着随便，衣冠不整

结婚是新人一生中的大事，穿戴整齐是对新人最基本的尊重。男宾客的服装很简单：西装、衬衫和领带。对女士的要求就比较复杂了：如果只是参加酒席，那么套装、连衣裙就可以了。如果你去参加一个很正式的婚礼，最好佩戴珍珠项链等高雅又低调的首饰，配上大方得体的礼服，又正式又不显眼。切忌穿着网眼丝袜和与新娘同色系的衣裙。正式的婚礼需要的是尊重，尤其是当婚礼在庄严传统的教堂里举行的时候。

（3）切忌对新人评头论足

背后对人评头论足是本身就不可取，婚礼上更是不应该。婚礼当天，对新人而言是人生中最重要的日子之一，宾客应多赞扬称许，少说三道四，以免影响新人心情。

（4）敬酒发言戒东拉西扯

新郎新娘挨桌敬酒时，有些客人会拉着新郎或新娘长时间说话，这是不礼貌的做法。新郎新娘要应酬全场的客人，不能在一个客人那里花太多时间，以致冷落他人。新郎新娘挨桌敬酒是为表达对来宾的谢意，说太多无关的话题只会与婚礼的氛围不符。

二、丧葬礼仪

1．参加葬礼的礼仪

家庭成员或亲戚离开人世总要举行一个告别仪式。在告别仪式上所要遵守的约定俗成的规定就是丧葬礼仪。

亲友逝世了，我们通常都要到殡仪馆或逝者家里向其遗体告别，参加其葬礼或吊唁活动。这种场合气氛肃穆，为了体现自己对逝者的尊重和对家属的同情，参加丧礼时，我们要从下列几方面做起。

（1）表情肃穆

表情肃穆但不能面无表情、无动于衷，更不能露出厌烦的神情甚或笑容，要始终保持哀伤的情绪。

（2）着装深色

着深色服装（或白色上衣深色下装）。切忌穿得大红大绿；衣袖上要戴上黑纱，也可在胸前佩上白花，具体要根据丧家提供的条件而定。女士不得涂口红，不配戴首饰，不围鲜艳的围巾或者丝巾。

（3）垂头缓行

不可昂首阔步，而应微微低头，缓步慢行。讲话时发音要低沉，不能怪腔怪调、高谈阔论。

（4）沉默少语

不要议论其他事情，甚至谈笑风生；更不可结伴吵闹，嬉戏追逐。

（5）善始善终

参加葬礼要坚持到底，不中途退出。参加丧礼既是对亡者的尊重，又是对家属的同情，不可中途而退，应该自始至终全程参加。当然如有特殊情况，一定要与家属说明缘由并取得对方的理解。

（6）劝慰家属

对死者的家属进行劝慰，用温情关切的语言劝其节哀顺变、振作精神。冷漠处之或默不作声都是不适宜的。一般可以说："这次事情真令我悲痛，请节哀顺变。""事情太突然了，衷心表示哀悼，请保重身体。"

总之，不管什么民族、什么地区、什么身份、参加葬礼都要遵从地方风俗，把自己融入其中。

2．葬礼禁忌

按照习俗，葬礼有如下禁忌。

1）身体不适、身体虚弱的人忌参加葬礼。

2）新婚燕尔、添丁进口的人忌参加葬礼。

3）忌参加葬礼的人损坏祭器等物品。

4）忌参加葬礼的年少孩子瞻仰逝者遗容。

● **知识链接 5-1**

旧时丧葬仪式

"生要生在苏州，死要死在徽州。"古时，在程朱理学盛行的徽州，丧葬之事的确是不同一般。当时人们对死的重视，从婚嫁时置棺木做嫁妆到五六十岁即"办前程"（后事）可窥一斑。谚称"六十不办前程，死倒别怪儿孙"，因此一般人到五六十岁，便开始为自己准备"前程"，备置棺材，请风水先生选取"风水宝地"作为葬身之所。棺材一般都选用杉木，普通棺材是"十二斗"（由十二块板做成），上等棺材为"十斗"，最差的为"十八斗"。棺材又叫"寿木"，寿木完工，至亲好友送礼庆贺，祝愿主人百年长寿。安葬之地要有"来龙"、有"下手"，最好是朝山秀丽、望水来临的"牛眠宝地"，地选好后建生坟。旧时丧葬礼俗亦极为隆重，以致过于烦琐，大致可分为送终、报丧、入殓、请七、出丧、安葬等过程。

1．送终

老人病危，家人站立床前，听候交待后事，老人神情有变，即将咽气，已出嫁的女儿要回避，儿孙立病榻前高声呼唤，直到咽气，全家人跪在床前嚎啕大哭，此为"送终"。远方的儿孙须在老人咽气前赶到家，否则就被认为没能为之送终，或者说是没能尽孝，是一大憾事。

2．报丧

完成送终前后的种种程序后，便向亲友报告死讯，此为报丧。休宁县的报丧者，是执一伞进门，将伞尖向下竖置大门里侧，亲友一见便知。黟县是把伞挂到堂前左边的椅背上。

3．入殓

将死者穿戴整齐放入棺中，谓之"入殓"。各地均有专门从事为死者入殓的人，有求必应。

4．请七

丧亡之日起，每七天为一七，七七共四十九天，逢七，儿孙们备香烛供品，在灵前或坟上祭奠，俗称“请七”。

5．出殡

由于选择坟地或其他原因停柩做丧，最短三天，最长经年，一般是四十九天，把灵柩送往墓地，谓之“出殡”。

6．安葬

出殡前，先请风水先生选定坟地穴位，破土挖坑，坑内倾石灰。灵柩到达，坑内再烧一些豆萁麻秸，并留火种，然后才能陈棺摆正。还要宰雄鸡淋血于棺盖，放爆竹，烧纸钱，最后一次焚香跪拜。

中国人非常看重葬礼。传统葬礼十分烦琐且有一些迷信成分。在现代文明冲击下，如今的丧葬礼仪已比过去简化许多，追悼会开过立即火化，没有过多的讲究。但丧礼毕竟是很庄严的大事，一些必要的丧礼知识应该了解，这样才能保证不在葬礼上出糗给人留下不良印象。

三、祭扫礼仪

亲人离开人世，按照习俗需要时时祭奠。在参加祭扫过程中约定俗成的待人接物的行为规范就是祭扫礼仪。

1．参加祭扫的礼仪

对已逝先人及先人墓的祭扫一般可分为两类：家庭祭奠和扫墓祭奠。

在亲人逝者的生辰或忌日时面对遗像举行的祭奠就是家庭祭奠。馨香三炷，奉酒三杯，或者是以素色的鲜花一束作为清供，以示后辈对先人的纪念。

在亲人逝者忌日、清明节、中元节或春节到墓地举行祭奠就是扫墓祭奠。

传统的祭扫礼仪，要注意以下内容。

1）上香三炷，鞠躬，肃立，悼念。主祭者点燃馨香，摆设一些水果或逝者生前喜欢的食品作为供品，献上花圈或花束，寄托哀思。在墓前祭奠，过去凡晚辈都要行跪拜大礼，现在只需三鞠躬即可，参加人数较多时也可放哀乐。主祭者行鞠躬礼。

2）有条件的还可读祭文。祭文是在清明和忌日扫墓活动中，由主祭人诵读的悼念性文字。祭文不受时间的限制，它可以感伤新逝的亲人，也可以缅怀几年前、几十年前故去的人。悼词一般用在逝者故后的首次纪念仪式上。祭文本是给活着的人听的，为的是让生者继承先辈的优良传统，沿着逝者未走完的道路继续前进。

3）主祭者率众人向先人墓行哀祭礼，一鞠躬，再鞠躬，三鞠躬。

4）整修陵墓。一般是给坟墓培土，并整修墓道。墓表可铲些草皮贴上，使草蔓延覆盖后可减少水土流失。条件允许的话还可植树以作纪念。

如果骨灰寄放在陵园里，主祭者可先献上小花圈或花束，然后，把骨灰盒的积尘掸净，瞻仰遗像，有条件的可以致祭文，致祭文完毕后主祭者率众人向逝者骨灰灵位鞠躬行礼并低头默哀，以寄托哀思。

2．祭扫禁忌

祭扫与其他活动有所不同，是亲人的事情。那么亲人在参加祭扫时需要注意什么呢？

1）孕妇避免扫墓。祭扫活动车船颠簸，路途劳累，为了胎儿的安全，并不建议孕妇参加，再者扫墓的气氛和周边的环境均不利于孕妇的健康。

2）不可在墓地照相。扫墓的目的是为了祭祀逝者，而非玩乐。扫墓时最好心怀敬意，专心谨慎，不要在墓地合影或随意照相。

3）忌穿大红大紫。不能穿得大红大紫、花里胡哨去上坟，否则显得不庄重、严肃。

4）外人不要参与其他人家的扫墓。以外人的身份去参与扫墓是比较忌讳的，除非是烈士陵园。

5）身体不佳应避免扫墓。一个身体欠安正处于生病状态，或是虚弱状态的人尽量不要参加祭扫活动，主要是路途和气候不利于祭扫。

6）坟头长草必须修整。坟墓上长植物的，必须清除，避免植物根深叶茂，损坏坟墙。

7）忌嬉骂非议先人。扫墓前后不要在坟间田头嬉戏打闹，这是对已逝先人极大的不尊重。路过他人的墓地，对逝者评头论足即是亵渎的行为，是大忌。

● 知识链接 5-2

清明节祭扫常识

春天，是多风干燥的季节，也是林火频发的季节。受冷空气影响，我国大部分地区大风呼啸、空气干燥，森林火险等级明显增高，每年都会出现火情大小不一样的事故。因此大家在清明祭扫时，要谨慎使用明火，离开前认真检查有无未熄灭的烟火等隐患。清明节是一个户外明火使用高峰期，林区防火面临较大压力。

四、应酬礼仪

我们每个人都要经历诸如孩子出生、满月、升学、嫁娶、乔迁、开业、升迁、丧葬等很多事，为此，亲戚、朋友和同事都免不了礼尚往来，其间的各种来往我们称之为应酬。每项应酬都有规矩，即应酬礼仪。因应酬的目的不同，应酬的礼仪也有所不同，但大同小异。

1．参加应酬的礼仪

参加应酬一般应做到以下几方面。

（1）按时赴约

无论什么应酬，如无意外都要按时赴约。不要到得太早，但更不能迟到。如果不能按时赴约，要致电邀约者，说明情况，表示歉意。如果迟到，要向邀约者和其他受约者道歉，简要讲明原因，以获得大家的谅解。

（2）服饰得体

参加应酬的服饰应根据应酬主题、场合而定，服饰要和应酬活动气氛相适应。

（3）举止文明

参加应酬时言行举止要文明，不要高声喧哗，不要说脏话。男女之间更要行止有度，不要因为熟悉而不注重举止文明。

（4）饮食文雅

饮食礼仪最能体现一个人的风度和修养。

不文雅的吃相有：狼吞虎咽相、小鸡啄米相、囫囵吞枣相、左顾右盼相、目中无人相、龇牙咧嘴相、封口葫芦相、挑肥拣瘦相、饥不可耐相。夹菜时不要抢在别人前面，最忌翻来翻去、寻寻觅觅，也不要吮舔筷子；夹菜一次不能夹太多，不要大块大块地往嘴里塞。说话时，要放下手中的餐具，不能拿着餐具指指点点，吃的时候不要发出不必要的声音，如喝汤时“咕咚咕咚”，吃菜时“叭唧叭唧”，这都是粗俗的表现。

喝汤时，要用勺轻轻舀起，慢慢咽下，不要低头用嘴与汤碗接触。吃排骨、烧鸡、烤猪、螃蟹之类食物时，要特别注意小口慢吃。用餐时不要吸烟，想吸烟必须征得同桌其他人的同意。饭间敬酒不应强人所难，饮酒不能过量。

（5）适时辞别

应酬总会结束，应该把握好应酬时间，给邀约者留出休息的时间，也给自己腾出休息时间。绝不能因应酬耽误学习和工作。告辞时要向邀约者表示谢意，不要不辞而别。

2. 应酬禁忌

（1）切忌探问他人隐私

个人隐私所包括的面很广，如个人收入情况、女士年龄、夫妻情感、他人家庭生活等都属于个人隐私的范畴。

（2）切忌交谈时滔滔不绝

应酬之前，都必须对本次交谈做到心中有数，该谈哪些话，不该谈哪些话，心里要有一本账；应酬中，把握好交谈的方式，往往是应酬成功与否的关键。掌握好交谈的时间，给对方留有余地，同时给对方以发言的机会，你便会在应酬中赢得主动。

（3）切忌不懂装懂

孔子曾说过：“知之为知之，不知为不知，是知也。”在日常应酬中，诚实是第一要素，只有诚实的人，才能在应酬中赢得朋友。如果都像“知了”那样，明明无知却偏要装出一副“有知”的样子，只能令人生厌。

（4）切忌随意打断别人的话

卡耐基说：“耐心地听完他人的观点，然后再清楚地说出自己的观点，你会发觉别人很注意你。”这话便说明了一个道理，当你耐心地听别人的观点时，你便是在尊重别人；所以当你叙述自己的观点的时候，别人也同样会回报你以尊重。在日常应酬中，互相尊重是应酬成功的基础。切忌随意打断别人的话。

（5）切忌冷落“次要者”

我们常会听到这样的评价：某人做事真周到。这是对那些在日常应酬中做得成功圆满者的赞赏。在应酬场合，如果有三个人，那么其中一个人可能会是本次应酬的“次要者”。如果在应酬过程中，这位“次要者”遭到了冷落，就会在心里产生不被重视的感觉，并产生尴尬，而且以后他便会找出各种各样的理由，拒绝出现在这样的场合。

（6）不揭人短

每一个人都有自己的自尊，在应酬中如果能够维护自己及他人的尊严，便会得到更多人的尊重。“当着矬子不说矮话”，是告诫人们在应酬中不要戳人短处，伤人自尊。人生在世，各有所长，各有所短。若以我之长，较人之短，则会目中无人；若以我之短，较人之长，则会失去自信。这是应酬中尤要注意的一点。

（7）切忌与人争执

应酬中，你如果开始和别人争论，就表示你已经失去了控制，失去与人平和交流的主动权。你可以和别人讨论，但不要争论。争论的结果十之八九会使双方比以前更相信自己是正确的。你赢不了争论，即使表面上赢了，实际上你还是输了。为什么？如果你的胜利使对方的论点被攻击得千疮百孔，证明他一无是处，那又怎么样？你会觉得洋洋自得，而他呢？他会自惭形秽，你伤了他的自尊，他会怨恨你的胜利。这样你肯定会招致对方的反感，从而违背交际的初衷，失去交际的意义。

● **知识链接 5-3**

常用应酬语言

初次见面说“久仰”，好久不见说“久违”；求人帮忙说“劳驾”，求人方便说“借光”；麻烦别人说“打扰”，求人原谅说“包涵”；向人祝贺说“恭喜”，看望别人用“拜访”；请人批评说“指教”，赠人书画说“斧正”或“雅正”；求人解答用“请问”，请人指点用“赐教”；托人办事用“拜托”，赞人见解用“高见”；宾客来至说“光临”，客人出门说“慢走”，与客道别说“再来”；陪伴朋友用“奉陪”，等候客人说“恭候”；中途先走用“失陪”，请人勿送说“留步”；欢迎购买叫“光顾”，归还原主叫“奉还”；对方来信叫“惠书”，请教老人年龄说“高寿”，等等。

任务三　家庭成员间的礼仪

在一个家庭内共同生活的具有血缘关系、姻亲关系或法律上的继养关系的人之间要遵循的行为规范即家庭成员间的礼仪，我们所谓的家庭成员是指夫妻、父母、子女、祖父母、外祖父母、孙子女、外孙子女及兄弟姊妹等。

一、家庭成员间的礼仪要求

家庭成员间的礼仪是：相互尊重、孝敬父母、尊老爱幼、平等互助、和谐文明。

1．相互尊重

家庭成员间有父子、父女、母子、母女、夫妻、祖孙、兄妹、姐妹、兄弟等关系，无论什么样的关系，成员间都应该相互尊重，长者不能倚老卖老，少辈不能恃宠而骄。

2．孝敬父母

作为子女要常回家看看，不让父母担忧，出门回家要先向父母问安，节日要和父母团聚，要顾及老人的健康，对待父母要耐心体贴，要体谅父母。

3．尊老爱幼

尊老爱幼指尊敬长辈、爱护晚辈，这是中华民族的传统美德，有助于促进家庭和睦、社会和谐。家庭成员中年纪小的要尊敬年纪大的，年纪大的要爱护年纪小的。

4．平等互助

无论是血缘、姻亲关系还是法律上的继养关系，都要有互助意识和互助行为。长辈对晚辈有抚养的义务，晚辈对长辈有赡养的义务。家庭内部男女之间也要主张地位平等。

5．和谐文明

和谐文明是建立和谐社会的基本前提，也是家庭成员间相互尊重的基本要求。家庭成员间若不和谐、不文明，必然给家族甚至社会带来不良隐患。

二、家庭成员间的称谓

家庭中成员称谓，通常如表 5-1～表 5-3 所示。

表 5-1 对父系长辈称谓

对　　象	称　　呼	自　　称
父亲的祖父	曾祖父（老爷爷）	曾孙（曾孙女）
父亲的祖母	曾祖母（老奶奶）	曾孙（曾孙女）
父亲的父亲	祖父（爷爷）	孙（孙女）
父亲的母亲	祖母（奶奶）	孙（孙女）
父亲的哥哥	伯父（伯伯、大爷）	侄（侄女）
父亲的嫂嫂	伯母（大娘）	侄（侄女）
父亲的弟弟	叔父（叔叔）	侄（侄女）
父亲的弟媳	叔母（婶婶）	侄（侄女）
父亲的姐妹	姑母（姑姑、娘娘）	内侄（侄女）
父亲的姐夫、妹夫	姑父（姑丈）	内侄（侄女）

表 5-2 对母系长辈称谓

对　　象	称　　呼	自　　称
母亲的父亲	外祖父（外公、姥爷）	外孙（外孙女）
母亲的母亲	外祖母（外婆、姥姥）	外孙（外孙女）
母亲的兄弟	舅父（舅舅）	甥（甥女）
母亲的嫂嫂、弟媳	舅母（妗）	甥（甥女）
母亲的姐妹	姨父（姨丈）	甥（甥女）
母亲的姐夫、妹夫	姨母（姨妈）	甥（甥女）

表 5-3 对家庭中的平辈称谓

对　　象	称　　呼	自　　称
兄长	哥哥（兄）	弟、妹
嫂子	嫂嫂（嫂）	弟、妹
弟弟	弟弟（弟）	兄、哥、姐
姐姐	姐姐	弟、妹
姐夫	姐夫	内弟、内妹
妹妹	妹妹	兄、哥、姐
伯、叔的儿子	堂兄或堂弟	堂弟、堂兄、堂妹、堂姐
伯、叔的女儿	堂姐或堂妹	堂弟、堂兄、堂妹、堂姐
姑、舅、姨的儿女	表兄（弟）表姐（妹）	表弟、表兄、表妹、表姐

三、家庭成员间的关系礼仪

1. 家庭成员间相处的礼仪

（1）父母子女沟通礼仪

家长要经常与孩子沟通交流，谈谈理想、期望、担忧，这样有助于与孩子相互了解、增进感情。

（2）翁婿间的礼仪

女婿要经常在岳父母面前夸赞自己的妻子，牢记岳父母的恩情。人们常说女婿如半儿，女婿应该像尊敬孝顺自己的父母一样尊敬孝顺岳父母。

（3）夫妻间的礼仪

夫妻关系是家庭关系的核心。只有夫妻和睦相处、互敬互爱、以礼相待，家庭才会幸福和谐。许多夫妻婚后不讲究礼节，举止也随便无状，最终导致家庭破裂。

（4）婆媳间的礼仪

婆媳间要坦诚相待、相互理解、相互帮助，保持宽容心态。婆婆不要强求儿媳完全按照自己的想法行事，儿媳也不要奢望婆婆完全认同自己的想法。互不强求才能避免发生矛盾和冲突。

（5）兄弟姐妹相处的礼仪

一个家庭，能否愉快和幸福，兄弟姐妹的和睦相处，占据了举足轻重的地位。兄弟姐妹之间要相互谦让，彼此爱护。长爱幼，幼尊长，同甘共苦，这样的家庭才会有凝聚力，才会幸福美满。

（6）妯娌间的礼仪

妯娌同处一屋，因血缘、背景、观念差异，有分歧、有矛盾是难免的，但应该以和为贵，顾全大局，以礼相待，不卑不亢。

（7）妯娌与兄弟姐妹间的礼仪

妯娌因来自不同家庭，血缘关系不同，家庭文化背景不同，所受教育不同，自然会有诸多矛盾，但为了家庭的和谐、婚姻的幸福，应遇事多商量，尊重对方，不说长道短。

总之，家庭成员之间要尊老爱幼，相互谦让，彼此爱护，男女平等，情同手足，共同创造温馨祥和的家。

2. 家庭成员间相处的禁忌

（1）忌夫妻不和

夫妻经常吵架，会影响夫妻感情，对双方身心都是一种伤害，对孩子的教育和成长也是极为不利的。

（2）忌不敬不孝

晚辈对长辈不敬不孝同样会造成家庭不和，并给后辈树立不良榜样。

（3）忌兄弟姐妹无情

兄弟姐妹间情同手足，理应相互扶持。生活中总是有许多兄弟姐妹为赡养老人、琐事小利闹得不可开交，这是十分不可取的。

（4）忌重男轻女

家有姑娘是个宝，知心热心又暖心。珍惜降临到家庭的小生命，无论男女，只要有爱有公平，家庭自然会温馨祥和。

（5）忌婆媳不和

由于血脉的原因、家庭文化的影响和受教育程度的高低，婆媳间难免出现各种矛盾。但只要不妨大碍，从大局出发，相互理解，婆媳之间是能够和谐相处的。

（6）忌妯娌争利

妯娌因婚姻走到一个家庭，往往因小事小利大吵大闹。妯娌争利引起兄弟矛盾，最后上升家庭纠纷，实为不智。

（7）忌姑嫂不和

姑嫂间本来没有利益冲突，但总因琐事产生矛盾。比如婆媳矛盾引起姑嫂矛盾，姑嫂矛盾和婆媳矛盾又引起夫妻不和等。

● **知识链接 5-4**

家庭成员称呼图

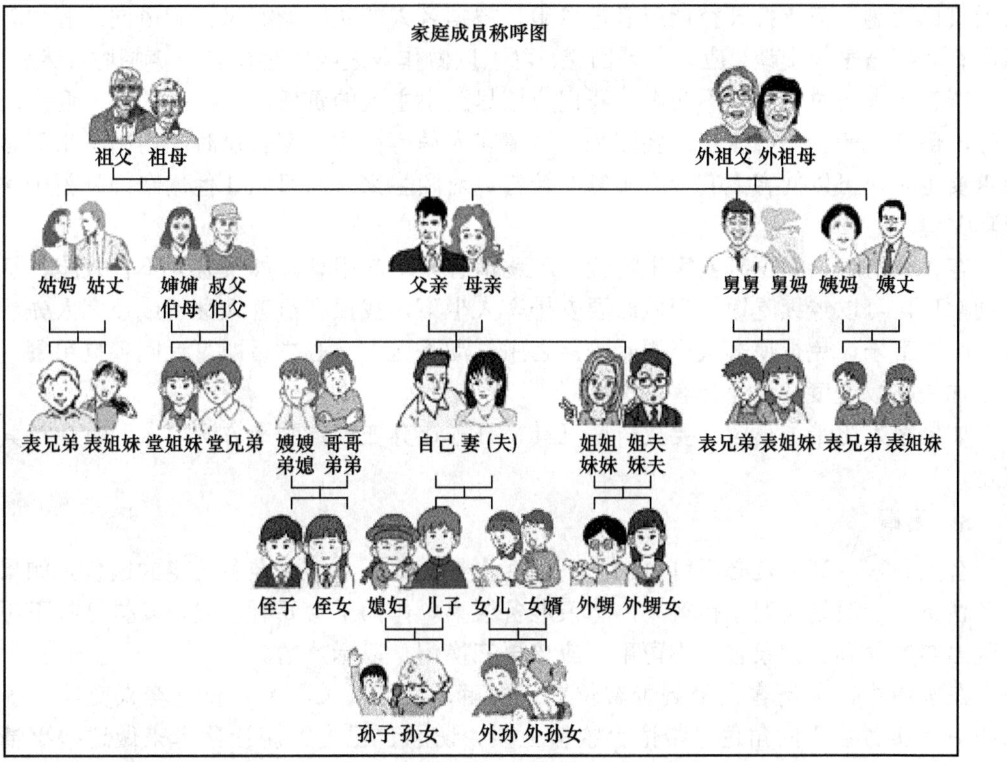

任务四　待客与做客

家庭成员间来往和联络感情的形式就是做客。接待客人就是待客。全国各地家庭待客、做客之道因地域风俗和家庭文化差异有所不同，中西方家庭待客、做客方式更是千差万别。

一、待客礼仪

招待客人时应遵守的礼仪规范就是待客的礼节，具体包括待客准备、迎客、宴请、送客几个环节。

1．待客准备

当客人预约了拜访时间后要及时整理好房间，整顿好衣着，备齐用品（茶叶、茶杯、开水、水果、糕点等），提前等候。如果没有预约，房间也要保持整洁，家庭成员也要衣着得体，待客的必需品也要常备。避免客人临时而至，满屋狼藉，毫无准备，使人尴尬。

2．迎客

当长辈来访时，如果家长在家，我们应该和家长一起将客人迎进屋，并热情和客人打招呼。进入室内后，一般请客人坐在最佳的座位上，然后主动协助家长沏茶端杯，摆放水果等副食。如果是冬天，若客人进屋后脱下帽子与大衣，要主动上前接下，帮助挂好；夏天天气比较热，应该打开空调或者电风扇，根据客人的状况调好风力和风向。假如客人显示出有要事与家长交谈，应该主动回避，可以以做作业之类的理由打一声招呼，然后离开。

若客人来访时，父母不在家，我们应该尽到小主人的责任，把熟悉的客人迎进门，打招呼，倒茶招待。假如家长快要回来，可请客人稍等；假如家长短时间内回不来而客人有急事要走时，可以问客人有什么事需要转告。对陌生来客，可以让他们在门外留个字条，以禀父母。

客人来访时，如正赶上家里吃饭，应邀请客人一起用餐。如果客人不肯入座，征得客人同意后，可以继续吃饭。但此时要安排客人坐下，找报刊给客人翻阅或让客人先看看电视、听听音乐，免得使客人产生受冷落之感。沏茶送上点心之后即可返回餐桌用餐，但应适当加快吃饭速度，以免让客人久等。

如果客人还带了小孩，要找一些玩具、画本让其在指定的地方玩耍，同时注意其人身安全。

3．宴请

客人到家，宴请是必不可少的。不管客人是否留下，都要准备一定的饮食。如果客人准备留下，一般是父亲接待客人，母亲准备饭菜。作为子女要听从父母安排打打下手，要表现出热情周到。如果客人不留下，应该再三挽留，以示热情。

在宴请中，先请客人坐到贵客位置，随后是父亲（长者）入座陪客人交谈。子女应该扮好“服务生”的角色，帮忙上饮料上菜，切忌自己先入座让父母来做这些事情。如果有小孩来参加宴请，还要帮忙看护。就餐时表现出适度的热情是应该的，但不要强行给客人夹菜，也不要强迫客人喝酒，更不要强迫女性喝酒，过犹不及。

4．送客

当客人告辞时，应婉言相留，希望其多坐一会儿，但要尊重他们的意愿，不能强行挽留，以免扰乱他人的生活安排。客人告辞后，应等其起身，自己再起身相送，不可当客人一提出要走的意思，就迫不及待地站起来摆出送行的姿态。送客时，应该和家长一起把客人送到门口并说“再见”。对待长辈和年老体弱者，还应视情况需要，帮助其下楼上车，再与之道别。不可刚和客人道别，就马上转身进门。更不可客人后脚刚跨出门槛，就“砰”的一声把门关上。这些都是非常失礼的。

● **案例解读 5-3**

蒲松龄“唐诗待客”

有一天，蒲松龄的家里来了几个朋友，蒲松龄很想好好招待他们，可是家里只有六文钱了。他的妻子刘氏愁得不知如何是好，蒲松龄却说“好办，好办”。他附在妻子的耳朵边，说如此如此便可。

于是，刘氏到集市上花两文钱买了一把韭菜，花两文钱买了一些豆腐渣，花两文钱买了一个冬瓜。然后从门前的柳树上掐了一把嫩柳叶，又从鸡窝里掏出几个鸡蛋，便开始做菜。等菜做好，每上一道菜，蒲松龄都要报出一个非常别致、非常好听的菜名。

第一道菜是清炒韭菜，上面铺着蛋黄，正是“两个黄鹂鸣翠柳”。

第二道菜是用焯好的柳叶，撒上细盐，上面摆了几个蛋白，正是“一行白鹭上青天”。

第三道菜是清炒豆腐渣，正所谓“窗含西岭千秋雪”。

第四道菜是一盆汤，里面飘着几只冬瓜刻的小船，正是“门泊东吴万里船”。

看到这几道菜，朋友们非但没有嫌弃菜色寒碜，反倒夸他别有心意来。

二、送礼的礼仪

亲友间走动联络感情送点礼物是必要的，但随着时代的进步，许多人开始倡导不送礼物。但只要是送礼，我们就要讲究一些送礼的习俗要求，这就是送礼的礼仪。

送礼物，一般是在特殊情形才进行，如生日、婚礼或结婚纪念日、生子或满周岁、毕业等，因此要根据不同的场合、收礼人身份选择不同的礼物及送礼方式。

1. 挑选礼物

送礼首先要看对象。送礼一定要看收礼人，是送给长辈还是晚辈，是送给同学还是老师，是送给男孩还是女孩，等等。其次要适当。馈赠礼物是带有互惠性的。如你赠送他人，对方必然也会回赠，因此送太昂贵的礼物给相交不深的朋友，有时会令对方感到尴尬。礼物不在贵重，只要是用心挑选的礼物都是好礼物。最后礼物要适用。赠送的礼物要切合实际，例如送烟斗给不吸烟的朋友就是不适用的。

2. 包装礼物

购买的礼物，首先要将贴于其上的价签去掉，接着用精美的包装纸或者礼盒将礼物包装起来，以显示心意。如果你不亲自送礼，应在礼物上附带写有赠送人姓名、赠言的便条、纸片等。

3. 送出礼物

送礼物送的不仅是美意，还有好心情。除了把礼物直接送到收礼人家以外，应该选择一个好环境，比如咖啡厅、酒吧、饭店、公园等环境优美的地方。这样收礼人和送礼人都会皆大欢喜。

总之送礼的礼节精髓在于：看对象精挑细选，讲实用适当，包装精美加赠言，好物好情好风景。

● **案例解读 5-4**

县官送礼

从前，有一个县官，善于逢迎拍马。大年初一上街看见有一户人家贴了一副与众不同的对联。上联：数一道二门户。下联：惊天动地人家。横批：先斩后奏。

县官暗想：这户人家贴了如此气魄的对联，一定是有人在京城做大官，我得好好巴结他。于是，县官赶紧备办了一份厚礼，前往这户人家拜访。

到了这户人家，县官赶紧问："贵府哪位大人在京为官啊？"主人一听，莫名其妙地说："你找错门了，小民兄弟三个人都是穷苦百姓，哪有人在京为官，就连做官的亲戚也没有。"县官感到很奇怪，忙问："那门口贴的对联是……"主人听了，哈哈大笑说："哦，要说那副对联倒也不假。小民三弟是个卖烧饼的，如果有人要买，就一个一个地数给客人，这不是'数一道二'吗？二弟是做鞭炮的，放起来难免会惊天动地。我是个杀猪的，杀猪嘛，先杀了猪后报税，这就是'先斩后奏'了。"

县官听后，才知拍错了马屁，只好丢下礼物，灰溜溜地走了。

三、做客的礼仪

走亲访友是最常见的交际方式。每逢节假日，到亲戚、长辈家做例行拜访；或是受长辈委托，到亲朋家中递送礼品，捎传口信；或是到他人家中去请教问题，这类交际会经常发生。虽然这些活动常见，但也要讲究礼节。做客的礼节一般有以下几方面。

1. 拜访预约

事先与主人约好时间，在主人允许的情况下方可前往。一般可约在下午或晚上，尽量避开主人吃饭、休息的时间。有备前往，仪容仪表要整洁大方，以示对主人的尊重；但凡节日走访，应准备礼品，宜选茶、烟、酒、水果等礼品，若对方家中有小孩，最好带些糕点或玩具。没有预约直接上门拜访是很不礼貌的。

2. 守时前往

预约好拜访时间后，要守时前往，要迟到，也不要提前太多。到达后按门铃或敲门，一两声即可，若无应答可再重复。与主人相见，主动打招呼，进屋后将手中的礼品赠与主人，并将雨具、大衣等交与主人安置，若屋内还有其他人，也要打招呼。按照主人指定座位落座，对于主人的敬茶、糖果等，身体前倾、双手接过并致意。如出席主人的宴请，入席时要说些称赞和感谢的话，席间谈些融洽欢快的话题，以营造友好祥和的气氛。没有主人的允许，不可随意进入主人的卧室、书房，亦不可轻意摆弄主人的物品。

3. 适时告辞

完成走访目的后，适时告辞，明白"客走主安"的道理，向在场所有的人告别。临别时，主动与主人握手，并请主人留步，说些"再见"之类的客套话。忌不辞而别，一定要和主人告别。如果客人很多主人应接不暇，回到家后应适时用电话沟通或者下次遇见时讲明原因，以表歉意。

总之做客要预约，守规矩，适时告辞。唐突造访，把客人家当自己家，随便翻动物品，访客时间过长都是不受欢迎的。

● **案例解读 5-5**

拜访齐白石

齐白石是我国著名画家，很多人想要拜他为师，有的拿了画来向他请教，也有的学生作品获奖了，来向他表示感谢。

有一天，几个学生来拜见老师，他们刚想敲门，却看见门上写着一个“心”字。他们觉得奇怪，只见过门上写“福”字的，没见过写“心”字的，是什么意思呢？这时有一个学生忽然说：“我明白啦！”说着，拉着同伴就离开了。第二天，他们又来到齐白石门前，只见门上换了一个“木”字，大家高兴极了，马上敲门进去，果然见到了齐白石。

四、探望病人的礼仪

生病住院是常有的事情。如果是大病，作为亲友可以择时探望。探望病人的礼节有着悠久的历史并随社会的发展而发展。在不同历史时期探望病人的礼节各不相同。亲友患病时，家长可能会让我们代表家人专门去探望病人。这个时候，什么样的做法才算得体呢？

1．探望准备

首先，在去探望某个病人之前，应当对该病人所患的疾病和病情有所了解。例如病人得的是什么病，病情重不重，治疗情况如何，病人的心理和情绪怎么样，现阶段是否适合前往探病，等等。其次，要弄清楚病人住在哪个医院、哪个病区以及病床号，还要了解医院探病的时间以及病人的作息时间。尽量避开病人休息、用餐和治疗的时间。如果病人在家养病，则应该在午休之后去探望。最后，着手准备一些礼品送给病人（应选择对病人有益的礼品，如鲜花、水果、营养品等）。

2．探望时间

大多数医院对于亲属探望病人都有明确的规定和时间安排，在一些传染病医院、妇产医院，相关规定更为严格。因此，探望病人一定要提前预约，了解探视时间和病人接受治疗的安排情况后再去探望。时间最好选在 10:00—12:00 之间，尽量不影响病人休息和用餐。另外，探望时间也不宜过长，一般以 15～20 分钟为宜。

3．选送礼品

探望病人所带的礼品是有一定讲究的，既然送礼就要送到心坎里，不要送一些病人忌讳或华而不实的东西。探病的礼品大致包括鲜花、水果及食品等。

4．言行举止

探望病人时，神情应该保持轻松和关切，不要表现得过于担心，也不能一脸无所谓。见到病人治疗用的针头、皮管及其他医疗器械，不要表现出惊讶的神态，以免病人尴尬。由于特殊的心理状态，人在患病期间都会相对敏感，应该尽量让病人减轻心理压力。探望重病患者，一定要同病人家属、医生保持口径一致，不可轻易当着病人的面泄露“天机”，以免影响治疗效果。与病人谈话时，一般应先询问病人身体状况及治疗效果。说话时要看着病人的眼睛，不要东张西望，使病人感到你在真心实意地关注他。在病人讲述病情时，要认真地听，不要心不在焉，左顾右盼。在谈话的内容上，要多说一些轻松、宽慰的话，或释疑开导，或规劝安慰，以利于病人恢复平静稳定的心情。不要向病人介绍道听途说的偏方、秘方，不推荐未经临床实验的药物。多说一些关心、鼓励的话，让病人感到愉快，淡化病痛带来的痛苦，以增强病人战胜疾病的勇气。结束探望时，要从健康的角度考虑，最好能够适时、婉转地结束探望，一方面避免因为自己探视时间过长而影响病房里其他病人的休息；另一方面也可以让病人早点儿休息，避免影响身体恢复。最后，祝病人早日康复。

如果病人患的是传染病或其他不宜直接探望的疾病，则可以改用短信等方式表达问候。

任务五　邻里相处

一、邻里相处礼仪

遵从基本的邻里相处礼仪，是新时代好公民的基本要求。邻里相处的礼仪主要包括以下内容。

1．不打扰左邻右舍

开关门时要轻，中午和晚上休息时间要保持安静，使用音响设备要掌握适宜的时间和音量，尊重邻居的生活习惯。管理教育孩子，不要不分场合任意吵闹。

2．要以礼相待，互相体谅帮助

平时见面要互相打招呼，点头示意或寒暄几句。日常生活中，邻里间要互相关照。邻居家遇有困难时要尽可能予以帮助，对邻居家的老人和小孩，要多加尊重和照顾。

3．处理好住房公用部位的使用

这是邻里关系中比较敏感的问题，应本着严以律己、大度为怀的态度来处理。在使用公用部位时，应力求平等合理，照顾各方利益。还要替他人着想。要爱护公用设施，对公共事宜，要主动承担责任，如打扫环境卫生，交纳公共区域的水电费，参加居（家）委会组织的义务劳动等，不能个人利益第一，只图自己方便，做出损人利己的事情。

4．要互相信任，友好相处

邻里相处，信任是第一位。遇到鸡毛蒜皮的生活琐事，不要互相猜疑，勾心斗角，通过坦率交换意见，妥善地协调解决各种矛盾。特别要注意为人要宽容，处事要谨慎，要本着“互不干涉内政”的原则，不要总是盯着别人家的私事，说三道四，搬弄是非，不仅破坏了邻里团结，也降低了自己的人格。

5．要教育好自己的孩子，做好榜样

当孩子间发生纠纷时，家长应多做自我批评，宽容谦让，既为孩子树立榜样，也避免伤了邻里间和气。不能一味溺爱孩子，长自己孩子的“威风”。

总之，邻里相处礼仪的精髓在于不占公共用地，不扰左邻右舍，宽以待人，严以律己，热情相待，和谐平安。

- **案例解读 5-6**

孩子病了

车站南里20号楼的李爷爷家的小孙子大祎发高烧了，孩子的爸爸和妈妈都上班了，家中只有爷爷和奶奶老两口，眼看着孙子的小脸烧得通红，老两口急得像是热锅上的蚂蚁，真是一点办法都没有啊。说来也巧，居委会的邵杰刚好来李奶奶家串门，看到大祎在发高烧，急忙和她爱人开车把孩子和爷爷奶奶送到儿童医院。医生确诊孩子得的是气管炎，需要输液。邵杰帮助老人把孩子安顿好后，看看天色已晚，心想大家都折腾大半天了，老人也累了饿了，便让爱人留在医院陪着李爷爷和李奶奶，自己坐公交车回到家中包饺子。

等到李爷爷一行从医院回来后，邵杰急忙把热腾腾的饺子端到老人家面前。李爷爷感激地说："你忙了半天，还给我们做饭，真让我们心里过意不去啊。"邵杰笑着说："远亲不如近邻嘛，咱们都是一家人！"

其实邻居之间处好了，就和家人没有两样！

二、邻里相处禁忌

左邻右舍在给我们带来欢乐、安全、帮助的同时，我们也要注意以下禁忌。

1．忌把八卦当新闻

八卦邻居确实比八卦远在天边的明星更让人兴奋，当事人就在眼皮子底下，既可以满足好奇心，又能拉近八卦者们的"距离"，但长此以往，只会有失口德，让人"敬而远之"。

2．忌开派对吵到邻居

在德国，在自家花园开派对，要事先通知邻居，并按时结束。可见，不能光顾着自己高兴，还得考虑邻居高不高兴。

3．忌置他人利益与不顾

若下水管破裂漏水影响楼下居民，装修打扰到邻居，浇花淋湿楼下晾晒的被子，等等，如果你选择视而不见，则可能引来无休止的纠纷。

4．忌总护着自家孩子

孩子是邻里矛盾的导火索之一，要是两家孩子发生争吵动了手，不能不分青红皂白一味袒护自家孩子，这样只会令矛盾升级。

5．忌太过斤斤计较

每件事、每分钱都算得清清楚楚，锱铢必较，寸步不让，只会让你陷入社交危机。

6．忌每天都到邻居家坐坐

邻里关系并不是一天要去拜访邻居三五次才显得亲密。和邻居交往还是保持一点距离、多留一些空间为好。

7．忌见面不理人

邻居并不是要时刻防备的陌生人，和邻居互动得越多，你所感受到的邻里温暖也就越多。

8．忌养宠物变成邻居噩梦

猫猫狗狗可能让你快乐，但请不要让邻居饱受困扰。

总之邻里交往要以尊重邻里为原则，以促进友谊为目的，如此方能和平相处。

● 案例解读 5-7

邻里相处和为贵　勿以琐事起纷争

常言道，远亲不如近邻，近邻不如对门。可是邻里一旦有了纠纷，处理不当，就会引发一系列不良后果。近日，某市中原区人民法院审结了一起因邻里琐事而引发的故意伤害案，判处被告人吴某有期徒刑8个月。

现年40岁的吴某是××省××市人，曾于1988年、1991年先后两次犯盗窃罪被该院判处刑罚，1996年8月被假释。在假释期内，吴某本应谨慎行事，可是他却仍然我行我素，不思悔改。2002年8月16日下午3时许，吴某在家门口因堆放牛粪一事与邻居栗某发生纠纷。两人各不相让，针锋相对，纷争逐步升级，不一会儿，便相互殴打起来，吴某"更胜一筹"，他用铁锨将栗某的头部打成轻伤。事发后，吴某向公安机关自动投案。

2003年3月某市中原区人民法院对吴某故意伤害案进行了公开审理。法院经审理认为，被告人吴某因琐事与他人发生争执，继而实施伤害行为，已构成故意伤害罪。犯罪后有自首表现，对其从轻处罚；其在假释期满后5年内又犯罪，是累犯，应从重处罚。综合全案，遂于3月25日做出了上述判决。

法官忠告：良好的邻里关系，会给人们带来无穷的快乐。可是舌头也有与牙齿相碰撞的时候，纷争总是难免的。如果邻里之间发生了纠纷，彼此之间应本着互让互谅的原则，妥善处理。如果互不相让，针锋相对，甚至诉诸武力，于人于己，有害无利。

情境实训与习题

一、思考题

1. 家庭礼仪具有什么特点？子女对父母应遵循的礼仪有哪些？
2. 参加婚礼有哪些礼仪要求？
3. 参加葬礼和扫墓有哪些注意事项？
4. 家庭拜访和接待要注意哪些礼仪细节？
5. 邻里相处有何礼仪要求和禁忌？

二、案例分析题

案例一：吝啬鬼送礼

赵财和李富都是村里出名的吝啬鬼，二人又是相当要好的朋友。这天，赵财准备去拜访李富，想带点礼物，可又舍不得花钱，便用一张纸剪成一条鱼作礼物。李富出门去了，只有儿子在家。赵财拿出纸鱼笑着说："这条鱼送给你爹。"李富的儿子接过鱼，便用双手比了一个烧饼大的圆圈，说："大伯，这个烧饼您带回去吧！"李富回家后，听他儿子把这事说了一遍，很生气，用一只手比出半个圆圈说："你这败家货，谁叫你给他比整个的，难道送半块还不行吗？"

案例二：探望姑姑

前不久，小明的姑姑生病住院了。小明的爸爸妈妈去外地考察去了，家中只有小明一个人。周六上午，小明的妈妈给小明打了电话，叫小明本周日去医院看望姑姑。小明接到电话后，利用周六休息时间，按照妈妈的安排买好礼品。周日前往医院看望了生病的姑姑。

姑姑看到侄儿来探病，心里十分高兴。

思考：

1．假若你是小明，买什么礼物合适？

2．假若你是小明，到了医院怎么与生病的姑姑交流？

3．运用做客礼仪说一说你的想法。

4．运用送礼礼节谈一谈你的看法。

学习情境六
校园礼仪

● 学习目标

知识目标： 熟悉校园礼仪各个场合的基本要求，掌握在校园应遵循的礼仪规范。

技能目标： 通过学习，能够判断出行为举止是否符合礼仪要求，在校园内怎样表现才得体，才能符合学生的要求。

素质目标： 将学到的礼仪知识，从"我知道"变成"我是这样做的"，能够运用礼仪规范自己和指导他人的行为。

● 导入案例

让礼仪之花在校园盛开

2013 年 9 月某日，在某校的大门口 50 米开外的拐角处，高二某班学生詹某伙同本班 5 名同学对高一某班李某进行群殴，致使李某门牙脱落 2 颗，身体多处受伤住院。后经学校政教处调查，两位同学的矛盾源于当天中午在学校食堂打饭时李某的插队行为。詹某上前制止，李某不听劝告，两人在食堂内发生了口角。詹某回到班上以后，将事情告诉班上的其他几位男生，大家商议之后，决定在下午放学的时候到校门口堵住李某，好好教训他一顿。因此导致詹某等六位学生群殴李某暴力事件的发生。

事后学校请詹某、李某及另外五名参与打架的学生的家长到校，经过协商，最后达成一致意见：詹某应负主要责任，承担 50%的医药费，其他五名学生负次要责任，共同承担 50%的医药费。参与打架的学生经过学校和家长的教育，都表示承认错误，学校根据当事学生的责任大小和认错态度，给予相应的纪律处分。

总的来说是李某的插队行为引发的这次校园暴力事件。讲文明、懂礼仪是中华民族的传统美德，像"孔融让梨""黄香温席"等许多历史故事至今仍深深教育着我们。文明礼仪要从小养成，俗话说："少成若天性，习惯成自然。"播下一种思想收获一种行为，播下一种行为收获一种习惯，播下一种习惯收获一种性格，播下一种性格收获一种命运。

文明已被人们放在一个非常重要的位置，时时刻刻影响着我们，千万不要把文明行为看作小事，每个人在举手投足之间都传递着丰富的文明信息。学校是我们共同的家，让我们从现在开始，从身边的小事做起，力争把文明带进校园，把微笑带给同学，把谦让带给他人，把孝顺献给家长，把尊敬献给老师。当文明人，说文明话，做文明事，让文明礼仪之花在我们美丽的校园里处处盛开！

校园礼仪一直是社会所关注的问题，礼仪也决定着人的文化涵养。学校需要礼仪教育，个人需要人文教育，社会需要素质教育。校园文明礼仪建设是传承民族文化、宏扬民族精神的重要举措，是校园文化建设不可或缺的重要组成部分，是构建和谐社会的重要内容。

任务一　校园礼仪的基本内容

校园礼仪是指在学校生活中全体师生员工应该共同遵守的行为规范。校园礼仪的适用对象不仅仅是学生，也包括全体教师员工。学校不仅要传授知识，更要传承文明。知识会不断更新，做人却是一辈子的事，传承文明更是千秋大业。在校园生活中，除了实现知识传递，我们还必须完成人格和素质的塑造。

礼仪规范的特点就在于它的践履性和可操作性。在这个意义上，学校的素质教育必须落实在校园礼仪生活中。

一、校园礼仪的基本要求

具体来说，校园礼仪包括以下三个方面。

1．对学生言行举止的基本规范

校园礼仪要求学生遵纪守法、努力上进、尊敬师长、团结同学、仪表得体、讲究卫生。具体而言，在校园生活中，每一名学生都必须严格遵守学生守则。学生守则是学生的基本行为规范，也是校园礼仪的具体表现。学生是校园文明的主要教育对象和载体，我们要培养他们学会尊重老师、尊重知识，同时尊重学校的行政人员、工友、安保人员等；遵守学校的各种规章制度和社会公德，遵守文明礼仪规范；维护教师、员工以及自己的尊严。学习校园礼仪，可促使学生学会做人，学会处事，学会谦让，学会尊重，学会与别人合作，从而成长为一名符合社会需要的讲道德、讲文明、讲礼仪的现代文明人。

2．对教师言行举止的基本规范

校园礼仪要求教师要为人师表、准时上课、尊重学生、善待学生、诲人不倦、循循善诱。教师是建设文明校园的主力军，不仅是教授知识的源泉，也是传承文明的导师、教书育人的园丁、以身作则的楷模。为人师表不仅表现在课堂上，还应表现在生活中。当一个人担任起教师这个角色，他的影响力会被成倍地放大，影响许多学生，甚至对他们造成终生的影响。而在社会上，教师的个人形象往往被等同于学校形象，甚至代表着国家教育的基本水准。

3．对学校其他员工言行举止的基本规范

除教师与学生之外，学校的行政人员、后勤人员等也必须遵守相关的校园礼仪。要建设文明、和谐、明礼的校园，学校的每一名行政人员、后勤人员都有责任身体力行。

● **案例解读 6-1**

文明就在你身边

有记者访问一位刚获得诺贝尔奖的科学家：“教授，您人生中最重要的东西是在哪儿学到的呢？”“幼儿园。在那里，我学到了令我终身受益的东西，比如说，有好东西要与朋友分享，谦让，吃饭前要洗手……”我们完善自己的文明修养也一样，并非一定要有什么了不起的举措，而是要从饭前洗手这些小事做起。

养成文明的习惯，使文明的观念从意识层次进入无意识层次，使文明渗入我们的一言一行。我们从小接受文明礼仪的教育，很多人都可以滔滔不绝地大谈文明礼仪。可是仍然可以看见校园中随处丢弃的饭盒、饮料瓶，听到某些同学脱口而出的脏话，怎能不教人痛心疾首呢？难道我们都是“语言的巨人，行动的矮子”吗？明代大学者王守仁说：“知是行之主意，行是知之功夫；知是行之始，行是知之成；知行一体，未有知而不行者，知而不行，只是未知。”我们接受文明礼仪的教育，自己却吝于履行，甚至反其道而行之，这跟从来没有接受社会教育有什么区别呢？所以我们要实践社会文明，就要从这“知行合一”上下功夫，从自己的坐言起行上下功夫，告别不文明的行为。

二、学生礼仪的基本规范

学生是校园礼仪的主要教育对象和载体，最基本的礼仪规范是尊重老师、尊重知识，同时遵守学校的各种规章制度和社会公德，遵守文明礼仪规范。学习校园礼仪，可促使学生学会做人，学会处事，学会谦让，学会尊重，学会与人合作，从而成长为一名符合社会需求的讲道德、讲文明、讲礼仪的现代文明人。学生礼仪是对学生言行举止的基本规范。它的基本要求如下。

1．语言文明

俗话说，说话要看一看火候，有点分寸。这“火候”“分寸”就是指说话要节制有度。不能过激伤人。如何使言语适度、得体呢？首先要学会使用文明礼貌语言，比如您好、请（进、坐）、欢迎（光临、参观、指导）、谢谢、没关系、对不起、再见、晚安等。其次是在生气时也要以理服人，不讲粗话。另外，公共场合相互谈话应低声细语，不大声喧哗，不妨碍他人。

2．穿着规范

1）着装整洁，大方得体，不穿奇装异服和过分暴露的服装。

2）不佩戴与学生身份不符的饰物。

3）男学生不蓄长发或染彩色头发，不佩戴耳环，女学生不留奇形怪状的发型或将头发染成五颜六色。

3．行为得体

1）男女交往举止得体，在公共场所不打闹嬉戏，过分亲密。

2）上下楼、过楼道靠右行；出入各功能室轻声慢步；起身和落座时不发出声响；抽屉、窗户要轻轻推拉；不影响他人，保持安静。

3）爱护公物，讲究卫生，不践踏草坪；不在校园内乱写、乱画、乱张贴；不随地吐痰，不乱扔垃圾。

4．尊重师长

1）对老师要有礼貌，遇到老师主动打招呼；虚心听取老师教诲，接受老师教导，服从老师管理，不顶撞老师。

2）进办公室要喊“报告”，得到同意后方可入内；问老师要用“请问”，老师答后要道谢，说“再见”后再离开；不随便翻阅老师办公室里的东西；不私自打开老师的电脑或抽屉。

3）与老师交谈时，要起立并主动给老师让座。

4）老师在办事或与别人交谈时，不可随意打扰老师，应耐心在一旁等候，等老师办完事或谈完话后再找老师。

5．爱护公物

一说起爱护公物，也许有人会认为这是老生常谈，因为类似“爱护公物光荣，破坏公物可耻”“爱护公物，人人有责”这样的口号恐怕连幼儿园小朋友也能说上几条。但现实生活中我们又做得怎么样呢？细心观察就会发现，校园里破坏公物的现象比比皆是：有同学为走近路而不惜践踏草坪；踢球时不小心打碎了教室的门窗；户外运动中弄坏了校园里的公共桌椅、栏杆和垃圾桶；课桌椅上经常会看见各式各样的涂鸦……这些破坏公物的人从来也不曾意识到其实自己就是这些公物的“主人”，不知道公物是大家公用的物品，每一个人都有爱护公物的义务。

古人云：“勿以善小而不为，勿以恶小而为之。”其实爱护公物做起来也很简单，只要拥有一颗公德之心，处处遵守学校的各项规章制度，就能保证公共设施的完好无损与正常使用。

任务二　课 堂 礼 仪

《礼记》中写道：“人无礼不成，国无礼不宁。”这是说没有公共道德和礼仪，人民就无法正常生活，国家就不得安宁。教学活动是学校所有工作的核心，也是教师、学生大部分精力和时间的去处。所以，可以说课堂礼仪就是师生关系的基本礼仪。教师准时到教室，学生做好准备，师生互相尊重，共同维护秩序，这是最基本的课堂礼仪。课堂是老师传道、授业和解惑的地方，是老师挥洒汗水的地方；也是学生学习的地方，获得知识的地方。遵守课堂礼仪既是尊重老师的表现，也是老师敬业、乐业的重要动力。

良好的课堂礼仪主要体现在以下几个方面。

一、学生课前礼仪

1）听到上课铃声后，学生应迅速走进教室，准备好课本、练习本、文具等学习用品并摆放整齐，安静端坐，恭候老师的到来，这是对老师最起码的尊重。老师走进教室，班长要喊“起立”，声音要洪亮有力。全班同学应立即起立并立正站好，向老师鞠躬问好并行注目礼，待老师回礼后方可坐下。

2）如果老师出现迟到的情况，学生一定要以理解、冷静、正确的态度来对待。不要大惊小怪，不要喧哗，不要大声议论，仍然应起立向老师行礼。当老师就迟到的原因做出解释并表示歉意时，学生应表现出谅解和宽容的态度。

3）如果学生出现迟到的情况，应先在教室门外喊报告，待老师允许后再进入教室，未经允许，不可擅自推门而入。回座位时，速度要快，脚步要轻，动作幅度要小。在放下书包与拿出课本时，尽量不要发出声响。更不能为了掩饰自己的窘况，故意做出惹人发笑的举止。

二、学生上课礼仪

1）课上有疑问提出或回答问题时，应先举半臂右手，经老师允许后才能起立发言，不应边举手边说话或坐在位子上张嘴就说。上课主动发问或主动回答老师提出的提问，应举手，得到老师的允许后再在原位起立发问或回答提问，态度要严肃认真，姿势、表情要大方，不要故意做出松松垮垮或引人发笑的举止。说话声音要清脆，音量要大小适中。被点名回答问题发现自己没把握时，切不可有抵触情绪。应该大方地站起来，以抱歉的语调向老师解释。在其他同学回答提问时，不要随便插话。别人回答错了或者回答不出，不可在旁讥讽嘲笑。

2）课上坐姿要端正，注意力要集中，认真听讲，积极思考，勤于笔记，不随便讲话，不翻阅与课程无关的书籍。在进行小组合作讨论时，积极参与，不说闲话，保证课堂活而不乱。

3）课上不吃零食，不喝饮料，不玩手机，不做任何与学习无关的事，未经老师允许不得随意离开教室。

4）尊敬老师，尊重老师的劳动，自觉遵守课堂纪律。在违反纪律时，能虚心接受老师的批评，不得顶撞老师。

5）对老师讲述的内容有异议时，最好下课后单独找老师交换意见，共同探讨。若课上非提不可时也要注意场合和方式。态度要诚恳、谦虚、恭敬，不可扰乱课堂秩序，影响授课计划。

三、学生下课礼仪

1）下课铃响，老师宣布下课时，班长喊“起立”，每个同学都要起立站直，两眼注视老师行注目礼，并鞠躬齐声问候“老师再见”以表示对老师辛勤授课的感谢。待老师离开课堂或经老师允许后方可自由活动。如有听课老师，应先请听课老师退席后，同学才能活动。

2）在公共教室上课，须听从指挥，爱护仪器设备，保持室内清洁，不得在桌、椅、墙上等地方乱涂乱画。学生离开时应打扫好教室卫生。

四、学生课外礼仪

1）学生和教师相遇，通常应由学生主动先向教师招呼，道声“老师早”或“老师好”，教师应面带微笑回答“早”或“好”。

2）在进出口、上下楼梯时和老师相遇，学生应主动招呼，请老师先行，不能见到老师低头不语或装作没看见。

遵守课堂纪律也是一种基本礼貌要求。学生课堂纪律好，教师就会感到自己的劳动得到了应有的尊重，会产生欣慰之感，思路会越讲越顺，自然就会发挥出最佳的教学水平；

反之，当课堂纪律不好时，教师会感到自己的辛勤劳动未得到重视，于是内心会有一种沮丧、失落感，思路会被打乱，教学效果也会受到影响。所以，每个学生都应遵守课堂纪律，这既是对教师辛勤劳动的尊重，也是一种基本礼仪。

任务三　师生交往礼仪

教育工作是神圣的。学生在老师的教育下成长，老师为学生的成长呕心沥血。老师的教诲和榜样作用将影响学生的一生。尊敬老师是每一个学生都应具有的美德，也是对一个学生的基本要求。天地君亲师，中国自古以来就有尊师重教的优良传统，流传着许许多多尊师重教的故事。尊敬老师是师生和谐相处的基本前提。

一、与老师交往的原则

1．尊重老师，信任老师

老师肩负传道、授业、解惑的责任，值得我们尊敬和信任。我们要理解老师，服从老师的正确管理和教育，管理和被管理是一对矛盾。老师对学生的爱常常体现在严格的要求之中，这是实施教育所必需的。学生要理解老师的苦心，服从老师的管理和教导。有不同意见时，也应以诚恳的态度、恰当的方式向老师提出。教育是一个师生相互配合的过程，学生是这个过程的最终受益者，应尊重老师的劳动和付出。

2．勤学好问，虚心求教

有些人在做学生时，经常认为“那个老师并不怎么样”“他的水平太低了”，但长大以后才知道这种看法和想法是多么天真。勤学好问不仅直接使学业受益，还会加深与老师的交流，无形中就缩短了与老师的距离。每个老师都喜欢肯动脑筋的学生。向老师请教问题往往是师生交往的第一步，常向老师请教学习上的问题会加深师生彼此的了解，增进师生之间的感情。

3．正确对待，委婉提意

老师也不是完美的，老师有的观点不正确或误解了某个同学，甚至有的老师“架子”比较大，或是太严厉，这都是有可能的。发现老师的不足要持理解的态度，向老师提意见要委婉，时机要适当。如果老师有误解，不要当场顶嘴，这样不但无助于问题的解决，还会激化师生间的矛盾，会使所有人都感到为难。有问题可暂且放一放，等大家都心平气和时再与老师谈一谈，解除误会。

4．勇于认错，及时改正

有的同学明知自己错了，受到批评，即使心里服气，嘴上还是不认错，把与老师的关系搞得很僵；有的同学，受到老师批评后，心里就特别怕那个老师，认为他是对自己有成见，这都是错误的做法和想法。错了就是错了，主动向老师承认，改正了就是好学生。老师不会因为谁有一次没有完成作业，有一次违反了纪律就认为他是坏学生，就对他有成见。相信老师是会全面、客观地评价学生的。

二、与老师交往的礼仪规范

学生在与老师的交往中应注意遵守以下礼仪规范。

1）学生要尊敬老师，见到老师应当礼貌地打招呼。无论何时何地，见到老师都要自动问好。问好时目视对方，面带微笑，语气、语调都要体现出真诚。如果同时遇到几位老师，可直接称“老师好”，不一定要一一问候，这样既简洁，又不会冷落任何一位老师。

2）如果在楼梯口或狭窄的通道里碰到老师，应侧身让老师先行。如果学生和老师一起外出，乘坐交通工具时，学生应照顾老师，请老师先上；遇到年纪大的老师，应主动搀扶；有空位时，应请老师先入座。

3）如果老师站着和学生说话时，学生不能大大咧咧地坐着。如果老师坐着，只有在老师请学生坐下时，才可坐下来与老师谈话。说话时态度要诚恳，谦恭地注视着老师，认真与老师交谈。老师来拜访时，无论是在家里或是在宿舍，都应热情接待，老师离开时应礼貌送别。

4）老师工作取得成绩时，学生应向老师表示祝贺。祝贺要发自内心，真诚而友善。学生的祝贺融入了感激与深情，会令老师感到格外欣喜和安慰。佳节来临，学生应向老师表示节日的祝贺，尤其是老师自己的节日——教师节。送给老师的礼物一定不要奢侈，植物、CD、书籍都是很好的礼物，更好的做法是全班同学一起为老师做个纪念品，比如在卡片上贴上写有全班同学签名的集体照。

5）学生进入办公室前先要轻叩办公室门，得到老师允许后方可进入。进入办公室不要东张西望，更不能乱翻老师的东西。学生在老师办公室不宜逗留过久，否则会打乱老师的工作安排，还会影响其他老师的工作。事情办毕即应离开办公室，离开前应向老师告辞。如果向老师请教的问题已得到解决，学生应向老师表明对所问的问题已经理解，并向老师道谢。

与老师交往时，要尊重老师，虚心求教，这样既可以促进学习，又可以学到很多做人的道理，使自己受益无穷。

任务四　同学间的交往礼仪

在学校里，我们怎样才能把握同学间正常的交往呢？对于同学之间的交往，真诚可以说是一块试金石。我们在校园里，每天都和同学进行着大量的交流，有学习上的相互切磋，有生活中的相互帮助，更有心灵上的相互沟通，这都需要我们用真诚去维系。作为学生，校园学习、生活构成了我们日常活动的主体。那么，在学校里学生怎样才能把握同学间正常的交往尺度呢？

一、语言文明

一个人的言语直接反映出他的素质修养。语言文明是对对方的一种尊重，一种友善的态度，给人以友好的印象，当然也是友好交往的前提条件。脏话脱口而出或讲话尖酸刻薄，都会使一个人形象大跌，也污损了校园的文明气氛。所以，不要养成脏话挂嘴边的习惯。古人有云：“良言一句三冬暖，恶语伤人六月寒。”友善的语言给人带来快乐，快乐会打破人际关系的僵局，使同学之间的关系变得融洽。

二、平等尊重

我们都知道这样一句话：“尊重他人等于尊重自己。”在学校和班级里，有来自不同家庭的同学，背景差异较大。每个同学都有各自的优点和长处，也都有各自的缺点和不足。在同学间相处时，我们应该平等对待每一个同学，学会尊重每个人的人格尊严、正当权益、个人隐私、个性特征，不嘲笑、讽刺、挖苦和侮辱别人，不轻视或歧视别人。不要给同学起绰号或嘲笑同学的缺点，并对这种低级、庸俗、无聊的行为加以制止。一个道德高尚、品格优秀的人，通常都是大度而善良的，会主动地关心和爱护他人，尽力帮助他人，而不是奚落、嘲笑和歧视他人。

三、宽容理解

同学之间相处不免会发生争执，产生误会，如果误会加深，则很容易激发矛盾。因一时的冲动而采取打架、斗殴等过激的手段来解决事情，根本解决不了问题。常言道：“退一步，海阔天空。”如果每一个人都可以退后一小步，那么就有了使误会得以解决的缓冲空间，免去了任何一方的伤害，升华了每个人的心灵。大事化小，小事化了。我们应该在了解事情的严重性后再做出决定，遇到问题，应该冷静思考处理事情的方法。

四、诚实守信

诚实是为人之本，无论在任何时期、任何社会、任何地点，诚信都是受人推崇的。诚信是对他人负责，更是对自己负责。诚信可以拉近彼此的关系，架起沟通的桥梁，得到他人的信任，自己的心灵也会豁然开朗，亦会变得自信。学会欣赏别人，懂得多看到他人的长处，真诚地对待并赞美他人，对方也会用真挚的情感来回应你。

五、相互帮助

这是与同学相处的一个基本原则。俗话说得好：与人方便，与己方便。关心别人的人常常会得到别人更多的关心。在学习上，同学之间应相互帮助，共同进步。在生活中，当同学有求于你或有困难时，应主动帮助。早出晚归要顾及同寝室其他同学。借用同学东西时要讲礼貌，归还东西时要表示感谢。当同学有客人来访而同学本人又不在时，应主动热情地代为接待。

六、宽以待人

严以律己，宽以待人，这是中华民族的传统美德，也是人际交往中的基本原则。“己所不欲，勿施于人。”不要在背后议论是非，发表一些不负责任的言论，但对自己的不足之处却视而不见，而且还容不得别人的半点批评；不要以自我为中心，自以为是，把自己的观点强加于人；不要得理不饶人，为了一点小事而与同学争得面红耳赤，一定要分个高低胜负，甚至发展到恶语相向，大打出手。这些行为与学生的身份都是格格不入的。

平等与尊重，宽容与理解，关心与互助，负责与合作，是成功的人际交往的前提条件，是文明交往的内在基础。同样，我们生活在校园中，同学之间的相处就应该是文明友好的。学校的校规、班级的纪律、日常行为的规范是一个人道德素质的体现。我们生活在一起，一起学习，共同成长，应该是融洽团结的一个整体。让我们团结在一起，创建和谐文明的校园环境吧！

- **知识链接 6-1**

校园礼仪的28条黄金法则

1. 爱国守法，明礼诚信，团结友善，勤俭自强，敬业奉献。
2. 讲文明，重礼仪。
3. 点点头，微微笑，文明礼貌真需要。
4. 微笑浮在脸上，真诚在我心中。
5. 建书香校园，造温馨学堂。
6. 言行举止有礼仪，文明住在我心里。
7. 言出不必惊人，谈吐一定文明。
8. 跟着文明走，快乐手牵手。
9. 礼仪体现细节，文明展现素质。
10. 文明之风吹暖书香校园，和谐之雨滋润莘莘学子。
11. 文明之语我来讲，礼仪之星我来当。
12. 创造一份文明，收获一份温馨！文明得体，从我做起！
13. 礼仪是一种文明规范，礼仪是一种素质修养。
14. 文明是快乐的源泉。
15. 关心学校，我们的职责；爱护学校，我们的义务；热爱学校，我们的心声。
16. 知耻方能有所不为，励志才能有所作为。
17. 微笑是我们的语言，文明是我们的信念。
18. 播种文明，收获温馨。
19. 礼貌是人类文明共处的金钥匙。
20. 走路轻轻，安静温馨。
21. 对老师尊重一点，对同学宽容一点，学习也会好一点。
22. 展礼仪丰采，做文明学生。
23. 忍一时风平浪静，退一步海阔天空。
24. 文明是沟通彼此的桥梁。
25. 改正不良行为，养成文明习惯。
26. 学道德建设纲要，扬文明行为新风。
27. 树礼仪形象，展名校风采。
28. 认认真真做事，踏踏实实做人。

任务五　校园公共礼仪

一、进出校门礼仪

校门是学校对外的一扇窗，是学校的直播室，因此进出校门的礼仪十分重要。

1）进入校园要穿戴整齐，要有良好的姿态。踏进校门，就意味着一天学习的开始，因此要保持情绪高昂、奋发进取的精神状态，不能萎靡不振、垂头丧气。

2）进出校门时要严守纪律，不揽腰搭肩，嘻嘻哈哈，不互相追逐打闹，做出不文明举动，不能高声喧哗，不要边走边吃东西。

3）进出校门时，要向值日老师问好，以表示对老师的尊敬。

4）笑容更灿烂一些，问候更多一些，纪律更强一些。

播种行为，收获习惯。从进出校门做起，养成好习惯，树立良好的形象。

二、图书馆礼仪

图书馆是学习的公共场所，是师生查阅资料、借阅图书或自修学习的地方，是知识的殿堂。因此，进入图书馆要遵守特别的行为规范或礼仪要求。

1．进入图书馆的卫生要求

（1）注重个人仪表的整洁

仪表就是人的外表，包括容貌、服饰和姿态等。图书馆是公共场所，读者应注意自己的仪表仪态，塑造自己的最佳形象。着装应整洁得体，不要披衣散扣，尤其不能穿拖鞋、短裤、吊带衫进入图书馆。保持双手的干净，确保没有油腻污渍，这样才不至于弄脏图书、报刊。

（2）保持馆内环境的干净

图书馆是共同学习的场所，任何人都有义务讲究卫生、保持整洁。雨、雪天进图书馆时，应注意把雨具放在指定地点，还要把身上的泥水弄干净，以免蹭擦到其他读者身上或把图书馆的地面弄脏。

在图书馆阅读时，不乱扔纸屑，不随地吐痰，不大声咳嗽，不吃零食或嚼口香糖。边看书边吃东西，不仅影响他人阅读，破坏学习气氛，还会弄脏图书。离开时，自己的东西要记着带走，废弃的纸张应扔到馆内的垃圾篓或垃圾箱内，自觉把桌椅复归原位。

2．进入图书馆的行为要求

（1）轻、静

进入图书馆后，走路要轻，入座、起座要轻，翻看书刊要轻。在图书馆要尽量少说话，遇到朋友最好以点头微笑的方式打招呼；如果确实需要交换意见，应简明快捷，附耳低语，较长时间的讨论或接听手机应到室外。在安静的学习环境中，任何人旁若无人地谈笑，喋喋不休地说话，都是很失礼的。在图书馆内就座阅览时，移动椅子要特别注意不要发出声响，以免干扰其他人阅读。在别人暂时离开座位时，不要因为人家的位置好而抢占。阅读时坐姿要端正，不要在图书馆有限的座位上休息和睡觉，不断地打瞌睡也是非常不礼貌的。

一个“静”字，常作为警示贴在图书馆的墙上，归纳了在图书馆应遵守的礼仪。保持图书馆内的轻、静，就要求读者做事要轻手轻脚，说话要轻声细语。

（2）雅、敬

雅指的是举止文雅；敬指的是对人恭敬礼让。进入图书馆，应自觉排队，借还图书时，应双手将书递到工作人员手中，并注意使用“您好”“请”“谢谢”等礼貌用语。如果借还书的人很多，要耐心等待，不可连声催促工作人员，也不可走来走去。

（3）律、让

进入图书馆后，任何人的行为都要自律。要爱护图书馆里公共财物和设备。不摇动桌椅，不在桌、台上乱刻乱画。现在多数图书馆已提供复印服务，如果确实需要某种资料的话，可在征得工作人员同意后到指定处复印。绝不可为了占有公共图书而不惜将其据为己有或将书中有精美插图、精彩段落的书页撕下来，这种行为是十分不道德的。有些人在书上画线、做标记，或者折页、写字，甚至给人物添上胡须、画上眼镜，这种对书本、对知识极不尊重的行为，十分可恶。对开架图书应逐册取阅，不要同时占有多本，造成借阅多看不完的尴尬。阅后应立即放回原处，否则会影响其他人阅读，还会增加工作人员的工作量。定期借阅的图书应按期归还，充分发挥图书的利用价值。

● **案例解读 6-2**

“占座族”

中国人民大学青年志愿者协会的志愿者参与了新生入学时开展的“走进图书馆”活动。现在由于大学的自习室资源普遍紧缺，很多同学对占座现象也是见怪不怪，甚至很多志愿者也是“占座族”的一员，但当大一的新同学不解地问志愿者为什么这些同学不来自习还要占着座位时，志愿者们才开始反思这种普遍性的占座行为，才意识到自己的行为给其他同学带来了不便，造成了资源的浪费。

图书馆占座现象千奇百怪。茶杯、自己或是图书馆的书本、笔记本，甚至零食都担起了占座的重任。我们经常听到类似“我下午去图书馆，帮我占个座”的请求，或者是带一本书去上课，书包就留在图书馆占座位。似乎占座已经成了学生们在大学自习生活中习以为常的一个行为。乍看之下没有什么不妥，但是在学生增多、学习需求增加的环境下，由于占座这个普遍性行为，导致财物损失严重，学生和学生，学生和学校的矛盾也越来越显著。

礼让是中华民族的传统美德。在所有公共场所中都要有一种“礼让”精神。进入图书馆，自己找个座位就行，不应为别人占座位。如果临时走开，回来时发现座位上坐了别人，不应赶走人家。倘若确需这个座位，而且走时留下了书本，但仍被他人占据，此时不妨轻声商量，互相谅解。

图书馆作为公共场所，有空位人皆可坐，但欲坐在别人旁边的空位时，应有礼貌地询问旁边是否有人。在借书时如果与别人看中同一本图书，不要争夺，可向工作人员询问有无复本或别的版本。如果实在没有，应相互谦让，急需者先借，另一人做预约登记。在电子图书馆要爱护仪器设备，服从管理人员的管理，不能利用图书馆电脑进行与学习、工作无关的活动。

图书馆是人们追求精神文化生活的地方，要求每位读者在求知的同时，爱护图书，遵守图书馆的规章制度。

三、集会礼仪

集会是人们进行社交的一种基本方式，也会是学校日常学习中不可缺少的重要组成部分。学校有时会邀请一些知名人士出席，这些人成就突出、事迹感人，是学生仰慕和崇拜的偶像。所举行的学术讲座、事迹报告会、现场表演等，能让学生开阔视野、增长见识、启迪思维。形式各异的集会，起着交流思想、增进了解、加深友谊的作用。学校集会一般在操场或礼堂举行，由于参加者人数众多，又是正规场合，因此要格外注意集会礼仪。

1．集会组织者礼仪要求

集会的组织者首先要拟定集会通知，通知要写清楚集会的时间、地点、主题，并在集会的两周前发出，留出足够的准备时间；安排好会场，根据集会内容和参加者的人数，确定会场并加以布置；写好会议议程，集会开始之前把集会议程及宣传材料发放给与会者，使参加者对集会的内容做到心中有数。集会结束后应做好会场的清理工作。

2．集会参与者礼仪要求

首先，要及时到会。参加集会要按时赴会，宁可提前十几分钟，也不可迟到一分钟。

其次，要穿着整齐。这是对自己及他人的尊重，不注重仪表将有损自身形象，也给人以不重视本次集合的不良印象。

最后，言谈举止要得体。参加集会的人很多，并且身份各不相同，一言一行都要做到自然大方，但不要哗众取宠，有失涵养。

● **案例解读 6-3**

令人遗憾的专题报告

某学校请来了一位专家给全校学生做“理想与前途”的专题报告。专家还没讲到一半，下面就有学生坐不住了，有玩手机的，有议论讲座内容的，还有比比划划谈论其他事情的，有人接电话，还有的随随便便进出会场上厕所的，主讲人不得不屡次提高声调强调纪律，弄得主持会议的老师很尴尬。

遵守会场纪律是每个与会者的基本义务，是会场有序进行和完成议程的保证。遵守会场礼仪、维护会场秩序是对每一个与会者的基本要求。专心听讲、目光专注，而不要左顾右盼；要坐姿端正，不要东倒西歪；要保持会场安静，不要交头接耳。会间不要随意走动，频繁进出。用正当和得体的方式对会议做出反应，必要时可以掌声鼓励，不满时不能喝倒彩、吹口哨、瞎起哄。不要做不适宜的举动，包括讲话、抽烟、吃零食、打电话等。

四、宿舍礼仪

宿舍是同学们共同的“家”，是同学们在校园生活的主要场所，也是反映学生精神文明和礼仪修养的重要窗口，因此一定要格外重视宿舍礼仪。学生大部分时间都待在这公共之家里，所以在这里生活得怎样，直接影响同学之间的人际关系以及学习效果。

因此，学生应注意自己的言行，遵守宿舍礼仪。宿舍礼仪具体来说包括以下几个方面。

1．自觉遵守作息制度

宿舍生活是集体生活，因此大家要遵守规定的作息时间，才能够保证同学们的休息质量，才能为第二天的学习做好准备，这也是学生宿舍日常生活的最起码要求。在宿舍规定的休息时间里，不大声喧哗，不高声谈笑，如果确实需要与同学商量问题，要将声音压低，以耳语的方式进行交谈，不影响他人休息。如果听音乐或广播，应戴上耳机。如果要躺在床上看书，需要用床头灯，就应把灯光调暗，翻书的动作要尽可能轻。如有特殊情况必须在宿舍外耽误一段时间的，应事先与同室友打好招呼，请求他（她）们留门。迟进宿舍时，一定要轻手轻脚，不要将别的同学吵醒。夜晚休息时，应关闭手机或将其调为震动模式，如夜里需接听电话，应到走廊里接听，而且声音要尽量放轻。若宿舍里装有固定电话，可将电话号码告知亲友，同时说明作息时间，建议他们如无紧急情况不要在休息时间打电话，以免影响同寝室同学休息。

2．讲究卫生

为了使宿舍生活更加舒适，每个成员都要讲究公共卫生和个人卫生。宿舍要安排卫生值日表，全体宿舍成员都要参与值日，轮到值日的同学应该尽职尽责地做好宿舍卫生的打扫和维护工作，在出门时及时将垃圾带走。在集体生活中个人卫生会直接影响到公共卫生，因此个人卫生便不只是个人问题了。要勤洗澡，每天至少刷两次牙。要勤洗手，饭前便后和室外活动后，都要清洗双手以保证个人卫生。要勤换衣服，每天换洗袜子。换下来的衣服要及时清洗，不要堆在宿舍中。生病时要及时看医生，如果是传染病，要及时进行治疗并通报学校，采取隔离措施，以免传染给其他同学。

3．保护财物安全

作为学生要具备自我保护的意识和能力，能够有意识地保护个人人身安全和财产安全，而且要学会保护公共财产。宿舍里很多物品都是公用的，因此对公共财物爱护与否，能直接反映一个人的道德水平和素质。要随手关灯，节约用水，不要浪费。不破坏宿舍中的任何设施，使用时要仔细小心。在爱护公共财物的同时，宿舍中其他同学的财物也应得到大家的爱护。不要乱动同学的东西，如果有需要，要先征得别人的同意方可借用。最后离开宿舍的同学一定要关好门窗，以免财物被盗。

学会保护个人财物。首先要提高警惕，防止财物被盗。其次要爱惜个人物品。同学们所使用的每件生活物品，哪怕是微不足道的一把梳子、一面镜子，都是用父母的辛勤汗水换来的，所以要珍惜，要养成勤俭节约的好习惯，不浪费铺张，不虚荣攀比。

4．以诚相待

同宿舍的同学要在一起生活很长的时间，就像兄弟姐妹一样同吃同住。因此，彼此之间真诚相待、互相适应是非常重要的。

（1）学会宽容，替别人着想

同学们来自五湖四海，生活习惯都不一样，难免会出现不适应的地方。这个时候，大家要学会宽容对方，替对方着想，毕竟生活习惯是多年养成的，一时之间难以改变，而且长期处在同一种状态的人未必会意识到自己一直以来的习惯与现在的生活状况有不恰当的地方。这种改变、调整和互相适应是需要时间和耐心的，因此需要同学们互相宽容，慢慢适应彼此。

（2）坦诚对待对方

人无完人，孰能无过？每个人都有缺点或弱点，也都有做错事的时候，当同学们发现对方身上的不足时，应该坦诚并委婉地向对方提出，在不伤害对方的前提下，使对方接受，并且主动帮助他（她）改正缺点和不足，而不是在背后议论纷纷。背后的指责和议论无助于同学克服弱点，只会使彼此的矛盾深化，破坏同学之间的团结。

（3）互相谦让，先人后己

同宿舍中有很多物品和设施是公用的，比如说洗漱间、厕所等。尤其在早上洗漱时，同学们都赶着上课，都希望起床后先搞好个人卫生，就很容易出现争用水龙头和厕所的现象，同学之间应该互相谦让，先人后己。

（4）互相关心，互相帮助

同学们大多都是独自在外求学，日常学习和生活中都需要朋友和同学的关心和帮助。尤其在遇到困难时，这种关心和帮助便显得格外珍贵。同学遭遇不幸或挫折时，不应嘲笑、歧视，而应给予热情的帮助。同学生病时，要主动关心，贴心照顾，如陪同看病，帮忙打饭等；同学在生活上、经济上有困难时，要尽力帮助。对同学的相貌、体态、衣着不能评头论足，也不能给同学起带侮辱性的绰号，不嘲笑同学的生理缺陷。在这些事关自尊的问题上一定要细心加尊重，同学忌讳的话题不要去谈。同学间的互相关心、互相帮助，还体现在一些日常小事上，如有同学衣服晾在外面忘记收了，应当帮助收回并告之；有的同学物品损坏或丢失了，应主动相借。求学在外，多一份关心，学习生活会过得更加愉快。

5．串门的礼仪要求

回到宿舍后，尽量少串门，尤其不要在同学们集中处理生活问题或者已经熄灯休息的时候串门。也不是说宿舍之间就互不来往了，如果确实有事或者是出于联络感情的需要，串门当然是必要的，但要遵守串门的礼仪。进入别人宿舍的时候，要与在场所有同学打招呼、问好。不要坐在别的同学的床铺上，而应当坐到邀请者的床铺上。更不要过长时间地串门，以免影响其他同学的休息。不要大声讲话，谈话内容要健康。不能随便向其他同学索要东西。离开时要向所有同学告别，并道再见。

6．待客礼仪

住校期间，难免有亲人、朋友来看望。如果要请亲人或朋友到宿舍做客的话，一定要告诉老师并征得同意。同时要嘱咐来访亲朋不要乱动同宿舍其他同学的东西，不要在别的同学面前乱问、乱说，以示尊重。当同学从外面回到宿舍时，要主动介绍同学与自己的亲朋认识，要注意不要让亲朋在宿舍待太长时间，更不可留宿，在别的同学有亲朋来访时，一定要热情问好，不要冷漠对待，且在必要时注意回避，让同学与家人朋友好好交谈。

五、食堂就餐礼仪

在学校食堂就餐，会使你养成定时、定量就餐的习惯，而这种良好的习惯一旦养成，不仅会促进你的身心健康，而且会成就你健康、幸福的人生。学生餐厅是公共场所，应注意以下礼仪。

1）有秩序地进食堂，不要冲、跑、挤。

2）排队购买饭菜。插队的行为不应该发生在学生的身上。

3）如果和老师在一起吃饭，要请对方先入座。

4）不要当着食堂工作人员的面，抱怨饭菜不好吃。如果有必要的话，可以用婉转的语气在食堂建议簿上留言。

5）坐在座位上的时候，两脚自然并拢，双腿自然平放，坐姿自然，背挺直。

6）骨、刺等不能吃的东西，不要随地乱吐，可以放在餐具或自己准备的其他盛具里。

7）吃东西或喝汤时要小口吞咽，闭嘴咀嚼，尽量不发出响声。

8）爱惜食物，不要随便剩饭、剩菜。确实无法吃完的饭、菜，要倒进指定的泔水桶里，不要往洗碗池、洗手池里倒。

9）食堂里不可以大声喧哗。

10）和老师、同学以及熟悉的人一起吃饭，先吃完的时候要说“请慢用”。

用餐礼仪不仅仅能帮助学生养成良好的用餐习惯，学会良好的进餐礼仪，同时对学生形成各种值得称道的素质或性格、体现个人的文明素养起到举足轻重的作用。

- **案例解读 6-4**

食堂的“变相插队”

苏同学是某高校新闻专业大三的学生，他告诉记者，在学校食堂直接插队打饭的很少，可变相插队的不在少数。一次，他在食堂买鸡蛋灌饼，都轮到他了，但是排在他前面的同学帮刚过来的熟人带了7个，饼就没了，急着上课的他只好离开。

高峰期学生食堂由于人多窗口少，往往要排很长的队，甚至免费汤也是“一汤难求”，于是不少人选择“团队合作”，一个人负责打饭一个负责打汤。表面上很合理，但其实就是变相插队。更有甚者看到前面有认识的同学就直接冲上去让同学顺便帮忙打一份。如果每个人都这样，那和不排队又有什么区别呢？

六、观看体育比赛、演出礼仪

在观看比赛和演出中，我们要遵守一些观看礼仪，这是个人礼仪中的必修课。

1. 观看体育赛事礼仪

观众是现场气氛的调动者和形成者，观众的表现会对运动员产生很大的影响。

（1）文明着装

观看比赛时，一般对观众的着装没有特别要求，但穿着不能太随心所欲，因为毕竟是在公共场合，还是应该注意文明穿着，比如不要袒胸露背，不要穿着拖鞋进入赛场等。

（2）文明观看

观看体育比赛，应尽量提前或准时入场，在入口处主动出示票证请工作人员检验；背包入场必须安检。进出场时，不要拥挤，遇到老弱病残者应主动礼让。

观看比赛时不得制造任何噪声，包括手机的铃声、互相讨论的声音等。欢呼声、呐喊声是必要的，它不仅是观众发泄情绪的一种方式，也是为运动员加油助威必不可少的手段，但要注意欢呼要选择恰当的时机。比如在百米比赛中，观众过大的呐喊声会使运动员无法听清发令枪声，不仅影响运动员在比赛中的发挥，而且会影响到整个比赛的顺利进行。

在观看比赛时，尽量不吃带壳的食物，或者自备垃圾袋，并在比赛结束后随身带走，以免破坏赛场的环境。在比赛结束后，除特殊情况外，最好等场内所有仪式包括颁奖仪式结束之后离场。

● **案例解读 6-5**

做文明好球迷

球赛很精彩，球迷更热情，然而在观看精彩赛事的同时不要忘了文明看球，做个文明的球迷。一场比赛，球迷的表现，对营造球场的气氛极为重要。球迷在球场上的热烈气氛和大力支持，是球队取胜的重要原因，比如鼓舞所支持球队的热烈呼喊、排山倒海之势的人浪、威风八面的锣鼓、随风飘扬的旗帜……烘托气氛，催人奋进，气势逼人，为球队夺取胜利，打下了坚实的精神基础。

然而，也时有不和谐的杂音出现在球场上。比如在比赛快要结束的时候，为了宣泄自己的情感，看台上不少人将坐垫、纸板、矿泉水瓶抛向空中，这种做法是很不安全的。看台既是观看比赛的地方，同时也是社交的场所，不能做其他失礼和有失个人尊严的事。在自己的支持者失利后，要保持冷静，不要怒火中烧，恶语伤人，更不应该以胜利者或裁判员为出气筒，追击、围堵对方，或是羞辱对方。

2．观看演出礼仪

按时入场，不拥挤、不喧哗、不打闹，不穿背心、拖鞋进入演出现场。要文明观看演出，尊重演员的表演。观看演出时，不要在会场内与别人交头接耳、吃零食等，以免影响其他人观看演出；观看演出应心情愉快，神情专注，才能感受到美的熏陶和情的感染。在演出过程中，要有礼貌地适时鼓掌。当演员表演到精彩、动人之处时，观众应以热烈的掌声为演员喝彩，对演员的辛苦演出表示感谢。

鼓掌要把握好时机。例如，受欢迎的演员首次亮相时应鼓掌；一个高难度的动作完成时应鼓掌；一首动听的歌曲演唱完毕时应鼓掌；演出告一段落时，应鼓掌；演出全部结束时应起立，热烈鼓掌。但不要一激动就忘乎所以，高兴地跺脚、呐喊。观看演出时，鼓掌若不得当，就会出洋相。

观看演出一般不宜中途退场。如果临时有急事，应在幕间休息或一个节目结束时离场。同时保持会场整洁，随手将垃圾带走。

● **案例解读 6-6**

音乐会上刺耳的手机铃声

《半岛都市报》报道，某晚，在青岛音乐厅举行的比利时神灵室内乐团专场音乐会上，部分观众的一些出格行为让演出现场频现尴尬，3 位音乐大师甚至不约而同地被一手机铃声惊愕。对此，市南区文化局有关负责人表示，市民在欣赏音乐会时，应该注意欣赏礼仪。

某日晚 7 时，比利时神灵室内乐团专场音乐会在兰山路上的青岛音乐厅内准时开始。3 位来自比利时的音乐大师范·维音波尔、高学文和村井典子共同演奏起了《天鹅》等优美曲目。

然而好景不长。演出刚过半个小时，在一个短短的演奏间隙里，音乐厅里就第一次出现了尴尬的一幕：两名观众带来的孩子开始打闹，同时发出了嘻嘻哈哈的声音。这一声音在安静的音乐厅内，显得格外刺耳。台下不少观众投去了“关注”的目光；台上的小提琴手范·维音波尔也不由自主地往下看了一眼。

没过多久，也是在一个演奏间隙，掌声刚刚落下，坐在音乐厅前半部分的一位观众的手机就响了，富有个性的手机铃声顿时响彻整个音乐厅。台上3位音乐大师和台下很多观众都一齐把目光投向了那名观众。

除了这些，记者还注意到，部分观众还有在音乐厅内吃零食，乱走动行为。市南文化局是这次音乐会的主办方，有关负责人表示，音乐会上频现尴尬场面的原因，主要是部分观众不懂得欣赏音乐会的基本礼仪。

七、公共卫生间礼仪

洗手间是每个人都要使用的场所之一，是否了解和讲究洗手间礼仪，可以从一个侧面反映一个人的文明素质。

1）公共卫生间使用率较高，使用洗手间时应自觉保持洗手间的清洁卫生，所以谨记“来匆匆，去冲冲”，并关好水龙头，留下一个干净的卫生空间。

2）冲水时卫生纸等杂物不要丢进便槽，以免堵塞下水道。

3）洗手时水要开小些，一方面可以节约用水，另一方面可以避免弄湿洗手台或地面。

4）不要随手拿走洗手间里备用的手纸，也不应在洗手间里信笔涂鸦。

5）走出洗手间之前，应把衣饰整理好。不要一边系着裤扣或者整理着衣裙一边往外走，显得很不雅观。

情境实训与习题

一、思考题

1. 校园礼仪的基本要求主要包括哪些内容？
2. 学生礼仪主要体现在哪些方面？我们应该怎么坚持做好学生的礼仪规范？
3. 良好的课堂礼仪体现在哪些方面？具体应该怎么做？
4. 在与老师交往的过程中，应该遵守哪些礼仪？
5. 如何利用礼仪规范，正确处理同学间的人际交往？
6. 在图书馆学习应遵守哪些行为规范和礼仪要求？
7. 在公共场合尤其是公共卫生间，应该注意哪些问题？

二、情境实训

1. 设计一个师生交往时的具体情景，并分角色扮演。谈谈师生关系的融洽在师生交往中有何重要性，作为学生应该坚持哪些礼仪规范，这样做有什么意义。

2. 做一份校园不文明行为调查表，并针对这些不文明、不礼貌现象提出你觉得可行的整顿措施。

三、案例分析题

情景一：校园里，两位同学走路的时候说笑打闹，一不小心撞上了对面走来的一位同学。他们俩不仅不道歉，还骂骂咧咧、推推搡搡。结果，围观的同学纷纷谴责，被老师狠狠批评了一顿。

情景二：电影院里，甲和乙边看电影边议论，吃零食的时候还发出很大的声音，一会儿，甲的手机又响了，甲又大声接电话。旁边的人忍无可忍，纷纷谴责他们不遵守秩序。

情景三：某班男同学在义务劳动中总是想让女生出丑，还把抬水、拖地的重活给女生做。

思考

1．你身边有没有类似的事件？结合校园礼仪的内容谈谈你的看法。

2．谈谈良好的同学关系对个人有什么意义。作为当代大学生，校园礼仪学习对你有哪些帮助？

学习情境七
公共礼仪

● 学习目标

知识目标：了解公共礼仪的主要内容，包括出行礼仪、公共场所礼仪要求等。

技能目标：能在各种公共场所，正确地遵守各项公共礼仪规范。

能力目标：掌握公共礼仪的基本知识，能将公共礼仪运用到实际交往中。

● 导入案例

乘客大闹航班致飞机返航

2014 年 12 月 11 日晚 12 时左右，两名乘客在曼谷飞往南京的航班上侮辱空姐，致飞机返回曼谷机场。此事件引起广泛关注。有网友称“这叫丢人丢到国外了”。

当天 FD9101 航班起飞后，一行四人两男两女有两位乘客座位不在一起，乘客要求空姐为其调座，在其他乘客的配合下，他们四个人坐在了一起，一男一女在前，另两人在后。

起飞不久，前排的男乘客向空姐提出要开水，说他的女朋友要吃晕机药。空姐解释称，飞机刚起飞不方便提供热水，该男子就将果壳、食物等倒在过道上，然后乱踩。周围乘客纷纷劝阻，但这名乘客反而骂得越来越厉害。因为廉价航班一般只提供矿泉水和面包，空姐告诉他需要支付 60 泰铢，找零的话只能找给他泰铢。该男子付费后，坚持要求找回人民币并索要发票，同时要求机长道歉。因为过程不愉快，空姐离开之际，坐在男子身边的女乘客突然将一整杯热水泼在了空姐身上，附近的乘客身上也被溅到了。机上乘务长要求女乘客道歉，并表示如果不道歉，飞机可能会返航，而这名女乘客依然拒绝向空乘人员道歉。

此前一直吵闹的男乘客可能意识到了事态的严重性，坐在了座位上，并与旁边的女乘客商量着。然后这名女乘客突然站了起来，像发疯一样往后面的座位上爬，并用手敲击窗户，扬言要跳飞机，后被周围乘客拉回到座位上。此后，这名女乘客躺在座位上一动不动，称身体不适。此时，乘客已明显感觉到飞机正在返航。同时机上广播通知大家，飞机将会在一个小时后降落。乘客说：“虽然没有说降落到哪里，但是我们已经知道肯定要返回曼谷，因为飞行时间不对。”

在同机乘客上传至网络的视频中，一名男子多次叫喊着要炸掉飞机。受访乘客称，在飞机返航前，这名男子大部分时间都是站在座位附近，并且一直出言不逊。“好几次说要炸飞机，我们都感觉特别可笑、无知。”而坐在其身后的一男一女，也存在语言上的挑衅行为。

飞机降落后，泰国警方和地勤人员立即登机，但并未立即采取强制措施。回到地面后，泼水的女乘客在候机厅长椅上休息了约 20 分钟，随后四人被泰国警方带走。据泰国媒体报道，肇事乘客在缴纳罚款后，已于 12 日晚获准乘飞机离开泰国。

中国驻泰大使馆领事保护官员 12 日接受采访时表示，希望来泰国旅游的中国公民，务必遵守当地法律法规和传统习俗，遇事应保持冷静，克制情绪，通过理性协商等方式解决问题。

公共礼仪是指人们置身于公共场合时所应遵守的行为规范和准则。它是社交礼仪的重要组成部分，也是人们在交际应酬中应该具备的基本素养。

公共场合指的是可供全体社会成员进行各种活动的社会公用的活动空间，如街头、巷尾、楼梯、走廊、卫生间、机场、车站、码头、商厦、公园、娱乐场所、交通工具、体育场馆、邮政设施，等等。公共场合最显著的特点，是它的公用性和共享性。学习公共礼仪有助于人们在公共场合融洽相处，营造一个和谐的社会氛围。

任务一　出行礼仪

出行是指行人、交通工具从出发地向目的地移动的行为。对于任何人来说，出行是一个人的基本活动。人们在行路、乘坐交通工具时都要遵守一定的行为规范，且在不同的出行方式下还要遵守各自不同的具体要求。

一、行路礼仪

行路是人们日常生活中一个重要内容。随着社会的进步，现在它不再局限于行人的行走，也包括非机动车和机动车的行驶，同时，还应包括乘坐各种交通工具出行。行路的文明与否，影响着自己，也影响着他人。

1. 基本要求

（1）行路基本礼节要求

一个人上班工作、上学读书、外出办事、上街购物或漫步散心，都离不开行路，因此行路礼节是一种最常用的礼节。

1）礼让为先。在比较拥挤的地段，要有秩序地依次通过。一般的要求是，青少年应主动给老年人让路，健康人应给残疾者让路，男子应给女士让路。

2）问候熟人。路遇熟人，要主动打招呼，忌假装不识，匆匆而过。如果遇到的是久别重逢的朋友，寒暄之后还想交谈几句，应自觉靠边站立，以免妨碍他人行走。如遇到在街道另一边行进的朋友，点头致意就行了，切忌高呼狂叫，惊扰他人。

3）注意卫生。行路时忌随处乱扔废物，忌随地吐痰、擤鼻涕。另外，不宜养成边走路边吃东西的习惯，那样既不雅观，也不卫生。

4）礼貌问路。问路要用礼貌用语，可以这样说："先生（女士），对不起，我可以向您问个路吗？"也可用"请问""劳驾"等词开头。俗话说"走路叫声哥，少走十里多"，所以称呼一定要恰当。对方回答你之后，不论自己是否感到满意，都应诚恳地说声"谢谢"。另外骑车者问路要下车后再问。

5）不要围观。街头围观是一种极不文明的行为。有位作家说过："好教养不是表现在不把佐料碰翻在桌布上，而是表现在别人碰翻的时候自己不去看。"行路时，遇到交通事故、他人争吵等现象都不要去围观。

6）切莫张望。一个人独自在街道上行走，行进的路线要径直。若非寻觅遗失之物，切莫在行进中左顾右盼，东张西望，也不要从右边走到左边，再从左边走到右边。不然的话很可能会阻挡后边的行人，也可能会被他人觉得行迹可疑。

7）正确挽手。如街道上行人较多，则行进中的夫妻和情侣最好不要挽手而行。如行人较少，则可挽手。正确的挽手姿势应是女士挽着男士的手，而不是男士挽着女士的手。若非女士体力不支，男士最好不要搀着她在街上行走。

8）留神碰撞。人们在行走中常常提着东西，要留神不要让自己提的东西阻挡或碰撞了他人。提东西一般用右手，最好不要左右开弓。如一群人并行，则提东西的人应走在外侧。

9）忌窥私宅。途经临街的私人住宅时，不论其中有人或无人，均不能扒在门口或窗口向内观望，也不要逗弄他人的宠物。

（2）男女同行应注意的礼节

1）外出行路时，男性一般应走在女性的外侧，以防汽车及其溅起的泥浆。两位女子与一位男子行路，最好不要将其夹在中间，否则，男子左右兼顾不及。女子白天行走应少挽男子的胳膊，除非年事已高或身体虚弱。晚间女子下台阶或下坡时，最好挎着男子的胳膊，这不仅是礼节，也是出于安全的考虑。

2）进门时，如门开着，男子要让女子先走；如门关着，男子应把门推开先进去，然后用手拉住门让女子进来。当旋转门正在转动时，应让女子先进；如门未转动，男子应先进入旋转门内，使门慢慢转动，让女伴步入其后的隔间里。任何一个懂礼貌的人，无论男女，都会为紧随其后的人拉住门，让其先行，除非后边的人离得较远。

3）夫妻同行，妻子应走在丈夫的前面，但在不平坦的路上，应让男子先行；上车时，男子应为女子打开车门，下车时，男子先下，为女子拉开车门，男子随时给予女子必要的帮助。

4）坐电梯时，男子若站在门口不必躲向一旁让女子先走出。如女伴站在里面，男子应先在电梯外等候。

5）男女合用一把伞时，一般由男性执伞，如两人身高相差悬殊，女子应另执一把伞。男女拿伞都要小心，以免伞尖捅伤对方，伞折起后，应挂在胳膊上或提在手上，紧靠其旁，无论如何不要横握在手中，以免伞尖伤到他人。

2．文明行路

（1）行人要走人行道

城市道路一般分为机动车道、非机动车道和人行道。人车分流，各行其道，这是常识也是基本的交通规则。行人走人行道，可保证行人安全，同时可保证行车流畅，维护正常的交通秩序。有的人有人行道不走，偏要走非机动车道，不仅妨碍交通，也很容易出现安全事故。

（2）红灯停绿灯行

绿灯行，红灯停，这条交通规则不仅是对车辆而言的，行人也应该遵守。在部分城市，许多人还没有养成遇到红灯停下来的习惯，看到红灯亮了，还要强行通过马路，这不仅会影响交通秩序，而且很容易发生交通事故。

（3）横穿马路要小心

在没有红绿灯的地方横穿马路应小心谨慎。安全的做法是：如一眼就能看清路上没有车辆通行或车辆较远时，就直行通过。如果路上车多，要先在路边暂停，先向左看，待确定没有车辆过来或车辆尚远后直行，走到马路中界线再向右看，如能确定没有车辆过来或车辆尚远就通过；如不能确定，要暂停，待确定能通过后再继续。过马路时，动作要迅速，不要拖延迟缓。任何时候都要注意，不要没看清路上车辆行驶情况，便突然起跑横穿马路，特别注意不要从车辆的后面突然起跑横穿。

3．特殊场合行走礼仪

在医院、办公室、会议室、实验室这些特殊场合行走，要控制脚步的轻重，尽量不发出声音，以维护这些场合肃静的气氛和安静的环境，不影响病人的休息和他人的工作。忌穿钉有铁掌的鞋子。上下楼道尤其是夜深人静时，也要注意脚步不能太重。

● **知识链接 7-1**

文明行路“十不要”

一不要横冲直撞，逆向而行；二不要翻越护栏；三不要嬉戏打闹，你追我赶；四不要边走边舞弄或抛玩手里的东西；五不要在大街上狂奔大叫；六不要几人横成一排，见人不让；七不要勾肩搭背，歪歪扭扭；八不要边走边吃或东张西望；九不要践踏草坪，攀折树枝花木；十不要随地吐痰，乱丢废物。

二、乘坐汽车礼仪

荀子说过：“人无礼则不生，事无礼则不成，国无礼则不宁。”精辟阐明了“礼”对社会生活的重要性。在公众场合，不懂礼就会失礼，失礼会令宾主双方都难堪。要懂礼，必须加强对礼仪相关知识的学习。

1．轿车

（1）出租车

出租车可以预约，也可以随手拦。拦车时要保持风度，叫车时要考虑到司机停车的方便与交通规则，不要大声叫喊，也不要不停地大幅度挥手。等出租车司机可以看到时，再用手缓缓摆动一到两次就可以了。若是与男士同行，座位是男左女右，男前女后；几个人同行时，应该争坐前座，因为前座便于付款。单独坐出租车时，不要坐在司机旁边的座位。

（2）私家车

如果乘坐别人的私家车，一般情况下要坐在前面，便于交流。要是坐在后座，应该尽量不与司机说话。

（3）公车

如果是公车接送的话，首先表示了对方的尊重。这时首先要等待别人帮忙开车门，上车一定要坐在后座，特别是车上只有你与司机两人时，不要与司机平坐在前座，在车上尽量不要多说话，不要找司机搭话，问这问那。到达目的地时，下车后可以对司机说声“辛苦了，谢谢”。

2. 公共汽车

（1）乘坐公共汽车的礼节

1）乘公共汽车必须排队上车，要帮助孕妇、老人和残疾人上车，不要以为自己有要紧事就可以不排队，急于冲上去抢座位的行为是极不文明的。

2）上车后应自动购票，不要等到售票员来找你。

3）遇到无座位的老人，年轻乘客应主动让座；碰到他人给自己让座，不能表现出心安理得的样子，要立即表示感谢。假若自己不打算去坐，则应有礼貌地向对方说明。

4）乘车时要以礼待人。不小心踩了别人，应马上道歉。被踩的一方也要显示出宽容的态度，不要张口骂人。

5）不要把提包或行李放在身边的座椅上，座位是坐人的，不是放行李的。不要将腿伸到通道上，以免妨碍别人上下车。

6）带孩子的妇女不要让孩子在车上小便，还要阻止孩子站立在座椅上。

7）在车上不要高声谈笑，即便你自以为讲的事情十分有趣，旁人也不一定想听，年轻人尤其要记住这一点。

8）在车上打喷嚏时一定要以手帕掩口。车上不许抽烟。在车上吃东西或随地乱扔垃圾，都很不文明。

9）情侣要明白车上也是公共场所，不能亲热过度。如两人都有座位，可让女士靠窗而坐。

10）附近如有乘客看书读报，不能伸过头去“凑份子”。

（2）乘公共汽车的一般规则

1）自觉遵守乘车管理规定，维护乘车秩序，举止文明，相互礼让。

2）在规定地点候车，按顺序上车，不强行上下。

3）乘车及时购票，主动出示车月票，接受查验。

4）不携带危险品或有碍乘客安全的物品、动物乘车。

5）保持站内、车内环境卫生，不喧哗，不吸烟，不随地吐痰，不乱扔废弃物。

6）爱护车站、车内设施，不蹬踏座椅，不乱写乱画，不损坏公物。

7）照顾老幼病残孕乘客，主动让座。不赤膊乘车。雨天乘车应脱掉雨衣。

8）协助乘务人员维护站内、车内治安秩序，与危害社会治安的行为做斗争。

（3）乘公共汽车携带物品的注意事项

1）带有气味或有汁水之物要妥善处理后才能上车，必须包装好，防止气味、汁水外漏。

2）带尖利的东西上车很容易刺伤别人或造成别人精神上的紧张，一般不要带上车。有些女性喜欢在乘车时织毛衣，毛衣针在晃动的车箱里很危险，特别是刹车时，很难控制，容易伤人，应当注意。

3）过大的物件不要带上车。如果将过大的物件带上车，会妨碍别人上下车，也难以疏导乘客。所以，有大件物品最好单独雇用车辆。

4）下雨天雨具应妥善处理。一般不要穿着雨衣上车。在车到站时，应先收好雨伞，低垂着放在靠边的地方。如果条件允许，可以随身携带一个塑料袋，将湿伞装进袋中，避免弄湿他人。尤其要防止伞尖刺伤别人。

5）鞭炮、焰火、汽油、煤油等要自觉不带上车，以维护乘车安全。

三、乘坐火车、地铁的礼仪

1．乘坐火车的礼仪

伴随着铁路的发展，人们的出行越来越方便。相应地，文明乘火车礼仪也在发展。乘火车出行时应遵守以下礼仪要求。

1）乘坐火车若有同行者，男士或年轻者应首先上车，找好座位，放好行李之后，再回头帮助女士或长者上车。下车时也应由男士或年轻者开道。

2）登上火车后．不能见座就座，更不能抢座。若无须对号入座，且遇上两个并排的座位早已坐着一个人，那么在就座前应有礼貌地征得对方的同意，待其允许后，方能入座。去餐车就餐时，寻找座位也应该这么做。

3）进入车厢后，无须向在座的人做自我介绍，客客气气地向临近的乘客点头致意就行了。临别时应当向其他乘客说声再见，不过千万不要要求别人留下联系方式。

4）在车上可以与其他乘客交谈，但应以不妨碍他人为宜。不要信口开河，传播小道消息，也不要打听他人的年龄、婚姻状况、收入等个人隐私。

5）假如身旁的乘客正在阅读书刊或闭目养神，就不要大声谈笑或自言自语，以免干扰别人。未经允许，不要取阅他人的书刊，也不要悄悄凑过去与别人同看一份报纸。可等对方看完放下时轻声询问是否可以借阅。在火车上吃的东西，最好不要带刺鼻的气味。果皮、纸屑不要随手乱扔，投到窗外更不可取。许多国家的客车车厢分为准许吸烟和不准许吸烟，切莫对禁止吸烟的告示熟视无睹，因为有的国家明文规定对违反规定者严加惩处。在车上最好不要吸烟，即使征得他人同意后再吸烟也是不礼貌的。

6）孩子在火车上的表现几乎就是其父母教养的写照，要管教孩子不乱拿乱抓他人的物品，即使别人说“没关系”也是不可以的。要使孩子养成习惯，大小便一定要去洗手间解决。

7）晚间进入客车包厢，如遇他人正在宽衣就寝，应当到走廊中小候片刻，不要去注意他人睡前的准备和睡相。自己脱衣就寝时，应背对其他乘客，日间换衣服则应去洗手间。女士一定不要当着其他人的面化妆或整理衣裙。

8）车上再热也不能打赤膊，不要穿背心、短裤和拖鞋上车。有人乘火车一坐下来就脱鞋或把腿伸到对面坐椅上去，这些都是很不文明的。

2．乘坐地铁的礼仪

地铁是一项服务大众、帮助缓解地面交通拥挤问题的公共设施。作为地铁乘客，应该自觉维护公共设施，遵守公共场所秩序。

1）配合安检，不带违禁物或过长、过大物品上地铁。候车时，应该注意自己的言行举止，不要在站内大声喧哗，不要在站台上奔跑。

2）站在黄线后候车。按照规定，候车时应该站在黄线后面，遵照“按线候车”的规则，切勿越过黄色安全线。应注意站在屏蔽门前的绝缘板外，当屏蔽门的指示灯闪烁时不要上下车。遵守“按线候车、排队上车、先下后上、有序乘降”的文明礼仪规范。

3）有序上下。自觉先下后上，不挡道，不争抢座位。如果遇到老人、病人、残疾人、孕妇和带小孩的妇女，应该礼让。

4）乘车时不要倚靠车门，随身携带的行李不要妨碍他人。乘坐地铁发生紧急情况时，应保持镇静，不得擅自打开车门或强行下车。地铁发生停电或中途停车，不要慌乱，更不能制造紧张气氛，应听从指挥并自觉维护秩序。

5）乘坐自动扶梯时，应特别注意安全警示语和标识，遵守规则，文明乘坐，共同维护公共场所的安全秩序。

● **案例解读 7-1**

地铁礼仪您遵守了吗？

文明程度体现在细节上。现如今，地铁已经成为大都市市民出行必不可少的交通工具之一，在乘坐地铁时应注意文明守礼，否则极易发生事端。不得随地吐痰、乱扔果皮纸屑，主动给老弱病残孕让座，这些规则已为大多数市民所认同，大多数市民也都能遵守规则，自觉维护公共环境卫生和秩序。但与此同时，在不为人所注意的细节上，仍有一些礼仪没有被广泛熟知和遵循。

在地铁站上下的电动扶梯旁，都有醒目的“靠右站立，握紧扶手”黄色标语。在国内外的很多城市中，乘坐电动扶梯时遵循“左行右立”的规则，已经成为了一个惯例。据了解，所谓“左行右立”，是指在乘坐自动扶梯时，乘客自觉靠右站立，在左侧留出一条通道，以便有急事的人能顺利从一侧步行上下。而记者在很多地铁站发现，每当一趟列车到站时，往往有较多的下车乘客搭乘扶梯上行出站，但大多数乘客都在扶梯上随意站立或并排站立，并无人刻意靠右。

在采访中，有不少市民向记者表示，在乘坐地铁的过程中，不少细节之处都能体现出乘客的素质。有的人一上车，就全身倚靠在车厢中部的立柱上，把整个扶手霸占得死死的，别人根本没有抓扶的空间。在临近终点人少时，还有个别乘客在椅子上躺卧，姿势十分不雅，也是对他人不尊重、不礼貌的表现。

四、乘船礼仪

在江河湖海之上旅行，需要乘坐客轮。要是单纯为了观光游览，还可以乘坐专门的邮轮或游艇。乘坐客轮较飞机、火车或公共汽车而言，来得更加安全、舒适，而且有很大的活动自由，所以被认为是一件富有诗意的事情。然而要想真正地在客轮上过得心情舒畅，这就要求每一位乘客都必须以礼待人，遵守社会公德。

1．乘船的一般礼仪要求

1）买票排队上船，对号入座或找到相应铺位。一般船上的扶梯较陡，走道较窄，年轻人或男士应留意照顾女士、老人、儿童和残疾人。

2）不能在舱内的走道和甲板上奔跑追逐，风浪大时要防止摔倒，不要随意触摸船上的各种开关和设施。

3）船在航行时，白天不要在船舷上舞动花衣服和手绢，晚上不要拿手电筒乱照，避免被其他船只误认为旗语或信号。

4）不要在客房大吵大嚷。

5）晕船呕吐去卫生间。

6）遇上景点拍照不要挤抢等。

7）另外要注意船上的忌讳，如不要谈及翻船、撞船之类的话题，不要在吃鱼时说“翻过来”或说“翻了”“沉了”之类的语言。

2．乘坐客轮的礼仪

1）客轮的舱位是分等级的。我国的客轮舱位大体上分为特等舱、一等舱、二等舱、三等舱、四等舱、五等舱几种，并实行提前售票，对号入座，每人一个铺位。游览船或游艇也实行对号入座。所以乘客上船时不必争先恐后，而应有秩序地排队上船。有的船上扶梯比较陡，也比较多，所以男士或年轻人应留意照顾同行的女士或老年人，可令其走在自己前面，以利保护。

2）购买散席票的乘客，要听从工作人员安排，不要任意挑选和挪动铺位。没有乘船经历的人，不要一上船就急于四处张望。注意不要到特等舱、一等舱、二等舱等设施较好的客房去探头探脑。凡标明“旅客止步”的地方，多为船员工作或休息场所，因此不要去妨碍人家。船上各种各样的电路开关很多，禁止随意触动。

带小孩的乘客要注意孩子的安全，不要让他跑来跑去，也不要让他随地大小便。在客房里吸烟是不礼貌的，晚上躺在床铺上吸烟，还容易引起火灾。乘客实在想要吸烟的话，最好到甲板上去。如果晕船，应立即吃一些晕船药。要吐的话，应该到洗手间去，不要吐在舱内或甲板上。

3）在航行中应遵守有关规则，不要因无知而制造麻烦。白天舞动花衣服或手帕，会被其他船只误认为在打旗语；晚上拿着手电筒乱晃，也有可能被当成灯光信号；雾天能见度很低，船员有时要凭借耳朵来听清楚周围的动静，此时不宜大声喧哗，也不能在甲板上听收音机或录音机。如果自己住的客舱里还有其他乘客，可与之交谈或一同走上甲板散步。不要任意翻动同房乘客的东西，也不要盯视人家的睡相。

4）去别的客房串门，最好事先约定，不要不约而至。进门时要敲门，行走中步伐不要太快，否则会给人以横冲直撞或事态不妙的感觉。

5）大型客轮犹如一座水上的小城，它的服务设施齐备，有餐厅、阅览室、医务室、歌舞厅和小型电影院，等等。去这些地方消遣，不要不拘小节。例如在餐厅里找座位，看到一张桌子边还有一个空位，不要去了就坐，而要有礼貌地向在座的人问好，并经过允许后才能入座。在娱乐室和歌舞厅里，不要纠缠异性，或者恶语伤人。不要赤身露体地出现在大庭广众之前。

6）出入舱口或在甲板上漫步之时，要为女士或老人让路，也不要与同性或同龄人争抢道路。不要在舱内的走道上或甲板上唱歌或大声说笑，也不要四处追逐，忘乎所以。对船员要友好，对其摆架子只能说明自己没教养。

7）船到码头，亲人在望，急于下船的心情是可以理解的，但也要有秩序地排队下船，不要抢先拥挤。男士或年轻者可以走在前面，以帮助同行的女士或年长者下船。

● **案例解读 7-2**

乘船兴奋晃衣服被误解

“有一年，我去三峡玩，头一次乘船，兴奋得不得了。”小张称，他们几个人站在甲板上高兴得又蹦又跳，“当时有一艘船远远地开过来，我们几个无聊，就拿起脱下来的外衣又晃又跳希望引起那艘船的注意。”小张说，一开始，那艘船上根本没人搭理他们，但是不多会儿就有几个人上了甲板，又过了一会儿，竟然有人拿起旗子冲着他们挥舞。“我们一看有人打招呼，都乐坏了，更是起劲摇晃手上的衣服。”当时他们哪里知道，他们正在给大家添麻烦！两分钟后，几个船员冲上甲板，一把夺过他们手上的衣服。几个人被吓了一跳，愣在了当场。原来，他们几个人只顾高兴在甲板上拿着衣服乱挥舞，另外一条船以为他们遇上了麻烦，在用旗语求救。

五、乘机礼仪

飞机以其舒适、便捷的优点成为现代人所青睐的交通工具。由于人民生活水平的提高，飞机逐渐成为大家普遍采用的交通工具之一。乘坐飞机，就要了解飞机上的有关礼仪知识，遵守有关的乘机礼仪。

- **案例解读 7-3**

飞机上脱鞋睡觉不雅观

小陈一次坐飞机的经历让她至今说起来都牙根痒痒。“从西安到北京的飞机，我坐在窗边，旁边坐了两位中年男子。”小陈称，刚一上飞机这两个人的大嗓门就让她有点儿震惊，但是想着当时大家都在放行李比较乱，也没在意。谁想飞机起飞以后，两个人开始在旁边高谈阔论，声音丝毫不比一开始低。“原本想在飞机上小睡一会儿，结果根本没法睡。”小陈说。这还不算，两人吃完东西之后准备睡觉，其中一人竟然脱掉了鞋子！“我在他们的鼾声、脚臭中度过了一个小时。现在想起来都觉得很气愤。”

1．乘机的准备

（1）打点行李

因为飞机载重有限，故对乘客所携带的行李有明文规定。收拾行装时，应对此应有所了解，并比照办理，以防届时手忙脚乱，因行李不合规定而耽误行期。

（2）登机的手续

我国规定，旅客必须在机票上列明的航班规定离站前 90 分钟到达指定机场，办理登机手续。在航班规定离站前 30 分钟，登机手续将停止办理。此刻抵达机场者，将难以登机。

1）换登机牌。每位乘坐飞机的旅客在登上飞机之前必须在机场内的指定地点换取登机牌，然后凭登机牌登机。直接手持机票登机是不可能的。

2）接受安检。为了保证国家财产和旅客人身安全，每位乘客在登上飞机之前，均须接受例行的安全检查。安检的对象是所有乘客及其随身携带的行李物品。

2．飞行途中的礼仪

乘坐飞机期间，要注意约束个人行为，在严格要求自己、尊重乘务人员、善待其他乘客等诸方面做到合乎礼仪规范。

（1）要尊重机组人员

登上飞机之后，即应对乘务人员平等相待，要尊重、支持、配合对方的工作，不要故意为难对方。

1）要回答乘务人员的问候。上下飞机时，均有机组乘务人员在机舱门口列队迎送。当对方主动打招呼、道问候时，不要置之不理，而应予以友善的回应。

2）要感谢乘务人员的服务。每逢乘务人员送来饮料、食物、报刊，或是引导方向、帮助搬放行李时，要主动向对方说一声“谢谢”，不要熟视无睹，安之若素。按照惯例，在任何情况下，空中小姐或机组其他成员都是不收小费的，所以即使你乘坐的是国际航班，也不要给小费，你只要由衷地说声“谢谢”，并报之一个友善的微笑，就足以表达你的谢意了。

3）要服从乘务人员的管理。飞机升空或降落前，乘务人员都要巡视、检查每位乘客的安全带是否扣好、座位是否端正、身前小桌是否收起，此刻务必服从其指挥。对其他方面正确的管理，也要无条件服从。

4）要体谅乘务人员的难处。万一遇上飞机晚点、停飞、返航或改降其他机场，应从大局着眼，不要拿乘务员出气。尤其是不要骂人、打人、侮辱人，更不要动辄聚众闹事，甚至拦截飞机起飞，或是飞机降落后拒绝下飞机。不要因为细枝末节，而向乘务人员大发脾气或使用武力。

5）要减少乘务人员的麻烦。乘务人员的工作很辛苦，因此尽量不要给他们增加麻烦。不要动不动就摁呼叫按钮，让他们跑来跑去。不要跟漂亮的空中小姐插科打诨，动手动脚，要自尊自爱。对乘务人员信口开河，危言耸听，只会惹火烧身，须切记。

（2）要严于律己

在任何情况下，严以律己、宽以待人都是做人的美德。乘机之时自然也不能例外。要特别牢记在以下几方面。

1）不要衣冠不整。在飞机上穿的衣服应该比在火车上穿的讲究，要干净、整洁。如果在机舱内感到闷热，可以打开座位上方的通风阀，也可以解开外衣或将外衣脱下来，但不可脱得仅剩下内衣，更不要打赤膊。要更换衣服，请上洗手间。

2）不侵占别人的位置。上飞机后，即应在属于本人的座位上就座。不要前去高档座舱或空闲的座位抢占不属于自己的位子。坐好之后，腿、脚不要乱伸，尤其是不要伸到通道上或是别人的座位上。不要将自己的行李放到他人的行李箱里，或是他人的座位底下。

3）不乱占小便宜。不要贪图小便宜，顺手牵羊，偷拿不属于自己的公用物品。例如，进餐所用的刀叉、阅读用的书刊、洗手间里的卫生纸、座位底下的救生衣、座位上方的氧气面罩，等等，均不可取走。否则既不讲公德，还有可能触犯法律。

4）不乱动乱摸。对于机上的一切禁用之物、禁动之处，都要“敬而远之”，不可出于好奇，而乱摸乱动，甚至因此而危及飞机上全体乘客的生命安全，这一点，尤为重要。

5）不使用违禁物品。在飞机上切勿吸烟。此外还要牢记机上禁用移动电话、激光唱机、手提电脑、调频收音机、电子游戏机以及电子玩具等有可能干扰无线电信号的物品。切勿冒天下之大不韪，“铤而走险”，危害自己和他人的生命安全。

6）不破坏环境卫生。在飞机上绝不能乱扔、乱吐东西。万一因晕机而呕吐，应使用专用的呕吐袋。不要当众更换衣服。不要脱去鞋袜，“散发”脚臭。

（3）要善待乘客

在飞机上跟其他旅客应当和睦相处，友好相待。不要妄自尊大，目中无人。

1）不要不守秩序。在上下飞机以及使用卫生间时，假如人数较多，应自觉排队等候。不要不守秩序，不讲先来后到。下飞机之后领取本人行李时，也要注意这一点。使用公用物品时，要尽量快一些，以方便后来者。

2）不要高声谈笑。在飞机飞行期间，尤其是在夜间飞行时或身边有人休息时，切勿喋喋不休，高谈阔论，影响其他乘客的休息。

3）不要吓唬别人。与周围人交谈片刻是允许的，但不要谈论有关劫机、撞机、坠机一类的不幸事件。不要对飞机的性能信口开河，随便乱讲，从而增加他人的心理压力，制造恐慌。

4）不要令人不适。不要在飞机上反复打量、窥视其他乘客，对外国人以及女士，尤其不应当这样做。这种失礼的做法，往往会无意之中令对方感到不适。没事不要到处乱走瞎逛。

5）不要摇摇晃晃。在座位上休息时，不要晃动不止，摇摇摆摆，自己可能自得其乐，他人却因此受到妨碍。不要把椅背调得太靠后，从而使身后之人活动不便。不要反复把身前的小桌支起来、放下去，让身前之人由此大受“牵连”。

- **案例解读 7-4**

两醉汉大闹天宫，瑞士航空两百乘客无奈返航

瑞士航空公司发言人当地时间2012年9月3日称，9月2日，两名前后座的中国男性乘客在从苏黎世飞往北京的LX196航班上，因座椅向后调整问题大打出手，还打了劝架的乘务长，致飞机被迫返航。据悉，这架空客A340飞机上载有200名乘客，返航时已飞行超3小时，到达莫斯科附近。两名斗殴的中国男子分别为29岁和57岁，被警察带走后移交苏黎世警方。据相关消息，因没有受到其他乘客的起诉，两人已被释放。

3．停机后的礼仪

1）要等飞机完全停稳后，乘客再打开行李箱，带好随身物品，按次序下飞机。飞机未停妥前，不可起立走动或拿取行李，以免行李摔落伤人。

2）国际航班上下飞机要办理入境手续，通过海关便可凭行李卡认领托运行李。许多国际机场都有传送带设备，也有手推车以方便搬运行李。还有机场行李搬运员可协助乘客。在机场除了机场行李搬运员要给小费外，其他人不收小费。

3）下飞机后，如一时找不到自己的行李，可通过机场行李管理人员查寻，并填写申报单交航空公司。如果行李确实丢失，航空公司会照章赔偿。

任务二　其他公共场所礼仪

公共礼仪除了要讲究出行礼仪外，在其他的公共场所同样要遵守一定的行为准则和规范，才能体现自己良好的礼仪素养和文明程度。

- **案例解读 7-5**

机会从尊重别人开始

有一位女士带着孩子去公司，孩子一直流鼻涕，她就拿出纸巾给他擦鼻涕。擦完鼻涕随手便把纸巾丢在了干净的地上。这时在旁边打扫卫生的老人走过来把纸巾捡起来放进了垃圾桶，什么也没有说。

女士又把一张纸丢在地上，老人还是静静地把它捡起来放进垃圾桶里。当女士第三次把纸巾丢在地上时，老人依然没有说什么就把它放进垃圾桶里面。

可这位女士瞥了一眼老人后对儿子说："如果你不努力学习，长大后找不到工作就只能像那个人一样，要干这些肮脏的活，被人瞧不起！"

老人上前问道："这里是××公司，只有公司职工才可以进来，请问您是怎么进来的？"妇女很自豪地说："我就是营销部的经理！"

老人听了，拿出手机拨了一个电话，随后便走出来一位青年。老人说："我建议你重新考虑一下营销部经理的人选是否合适。"青年尊敬地回答："好的，我会慎重考虑您的建议。"

原来，这位老人竟然是公司的董事长。最后老人蹲下来，微笑着对小孩说："孩子，人不光要懂得好好学习，更重要的是要懂得尊重你身边的每一个人！"

不要戴着有色眼镜看人，学会尊重身边的每一个人。不要认为在他们面前没有必要表现高雅，也没有必要体现修养，说不定某天你的恶劣行为就会被那些对你来说很重要的人看到。

人生处处是考场，讲究公共卫生，尊重他人，不要有任何侥幸心理！

一、影剧院礼仪

随着人们的物质生活水平的提高，越来越多的人开始注重精神上的享受。到影剧院看电影、戏剧，是一种高尚的娱乐和追求，观众应当在高度文明的环境中观看演出，每位观众都应当遵守影剧院里的公共秩序，讲究文明礼貌。

1）观看文艺演出和高雅、高规格的演出应做到仪表整洁得体。男士可着西服或礼服，女士也应着正规套装或礼服。即使天气炎热也不应袒胸露腹。

2）如果是专场演出，一般由普通观众先入场，嘉宾在开幕前由主办方陪同入场。此时，其他观众应有礼貌地起立鼓掌表示欢迎。

3）观看演出时，应提前入场，不应迟到。如果迟到了，尽可能放轻脚步，通过让座者应与之正面相对，切勿让自己的臀部正对他人，同时应向被打扰的周围观众轻声致歉，对起身礼让的观众致谢。

4）入座后，戴帽的应脱帽，不应左右晃动，影响他人的视线，同时，也不应把身旁的两个扶手都占用了，因为身边的人也有权使用它。

5）在演出进行中，不可抽烟，不可进食。携带手机的应将其关闭，如有规定不能摄影，则应按规定行事。与恋人一起观看影剧时，不应有过分亲昵的举动。

6）当演出出现精彩之处是，可以通过鼓掌、喝彩等形式表示敬意，但应把握好分寸。不应用吹口哨、怪叫、跺脚等方式宣泄情感。若演出中出现一些故障或特殊情况应采取谅解的态度，不应喧闹、怪叫、起哄。

7）演出未结束，若有急事需中途退场，应轻声离座，并尽可能地利用幕间退出。否则既影响别人观赏，也是对演员的不尊重。演出快结束时，不能为抢先出场而离座，应在演出结束后依次退场。

8）给演员献花，一般在演出结束或演员谢幕时献花。请自己喜爱的演员签名也应分场合和情况，缠住演员不放是很失礼的行为。

9）演出结束后，观众应起立向演员热烈鼓掌，对他们表示感谢。在演员谢幕前便匆忙离去是对演员不礼貌的行为。如有贵宾在场一般应待贵宾退席后再有秩序地离开。

二、文艺晚会礼仪

文艺晚会是指晚上举行的以演出文娱节目为主要内容的群众聚会,属于大型公关活动,场地大，人数多，要求特殊。晚会的主要组成人员有主持人、演员、观众，这三种人都应该各自遵守相应的礼仪。

1．晚会主持人礼仪

一个人不能少了灵魂，一部电影不能少了导演，同样，一场晚会也不能少了主持人。在晚会中主持人需要带动现场气氛，激发表演者的创新能力，更要调动、感染观众情绪，使嘉宾、观众融入到晚会主题氛围当中。主持人要具备良好的外形条件和清晰的口齿，音色悦耳，思维敏捷，反应快速，要根据晚会主题的具体要求来选定主持人。而晚会过程中，主持人的礼仪就更加重要，主要分为以下几点。

1）主持人应衣着整洁，大方庄重，精神饱满，切忌不修边幅，邋里邋遢。男主持人应以整理发型和修面为主。女主持人可以浓妆，服装、配饰可华丽典雅。走上表演台男主持人应步伐稳健有力，女主持人应步伐轻盈，行走速度应由晚会性质而定，一般来说，气氛热烈的晚会步伐应慢一些。

2）站姿方面，站立主持，应双腿并拢，腰背挺直，男主持人“小八”字站姿，女主持人“丁”字步站姿。持稿时，右手持稿底中部，左手五指并拢自然下垂。双手持稿时，应与胸同高。坐着主持时，应身体挺直，双臂前伸，双手请按于桌沿。报幕时要注意向观众行礼。15°鞠躬礼或点头礼。主持过程中，切忌出现搔头、揉眼、抖腿等不雅动作。

3）主持人应口齿清楚，思维清晰，讲话抑扬顿挫，缓急有度，简明扼要。

4）主持人应根据晚会实际情况、节目类型来调动观众气氛，或庄重，或活泼，或幽默。

5）主持人见到场上有熟人不能打招呼，更不能寒暄，在休息时间可以微笑点头致意。

可见，晚会对主持人的要求是异常严格的，主持人礼仪的表现，恰恰是一场晚会素质高低的体现，主持人可谓是晚会的灵魂人物。

2．晚会演员礼仪

一场晚会好不好看，最关键的就是晚会节目如何，而节目就是演员来表演，演员在舞台上的一举一动代表了演员素质的层次水平，也代表了晚会的节目质量水平。

演员在晚会上礼仪如何，最重要是要做到以下几点。

1）尽心表演。恪尽职守，发挥正常，格调高雅。

2）尊重观众。演员能否尊重观众常常比演技更能受到观众欢迎。

3）善待同行。与同行相互支持，积极合作，齐心协力把晚会办好。

所以演员应该提高自身修养，规范言行，知“礼”晓“义”，在表演中结合自身专业表演特点的需要，做好舞台礼仪的工作，以期演出成功。

3．观众要注重的礼仪

（1）着装礼仪

观众要根据出席晚会的具体形式来选择着装，或庄重严肃，或活泼轻松。观看戏剧、舞蹈、音乐或综合性晚会适宜穿正装、连衣裙。衣着总体要求干净整洁，绝对不能穿背心、拖鞋、短裤，更不能赤膊或者赤脚。

（2）入场礼仪

一般情况下，在演出开始前一刻钟左右，观众即应进入场所。观众提前入场，一方面是为了观众自身着想，因为这样一来，可留出多余时间与亲友会合，领取节目单，存放衣帽，寻找座位，熟悉环境。另一方面，起到维护演出秩序的作用。演出一旦开始，观众若随便进出，会影响其他观众，也是对演员的不尊重。有特殊情况不得已迟到，入场时一定要放轻脚步，旁边观众协助自己入座时一定要致谢。

（3）就座礼仪

一般来讲，观众应尊重组织者的安排，持票排队入场，凭票按号入座。在寻找自己的座位时。若有领位员在场，最好请其带路或予以指点。若无领位员，自己最好从左侧向前行进，逐排寻找。千万不要为省时省事走捷径，从别人座位上踩过或跨过。走向自己座位的路上，也要有礼貌地向已落座的观众说对不起，尽量不要与其他观众有身体接触。如果自己座位上已有别人，切不可争执，应主动出示自己的门票，必要时请工作人员处理。落座时要优雅，不能弄出咯吱的响声，不能东倒西歪，前仰后合。一旦落座不能随意进出，轻易不可与其他人调换座位。

（4）观看礼仪

参加晚会主要是观看演出。观看演出时注意不能影响演员也不能影响其他观众。观众要全神贯注、专心致志。不要交头接耳，切不可大声评论，最好也不要与同伴窃窃私语，语言要文明，但也应适时对同伴给予照顾。尽量不要使用通信联络设备，进入会场后，手机最好关机，至少一定调至静音或振动模式。不进食吸烟，绝对不可在演出现场大吃大喝，也不要吃带壳的食物，或者是易拉罐之类的饮料，这些都可能成为噪声之源、垃圾之源。不要心不在焉，看报纸、看杂志、听音乐，做自己的事都是不礼貌的行为。不要随便走动，去卫生间一定要低头弯腰尽量不要打扰别人。不影响他人，不要戴帽子，也不要开闪光灯、快门声拍照。

（5）鼓掌礼仪

晚会过程中一定要支持演员，也要学会如何支持演员，鼓掌是最重要的表现方式之一。演员登台、表演结束或演完退场时，观众要给予热烈友善的掌声，以表示欢迎或者感谢。只有演出结束后，观众全体起立，才可以有经久不息的掌声。也要分演出形式适时地鼓掌。节目不好或者不喜欢的演员，切忌不要轻易喝倒彩，吹口哨，这是极其不礼貌的事情。

（6）退场礼仪

在观看演出时，通常不允许观众提前退场。只有当演出结束后，观众才可以有秩序地退场。退场时不要制造混乱。晚会结束时通常请嘉宾先退场，观众切不可立刻离开。做文明观众是个人素质高低的重要体现，观众是一场晚会成功的关键，没有观众晚会就失去了意义。

三、舞会礼仪

舞会既是重要的社交活动，也是培养文明礼貌、陶冶情操、进行自我审美教育的场所。

1. 舞会组织的礼仪

舞会通常安排在晚上举行，它可以作为一次单独活动，也可作为宴请之后的余兴。交谊舞会除以跳舞为主要内容外，还可穿插安排短小精悍的文艺节目和游戏等。舞会的组织工作相当重要，被邀请的男女客人人数要大体相等，对已婚者一般要邀请夫妇双方。舞会场地应宽敞，环境布置应雅致、美观。正规的舞会应安排乐队演奏，乐曲的强烈节奏和舒缓节奏应适当搭配。

举办舞会时，可备咖啡、茶、三明治、点心等食品和饮料，以便客人休息时随时选用。

按照惯例，第一场舞由主人夫妇、主宾夫妇共舞（如夫人不跳，也可由已成年的女儿代替）。第二场舞由男主人与主宾夫人、女主人与男主宾共舞。舞会上，男主人应陪无舞伴的女宾跳舞或为她们介绍舞伴，并要照顾其他的客人。男主宾应轮流邀请其他女宾，而其他男宾则应争取先邀请女主人跳舞。男子避免全场只同一位女子跳舞。

2. 邀舞礼仪

男士应主动邀请女士跳舞。在关系很熟，或者需要邀请长者或贵宾时，也可以由女士邀请男士。男士应当在女士面前发出邀请，站在侧面则显得过于随意。被邀请者最好不要拒绝，如果有不便可以礼貌地婉言拒绝。

在正常情况下，两个女性可以同舞，这意味着她们现场没有舞伴。两个男性却不能共舞，因为这意味着他们不愿意向在场的女士邀舞，这是对女性的不尊重。

3. 共舞礼仪

在跳舞的过程中，如一方因为某个动作跳得不准确，步法乱了或不在节拍上，发生踩脚之类的事情时，另一方应诚挚地向被踩者说道歉，对方也应该说声“没关系”，或说“从新开始跳”，这样可以缓和气氛。当一首舞曲跳完后，男伴应先说声：“谢谢”或说“你的舞跳得太美了”女伴应答“谢谢”或“你带得太好了”之类的话语。

4. 拒舞礼仪

当有人邀请你跳舞时，如果决定拒绝邀请，则应落落大方地婉言相告，表现出良好的修养和高雅的素质。

一般情况下，女士最好不要轻易拒绝别人的邀舞。如果决定谢绝，则可委婉地表达说：“对不起，我累了，想休息下”或者“真对不起，我不会跳舞”，以此来求得对方的谅解。

已经婉言谢绝别人的邀请后，在一曲未了时，女士不应同别的男士共舞，否则会被认为是对前一位邀请者的蔑视。当女士已经拒绝一次男士的邀请后，如果这位男士再次前来邀请，在没有特殊情况下，不应再次拒绝，女方应愉快地接受邀请。

5. 其他注意事项

舞会是一个高雅、文明的社交场合，因此，除注意舞姿和仪表外，还必须注意以下几点。

1）舞会前不吃葱、蒜、韭菜等有异味的食品，不喝烈性酒。跳舞时，口里不得嚼口香糖，不得抽烟、吃东西。

2）不要打嗝、咳嗽、打喷嚏，实在憋不住应用手帕掩住口部。也不要伸懒腰、挖耳朵、挖鼻孔或剔牙缝。

3）跳舞时，双方可低声交谈，但不宜高声谈笑，更不能大声喧哗。

4）不要询问陌生女伴的年龄与婚姻状况。

5）男女共舞时，男子不可当着一位小姐的面，夸奖另一位小姐如何漂亮动人。

6）在舞会如遇见熟人或朋友，应将舞伴介绍给对方，做简单的寒暄，不要过分热情，更不宜深谈。

7）跳完一支舞后不要立即用手帕擦手。

四、赛场礼仪

任何比赛，观众都是赛场的重要组成部分，没有观众，比赛也就失去了意义。观众观看比赛有两个层面的活动，一个是欣赏，欣赏运动员优美的技术动作，欣赏运动员之间的战术配合；另一个就是参与，观众在看台上摇旗呐喊，助威加油，场上场下融为一体。观众通过参与，宣泄情绪，获得满足。观众应该根据具体项目来文明欣赏和参与比赛，重要的是，在提高体育项目专业素质的同时提高文明素质。

1. 进场

在体育馆或体育场观看体育比赛时，要遵守公共道德，自觉维护秩序。观看体育比赛，应该准时入场，以免入座时打扰别人。入场后，应该对号入座。不要因为自己的座位不好，而占了别人的座位。

如果赛后你还有约会，想快点退场，你就应该在终场前几分钟悄悄走，不要等散场时，在人群中乱穿乱挤。

2. 比赛中

观看体育比赛时，要注意自己的言行举止。你的言行举止不仅是个人涵养的问题，也关系到社会风气。精彩的体育比赛振奋人心，欢呼和呐喊是很自然的事情。可以为你所喜欢的一方叫好，但不应该辱骂另一方。如果是精彩的场面，不管是主队的还是客队的，都应该鼓掌加油。

在比赛中起哄、乱叫、向场内扔东西、鼓倒掌、喝倒彩的行为，是违背体育精神的，更是没有教养的表现。在比赛的紧要关头，尽量不要因一时激动而从座位上跳起来，挡住后面的观众。要知道，越是关键的时刻，大家的心情越是一样的。

体育场内一般不许吸烟。实在忍不住，可以到休息厅或允许吸烟的地方去吸烟。如果喜欢吃零食，记得不要把果皮、纸屑随地乱扔。能产生较大噪声的零食最好别吃，因为会影响身边其他观众的情绪。看比赛的时候，不要带年龄太小的孩子去。小孩往往只有三分钟热度，很快就会对比赛失去兴趣，继而来回跑甚至哭闹。这样的话，很影响周围的观众。

观看体育比赛时的穿着，可以随气候、场所和个人爱好而定，但也要注意公共场所礼节。即便再热，不能只穿一件小背心，更不能光着膀子观看比赛，这样很不雅观。

在比赛中如果觉得裁判有问题，要按照程序向有关人员提出异议。谩骂、起哄，甚至围攻裁判都是不应该的。

3. 退场

散场的时候，要跟着人流一步步地走向门口。挤、推的话，可能谁也出不去，甚至还会出现踩踏事件。万一被推挤的观众围困，要记住“向最近的出口缓行”和“顺着人流前进，切勿乱钻”。

● 知识链接 7-2

赛场礼仪，你知道吗？

1．看花样滑冰

想在比赛中拍照的话，必须关掉闪光灯。花样滑冰比赛中，运动员经常会做一些高难度的动作，比如双人滑中的抛接动作，如果选手在做这些难度动作时被看台上的闪光灯晃了眼，就很有可能发生危险。

抛掷毛绒玩具等礼物和鲜花是花滑运动的一个惯例和习俗，但礼物和鲜花一定要用透明的包装纸包装严密，如果花瓣和细小的毛绒散落在冰面上，没有得到及时的清理，选手的冰刀滑到上面就非常容易发生危险。毛绒玩具往往是礼物的首选。

鼓掌和喝彩要选择合适的时机。当选手摆好开场姿势准备开始表演时，观众应该安静下来，以便选手进入比赛状态，当选手完成了高难度的动作之后观众可以给予掌声和喝彩。滑冰选手的最高荣誉是在节目结束后，全场观众起立鼓掌。

2．看网球比赛

网球赛场要求安静的观众秩序。进入网球赛场后，首先要关闭手机或者将铃声调成震动，比赛过程中不能大声喧哗，照相机不要关闭闪光灯。

即使选手的比赛打得再精彩，观众也不能在任何时间随意鼓掌喝彩，一定要等一个球死球之后再鼓掌或者喝彩，鼓掌的时间也要适可而止，因为选手在准备发球的时候现场要保持安静，如果现场迟迟不能安静下来，选手就不会发球或者向裁判提出抗议。

在网球比赛过程中，观众是不可以任意走动的，去洗手间或者买水等，最好在选手进行 90 秒休息的时候走动，在一个球成为死球的时候再回到座位上。

如果选手把球打到观众席上，观众应该将球退回去。否则，如果没到换球时间，比赛将会因此而中断，直到观众退回球或是等到换球时间。

网球比赛的换球次数是有规定的，一般为单数局换球，不同的比赛换球局会有细微的差别。在高水平比赛中，每个球的弹性以及和地面摩擦后掉毛的情况都是不同的，重量和弹起高度在高手眼中也是有差别的，所以比赛中选手会严格按照比赛的规定换球，中途一般不愿意换球。

3．看高尔夫球赛

高尔夫运动被称为贵族运动，不仅参赛的选手要穿专业的服装，在现场观看的观众也有一定的服装限制。在国外的高水平高尔夫球比赛中，有一个不成文的规定，就是进入高尔夫球场不能穿牛仔裤。另外，为了保护草坪，严禁观众穿着高跟鞋进入球场。

观看高尔夫球赛时不能进入选手比赛的球道，一般的比赛组织方会将观众区与比赛区分开，如果没有区分标志，观众也不要走到球道上。

有些对高尔夫球运动一知半解的观众在进场地观看比赛的时候，经常会做一些影响选手比赛的行为。比如在选手推杆的时候发出声响或者鼓掌。高尔夫球运动是一项相对比较“静”的运动，在选手准备推杆和推杆的过程中要绝对保持安静。所以，观众除了要把手机关掉或者将铃声调成震动外，也不能随意鼓掌喝彩。为了保持安静，比赛要求观众的相机除了不能使用闪光灯之外，快门也不能有声音。

任何情况下都严禁触摸、移动球员的高尔夫球。

4．看乒乓球、羽毛球比赛

运动员在比赛，特别是发球的时候，观众不能使用闪光灯给运动员拍照，不论是发球方还是接球方都会受到很大影响，尤其是接球员。

运动员在准备发球的时候，整个赛场应该保持安静，观众的助威呐喊和鼓掌应该在一个球死球之后才可以。运动员比赛时，观众不要随意走动，最好在比赛暂停或运动员休息的时候再走动。

观看羽毛球比赛同乒乓球比赛几乎一样，唯一不同的是由于羽毛球比赛场地相对比较大，对于观众走动的要求可以稍微放宽，但也不能过于频繁。

5．看击剑比赛

击剑是一项绅士、贵族运动。在观看击剑比赛时，应该注意两个方面的问题。

一是运动员比赛时，观众要保持安静。在击剑比赛过程中，运动员总会根据对方的特点选择出剑、进攻的方式，这时观众不应发出助威声，以便运动员更好地思考对策。

二是裁判发口令的时候，观众不能助威或鼓掌，以便运动员更清楚地听到裁判员发号的口令。裁判宣布开始比赛之后，观众要保持安静，等灯亮后，再鼓掌或者助威。

五、超市购物礼仪

超市拥有诸多优点，如宽敞舒适的购物环境，种类齐全、价格便宜的商品，“零距离”无障碍的购物方式……如今，超市已成为我们生活中不可缺少的一部分。但作为购物者，在超市购物时也应遵循相应的超市购物礼仪。

1）进超市购物，要按规定存包；进入超市除了钱包和女士的挎包可以带入超市之外，一般的包都应寄存于超市入口处的储物柜或者柜台。

2）购物时，若对已选购的商品觉得不需要或者感到不满意，应主动将其放回原货架区，不能随意放置。贵重商品应轻拿轻放，否则损坏之后是要照价赔偿的。

3）超市内的商品不能随意品尝、试用；超市里的商品都有明码标价，购物者在购买时应考虑清楚之后方可购买，不能对里面的商品随意的品尝或者试用。

4）付账时要自觉排队。商品选择好之后要到收银台自觉排队付账，切不可因为自己有急事就插队付账。

5）对售货员的热情服务要表示感谢。购物时，如果遇到态度不好的售货员，千万不要与其发生口角，必要时应当耐心、冷静地讲道理、说情况，如果售货员是个蛮不讲理的人，可以通过正规渠道投诉，请求帮助解决。

6）所有商品都要付账，不能为占小便宜而“顺手牵羊”。

情境实训与习题

一、思考题

1. 乘坐公共汽车应注意哪些礼仪？
2. 在晚会上，观众应该注意哪些礼仪？
3. 观看比赛时，怎样做一个文明的观众？
4. 舞会中应注意哪些事项？

5. 乘坐飞机应该注意哪些礼仪？

6. 购物时要遵守哪些礼仪？

二、情境实训

1. 让学生在特定的公共场所，记录自己看到的不文明的行为并加以分析。

2. 以4人为一组，用小品的形式展现公共场所常见的不礼貌行为。

3. 让学生充当晚会主持人，表现主持人应该注意的礼仪。

4. 以课堂小组为单位进行模拟场景的演练，教师展示乘车模拟情景，每组学生共同设计安排座位的方案，模拟乘车座次，上下车顺序，车内举止规范要求。教师指出每组演练的优缺点，对不足的地方能够进行修正演练。

三、案例分析题

有一次，丘吉尔准备去参加一个重要会议，司机早早去接他。偏偏那天丘吉尔心情特别好，想过把开车瘾，就和司机换了位置，自己开着车去会场。快到会场时，一个工作人员看到了丘吉尔在驾驶汽车，一下子神情慌张起来，跑到大会负责人那里，着急地说："坏了坏了，不知道来了什么大人物！"负责人很奇怪："为什么这么说？"工作人员说"丘吉尔为他开车呢！"

思考：

工作人员为什么神情慌张？丘吉尔的做法合适吗？

学习情境八 餐饮礼仪

● 学习目标

知识目标：了解宴会服务的类型，掌握座次、桌次的安排，掌握中西餐上菜顺序及餐具的正确使用。

技能目标：能够熟练掌握中西餐服务流程和礼仪。

能力目标：熟悉中西餐礼仪，能将餐饮礼仪运用到实际交往中。

● 导入案例

"高规格"的接待

功夫不负有心人！经过许久努力，某国外投资公司终于决定斥巨资来开发某地独特、优美的旅游资源。为了进一步落实投资事宜，投资公司派出以董事长为首的8人考察团来到某地实地考察。县政府非常重视这次考察活动，为表其合作的诚意，特意准备了一次高规格的宴请活动。此次宴会菜肴极其丰富，不仅有专门从海南空运过来的龙虾、鲍鱼，还专程从北京全聚德请来一级厨师备制地道的北京烤鸭，甚至还有当地特有的山龟等。为表示迎接队伍的气势，还派出100名陪同人员。开宴后，县领导致了热情洋溢的祝酒辞，希望合作愉快。但是外方考察团在参观完尚未开发的旅游资源后，虽然赞不绝口，却只是摇头表示遗憾，匆匆离去。面对这样的结局，县领导百思不得其解。

一次完美的宴请活动，需要组织者事先精心策划，从接待规格、人数到菜单制定等都应考虑来宾的工作习惯、生活喜好及避讳。因此，面对8人的外国考察团，某县领导的做法强调了"客随主便"的真诚，却忽略了宴请时"主随客便"的初衷，因此失去了展示独特、优美旅游资源及争取投资的大好机会。

宴请是指各类企业和机构或组织为了一定的目的而举行的宴请活动。随着我国对外开放程度的加强、市场经济的发展，宴请礼仪在社交活动中的作用越来越突出，已成为人们必须掌握的基本常识和基本技能。

任务一　宴会礼仪认知

一、宴会的类型

宴会种类复杂，名目繁多。从规格上分，有国宴、正式宴会、便宴、家宴；从餐别上分，有中餐宴会、西餐宴会；从时间上分，有早宴、午宴和晚宴；按性质分，有鸡尾酒会、冷餐酒会、茶会和工作餐等。

1．国宴

国宴是国家元首或政府首脑为国家庆典或为欢迎外国元首、政府首脑来访而举行的正式宴会，国宴在各类宴会中规格最高。宴会厅内悬挂国旗，设乐队，奏国歌，席间致辞，菜单和席卡上印有国徽。国宴盛大而隆重，礼仪严格。

2．正式宴会

正式宴会通常是政府或人民团体有关部门，为欢迎应邀来访的宾客或来访宾客为答谢主人而举行的宴会。正式宴会除了不挂国旗、不奏国歌外，其他程序大体与国宴相同，宾主依据身份就座。

3．便宴

便宴即便餐宴会，用于非正式的宴请。常见的有午餐、晚餐，有时也可以在早餐进行。便宴形式简单，不排座位，不做正式讲话。菜肴的数量也可多可少，质量可高可低，不拘严格的礼仪和程序，随便而亲切，多用于招待熟悉的亲朋好友。

4．家宴

家宴是在家中以私人名义举行的宴请形式。这种形式亲切友好，往往由主妇亲自下厨，家人共同招待。不讲严格的礼仪，菜肴多少不限，宾主席间随意交谈，轻松、活泼而自由。

5．茶会

茶会又称为茶话会，是一种比较简单的招待方式。多为人民团体举行纪念和庆祝活动所采用。举行的时间多在下午4时左右。茶会通常设在客厅，而不用餐厅。厅内设茶几、座椅，不排座次。席间一般只摆放茶点、水果和一些风味小吃。宾主共聚一堂，饮茶尝点心，形式比较随便自由。茶会对茶叶和茶具的选用应有所讲究，一般用陶瓷器皿，而不用玻璃杯。有时席间还安排一些短小的文艺节目助兴，使气氛更加喜庆、热烈。

6．鸡尾酒会

鸡尾酒会又称酒会，是西方传统的聚会交往的一种宴请形式，它盛行于欧美等国家和地区。鸡尾酒会举行的时间较灵活，中午、下午或晚上均可。鸡尾酒会规模不限，有时与舞会同时举行，灵活、轻松、自由，便于广泛接触交谈。招待品以酒水为主，略备小吃，一般不设主宾席和座位。绝大多数客人都站着进食，各界人士可互相交谈、敬酒。

7．冷餐会

冷餐会，即自助餐，是西方国家较为流行的一种宴会形式。其特点是用冷菜（也可有热菜）、酒水、点心、水果来招待客人。冷餐会可在室内、庭院或花园等地举行。可设小桌、椅子自由入座，也可不设椅子站立进餐。举办时间在中午 12:00～2:00 或下午 5:00～7:00。菜点和餐具分别摆在菜台上，由宾客随意取用。酒会进行中，宾主均可自由走动、敬酒、交谈。

冷餐会有三大优点：可以安排更多的客人同时进餐，不受餐位的限制；不因缺乏招待人员而影响进餐，客人可自己拿取食物；不受任何正宴礼仪上的约束，无论是用餐前还是用餐中，客人都可以自由活动。目前，冷餐会已成为社交活动中比较受欢迎的一种宴请形式。

8．工作餐

这是现代交往中经常采用的一种非正式宴请形式，利用进餐时间，边吃边谈问题。这类活动一般只请与工作有关的人员。工作进餐按时间可分为早餐、午餐和晚餐。谈判中，因日程安排不开时可采用这种形式，而且这种形式往往能缓解某些对抗，有利于问题的解决。

二、赴宴礼仪

在宴会中，主人处于主导地位，他要根据客人的需要、习惯、兴趣安排一切。而应邀赴宴的客人的密切配合也是不能忽视的。

1．应邀

接到宴会的邀请，不论是否赴约，都应尽快地做出答复，以便主人安排。不能应邀的，应婉言谢绝。接受邀请后不要随意变动，按时出席。如确有意外不能前去出席的，要提前解释并致歉意，尤其主宾缺席更应及早向主人解释、道歉，必要时要亲自登门表示歉意。应邀出席一项活动之前，要核实宴请的主人，活动举办时间、地点，是否邀请了配偶等，以免失礼。

2．掌握出席时间

赴宴不得迟到，迟到是非常失礼的行为，但也不可去得过早，去早了主人尚未准备好，难免尴尬，也不得体。一般来说客人应略早抵达，提前到达的时间不超过十分钟。确实有事迟到的，应先向主人说清楚并表示歉意。

3．抵达

抵达宴请地点，主动向主人问好，如主人迎来握手，应及时上前回应，致意或表示祝贺。

4．赠花

按当地习惯及宴会的性质，可赠送不同的鲜花或花篮。

5．入席

应邀出席宴请活动，应听从主人安排，即所谓客随主便。要先弄清自己的桌次和座次再入席，注意自己的座位卡，不要坐错了位置。入座时应等年长者、上级坐定后，方可入座。如有女士，应招呼女士坐定后，方可入座。在排定了座次的情况下，可在他人的引导下入座。若邻座是年长者或女士，应主动协助他们先坐下。

6．姿态

坐姿自然端正，不要太僵硬，也不要往后倒靠在椅背上。肘部不要架在餐桌上，以免妨碍邻座的客人。

7．餐巾

当主人拿起餐巾时自己便也可以拿起餐巾。打开餐巾放在腿上，不要将餐巾别在领口里，也不要挂在胸前。餐巾是用来防止菜汤滴在身上的，不要用餐巾来擦嘴或擦拭餐具。

8．进餐

进餐时要文明、从容。闭着嘴细嚼慢咽，不要发出声音，喝汤要轻啜，对热菜热汤不要用嘴去吹。骨头、鱼刺吐到筷子或叉子上，再放入骨盘。嘴里有食物时不要说话，更不能当众剔牙，即使用手或纸巾做遮挡也是极不文明的。

9．交谈

边吃边谈是宴会的重要形式，无论是做主人或陪客，都应与同桌人交谈，特别是左右邻座。邻座如不认识，可先自我介绍。要注意同主方的人交谈，不要只顾和自己熟悉的人谈话。话题要轻松、有趣，不谈不愉快的话题和对方敏感的问题，也不要对宴会和饭菜加以评论。

10．祝酒

参加宴会，应了解对方的祝酒习惯，即为何人祝酒、何时祝酒等，以便做必要的准备。祝酒时注意不必交叉碰杯，在主人和主宾致辞、祝酒时应暂停进餐，停止交谈，注意倾听。遇到主人和主宾前来敬酒时，应起立举杯，碰杯时，要目视对方致意。宴会上互相敬酒，气氛活跃，但切忌喝酒过量，否则会失言失态。

● 知识链接 8-1

饮酒礼仪知多少

1．斟酒的礼仪

斟酒可以由服务员为客人斟酒。主人也可亲自为客人斟酒。斟酒的顺序是：先主宾、年长者、长辈、远道来的客人、职务较高的来宾，然后才是其他客人。如果没有上述情况，可按顺时针方向，依次斟酒。斟酒时酒瓶要当场打开，酒杯大小要一致。酒可斟满，但不要溢出来。作为客人，当主人为自己斟时，要起身或俯身，以手扶杯或欲扶状，以示恭敬。

2．碰杯的礼仪

宴席上喝酒讲究碰杯，碰杯了就必须把杯中的酒喝干，一口气喝下去；还要倒过来让旁人看自己的杯子。

碰杯的顺序：一般是主人和主宾先碰杯，然后主人沿顺时针方向依次与其他客人碰杯，客人之间也可以互相碰杯。

碰杯时，客人应起立举杯，目视对方致意，说祝愿的话语。

身份低或年轻者与身份高及年长者碰杯时，应稍欠身点头，杯沿比对方杯沿略低表示尊敬。

3．敬酒的礼仪

当主人或朋友们向自己热情地敬酒时，不要乱推乱躲，将酒杯倒扣，更不要把他人所敬的酒悄悄倒在地上。一般来说不能拒绝敬酒，不得不拒酒时通常可通过以下三种委婉暗示：一是主动要一些非酒类的饮料，并说明自己不饮酒的原因；二是让对方在自己面前的杯子里稍许斟一些酒，然后轻轻以手推开酒瓶；三是当敬酒者向自己的酒杯里斟酒时，用手轻轻敲击酒杯的边缘。

4．祝酒的礼仪

正式宴会祝酒是宴席间的一个重要的礼仪程序。主人和主宾要发表一篇专门的祝酒词。祝酒词适合安排在宾主入座后、用餐前；也可安排在吃过主菜后，甜品上桌之前。在主人和主宾祝酒时，应暂停进餐，停止交谈，注意倾听。

主人和主宾讲完话，与贵宾席人员碰杯后，往往到其他桌敬酒，各桌人员应起立举杯，碰杯时要目视对方致意。客人、晚辈、女士一般不宜先提议为主人、长辈、男士的健康干杯，以免喧宾夺主。

5．饮酒的礼仪

服务员倒酒时，不要动手去拿酒杯，而应把酒杯放在桌上。正确的握杯姿势是用手指轻握杯脚。为避免手的温度使酒温增高，应用大拇指、中指、食指握住杯脚，小指放在杯子的底台固定。

饮酒时绝对不能吸着喝，而是倾斜酒杯，让酒慢慢滑进口腔。

11．水果

餐桌上的水果一般都已切块，吃水果时，用专用的水果叉或牙签而不要用手直接去拿。

12．退席

离席时，应帮助同桌的长者或女士拉开座椅，不要忘了随身携带的物品。

● **知识链接 8-2**

喝酒碰杯的由来

在宴会上，人们都爱举酒碰杯，以增加喜庆的气氛。可你知道这种礼仪和习俗是怎么来的吗？

传说，在古罗马时，人们崇尚武力，经常开展角力竞技，帝王、贵族常常让奴隶在角斗场进行决斗。决斗前，双方要先喝一杯酒表示互相勉励。

为了防止心术不正的人暗中在对方的酒中施放毒药，于是人们想出一种防范的办法，那就是在开展前双方各将自己杯中的酒向对方的酒杯里倾注一点，以表示坦荡无诈。做这动作时，酒杯与酒杯必然相撞，这种习俗流传下来，就演变成今天宴席上的碰杯礼节。

也有人把喝酒碰杯的起源追溯到古希腊时代。古希腊人酷爱饮酒，喝酒时，人的很多器官都可参与这一赏心乐事：鼻能闻到酒的香气，眼能看到酒的美色，舌能尝到酒的佳味。唯独耳朵被排斥在这一享受之外，怎样弥补这缺憾呢？结果他们想出喝酒前先碰一下酒杯，这样耳朵就能听到酒杯碰击时发出的清脆响声，使它也分享到饮酒的乐趣。时间一长，喝酒碰杯也就成了一习俗。

至于我们中国人传统的饮酒习俗，有确凿文字记载的那就是“举杯”和“干杯”。古人相互敬酒时，首先把酒杯高高举起，然后一饮而尽。唐朝诗人李白的诗句“举杯邀明月，对影成三人”就是这种习俗的生动写照。晚清以后，中国人的举杯、干杯与西方人碰杯的习俗已相互融合。

三、宴会的座次

宴会的排列座次，不同的国家和地区也不一样。一般都要事先安排好桌次和座次，使参加宴会的人都能各就其位，也能体现出对客人的尊重。以下是我国目前比较通行的宴会座次排列方法。

1．排定桌次应遵循的原则

在正式宴会安排桌次时，必须注意以下原则。

1）“居中为上”。即多张桌子围在一起时，居于正中间的一张为主桌。

2）“以右为尊”。即多张桌子横向并列时，以宴会厅的正门为准，右侧的餐桌高于左侧的餐桌。

3）“远门为上”。即多张桌子纵向排列时，以距离宴会厅的正门的远近为准，距离越远餐桌越高。

4）“临台为上”。若宴会厅内有主席台，以背对主席台的餐桌为主桌。若没有主席台，则以背靠餐厅的主要画幅为主桌。

2．排定桌次

国际上的惯例，桌次的高低以离主桌位置远近而定，离主桌越近桌次越高，同距离的右边高于左边。

两桌的小型宴会可根据场地横排或竖排，见图 8-1。

多桌宴会的排列方法见图 8-2、图 8-3、图 8-4。五桌、六桌宴会桌次的安排也可布置为环绕式，即主桌位于中间。多桌的桌次排列应遵循排定桌次应遵循的原则。

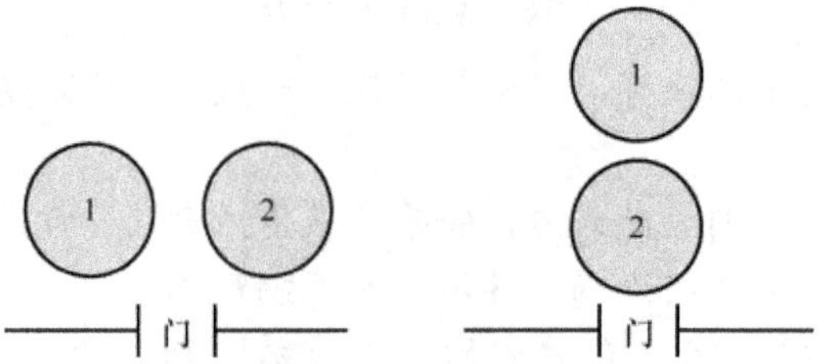

图 8-1　两桌排定桌次

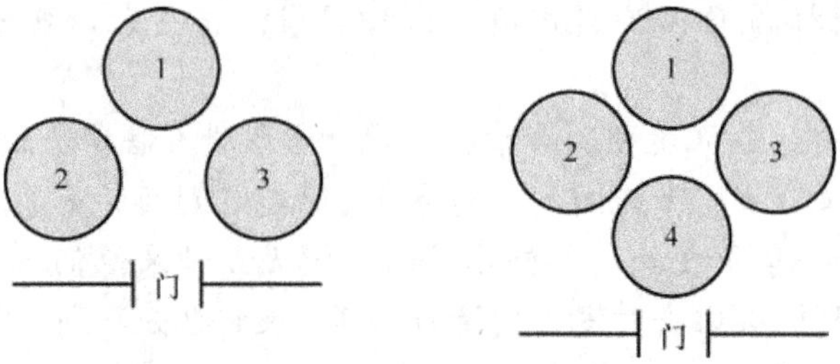

图 8-2　多桌排定桌次（一）

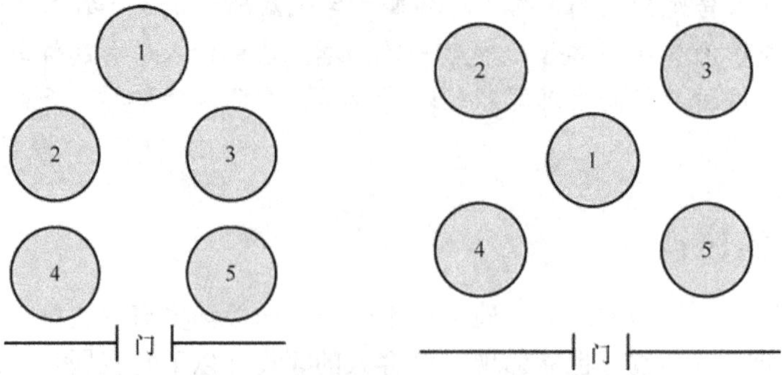

图 8-3　多桌排定桌次（二）

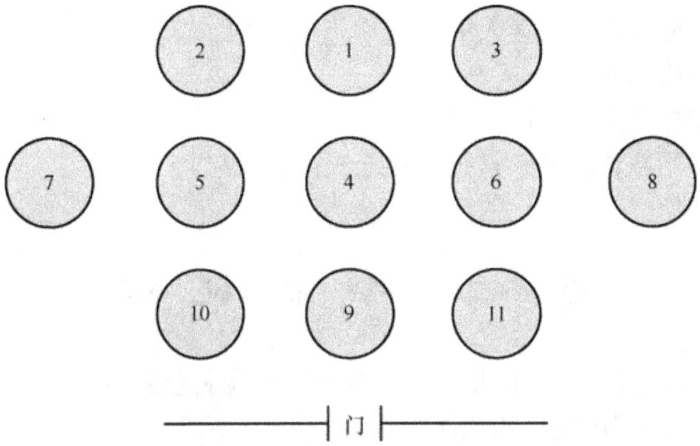

图 8-4 多桌排定桌次（三）

3．排定座次

座次的安排、以右为贵，左为轻。如男女主人并座，则男左女右，以右为大。在主人两侧，右侧为大，左侧为小。

1）目前我国通常采用圆桌设宴，一般情况下，主桌要略大于其他餐桌，圆桌的座次在不同的场合也有所不同，见图 8-5 所示。

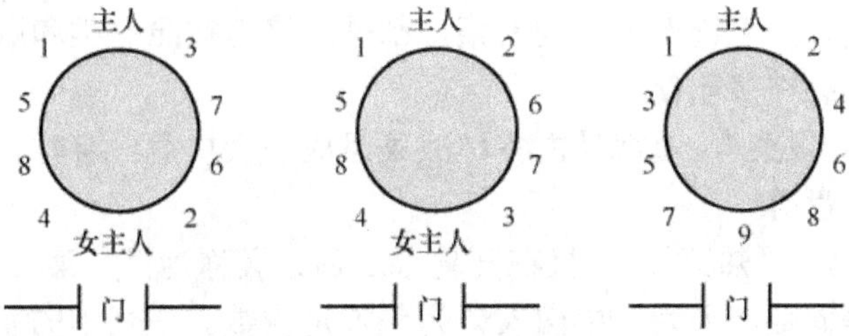

图 8-5 圆桌座次席位图

2）几种常见的长桌宴会席位座次排列法，见图 8-6。

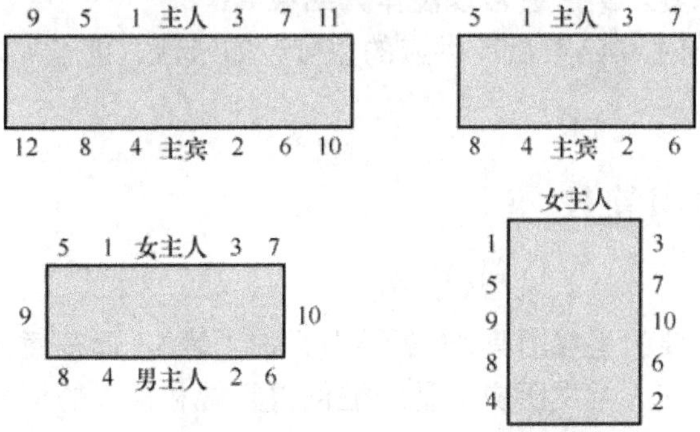

图 8-6 长桌宴会座次席位图

4．宴席席位安排主要考虑因素

1）以主人的席位为中心。

2）把主宾和主宾夫人安排在最尊贵显眼的位置。

3）主方的陪客应该安插在客人中间。

4）夫妇一般不相邻而坐。

5）翻译一般安排在主宾右侧，方便翻译。

6）多边活动中不应该把关系紧张的双方安排在一起。

任务二　中餐礼仪

中餐是中式餐饮的简称。它所指的是一切具有中国特色的、依照传统方法制作的、为中国人日常生活中所享用的餐食和饮品。

随着中西饮食文化的不断交流，中餐不仅是中国人的传统饮食习惯，还越来越受到外国人的青睐。中餐餐具种类很多，用途各异，具体有杯、盘、碗、碟、筷、匙六种。中餐上菜的顺序，不同种类的宴会上菜的程序是不完全一样的，但从总体上说，中餐上菜的顺序为：冷盘—热菜—汤—主食—水果。

一、中餐的上菜顺序

中餐在正规宴宾时，无论点菜还是上菜，都是严格地按照分类和顺序进行的。而且在餐桌的摆设技巧上也有许多礼仪。

1）冷盘也叫“开胃菜”，通常是由各种凉菜组成的大拼盘，有时种类可多达十种，最具代表性的是卤水拼盘等。

2）主菜和汤，也称“热菜”，紧接在开胃菜之后，又称为“大菜”。主菜的道数通常是六、八、十、十二等偶数，因为，中国人认为偶数是吉数。在豪华的餐宴上，主菜有时多达十六或三十二道。这些菜肴是使用不同的材料，配合酸、甜、苦、辣、咸五味，以炸、蒸、煮、煎、烤、炒等各种烹调法搭配而成。其出菜顺序多以口味清淡和浓腻交互搭配，或干烧、汤类交配为原则。最后通常以汤作为结束。

3）主食和水果，指主菜结束后所供应的主食，如米饭、包子、馅饼、甜点等。最后则是水果。

二、餐具的使用礼仪

1．筷子

筷子是中餐中最主要的进餐用具，“筷子”又称“箸”，远在商代就有用象牙制成的筷子。中国人使用筷子，在人类文明史上是一桩值得骄傲和推崇的科学发明。中国的筷子是十分讲究的，握筷姿势应规范，用餐需要使用其他餐具时，应先将筷子放下。在长期的生活实践中，人们对使用筷子也形成了一些礼仪上的忌讳。

一忌敲筷。即在等待就餐时，不能手拿筷子随意敲打或用筷子敲打碗盏或茶杯。

二忌掷筷。在餐前发放筷子时，要把筷子一双双理顺，然后轻轻地放在每个人的餐桌前；距离较远时，可以请人递过去，不能随手掷在桌上。

三忌叉筷。筷子不能一横一竖交叉摆放，筷子要摆放在碗的旁边，不能搁在碗上。

四忌插筷。在用餐中途因故需暂时离开时，要把筷子轻轻搁在筷架上或餐碟边，不能插在饭碗里。

五忌挥筷。在夹菜时，不能把筷子在菜盘里挥来挥去，上下乱翻，遇到别人夹菜时，要有意避让，谨防“筷子打架”。

六忌舞筷。在说话时，不要把筷子当作刀具，在餐桌上乱舞。

七忌迷筷，即手拿筷子在桌子上游走，犹豫不决，不知该夹哪道菜。

八忌舔筷，用舌头去舔筷子，不论筷子上是否残留有食物。

九忌转筷，用筷子在汤碗中不断搅拌混合。

十忌移筷，即刚刚从菜盘里取了一道菜还没吃，又去夹另一道菜。

2．碗

中餐的碗可以用来盛饭、盛汤。进餐时，可以手捧饭碗就餐。拿碗时，拇指扣在碗端，用左手的四个手指托住碗的底部。吃饭时，饭碗的高度大致和下巴保持一致。如果汤是单独由带盖的汤盅盛放的，表示汤已经喝完的方法是将汤勺取出放在垫盘上，把盅盖反转平放在汤盅上。

3．勺子

它的主要作用是舀取菜肴、食物。有时，用筷子取食时，也可以用勺子来辅助。尽量不要单用勺子去取菜。用勺子取食物时，不要过满，免得溢出来弄脏餐桌或自己的衣服。在舀取食物后，可以在原处“暂停”片刻，汤汁不会再往下流时，再移回来享用。

暂时不用勺子时，应放在自己的碟子上，不要把它直接放在餐桌上，或是让它在食物中“立正”。用勺子取食物后，要立即食用或放在自己碟子里，不要再把它倒回原处。如果取用的食物太烫，不可用勺子舀来舀去，也不要用嘴对着吹，可以先放到自己的碗里等凉了再吃。不要把勺子塞到嘴里，或者反复吮吸、舔食。

4．盘子

稍大的盘子在就餐时可以作为骨碟使用，主要用来放置不吃的残渣、骨头、鱼刺等。不吃的残渣、骨、刺不要吐在地上、桌上，而应轻轻取放在食碟前端，放的时候不能直接从嘴里吐在食碟上，要用筷子夹放到碟子旁边。如果食碟放满了，可以让服务员换。稍小点的盘子就是碟子，主要用来盛放食物，放置作料等，在使用方面和碗略同。食碟的主要作用，是用来暂放从公用的菜盘里取来享用的菜肴的。

5．水杯

主要用来盛放茶水、牛奶、果汁、可乐等饮料时使用。

6．水盂

在宴席上，上鸡、龙虾、水果时，有时送上一小水盂（铜盆、瓷碗或水晶玻璃碗），水上飘有玫瑰花瓣或柠檬片，供洗手用，不要误以为是饮料而闹出笑话。洗时两手轮流沾湿指头，轻轻涮洗，然后用餐巾或小毛巾擦干即可。

7．餐巾

中餐用餐前，往往会为每位用餐者上一块湿方巾，它只能用来擦手。一般夏天上冷毛巾，冬天上热毛巾。有时候，在正式宴会结束前，会再上一块湿毛巾，和前者不同的是，它只能用来擦嘴，却不能擦脸、抹汗。

8. 牙签

尽量避免当众剔牙。如果剔牙时，最好用另一只手或者用纸巾作遮挡。剔牙后，不要长时间叼着牙签，更不宜用牙签来扎取食物。

三、用餐的得体表现

1. 且慢动手

进餐时，让同桌的长辈先动筷用餐或听到长辈说："大家一块吃吧"，你再动筷，不能抢在长辈的前面。

2. 注意吃相

吃饭时，要端起碗，，不要伏在桌子上对着碗吃饭，这样吃相不雅。

3. 不挑不拣

夹菜时，应从盘子靠近或面对自己的盘边夹起，不要从盘子中间或靠别人的一边夹起，更不能用筷子在菜盘子里翻来倒去地"寻寻觅觅"。眼睛也不要老盯着菜盘子，一次夹菜不宜太多。

4. 不争不抢

多人一桌用餐，取菜要注意相互礼让，依次而行，取用适量。不要好吃多吃，争来抢去，而不考虑别人用过没有。够不到的菜，可以请人帮助，不要起身甚至离座去取。遇到自己爱吃的菜，不可狼吞虎咽，更不能干脆把盘子端到自己跟前，大吃特吃，如果盘中的菜已不多，你又想把它"打扫"干净，应征询一下同桌人的意见，别人都表示不吃了，你才可以把它吃完。

5. 细嚼慢咽

吃饭时要闭嘴咀嚼，细嚼慢咽，这不仅有利于消化，也是餐桌上的礼仪要求。一次不要放入太多的食物进口，咀嚼饭菜，嘴里不要发出过大的声音。

6. 谨慎交谈

用餐的动作要文雅一些。口含食物，最好不要与别人交谈，吃饭时开玩笑要有节制。

7. 不违食俗

任何国家的餐饮，都有自己的传统习惯和寓意，中餐也不例外。比方说，过年少不了鱼，表示"年年有余"，和渔家、海员吃鱼的时候，忌讳把鱼翻身，因为那有"翻船"的意思。

任务三　西　餐　礼　仪

西餐主要包括西欧国家的饮食菜肴，西餐的主要特点是主料突出，形色美观，口味鲜美，营养丰富，供应方便等。不同国家的人有着不同的饮食习惯，有种说法非常形象："法国人是夸奖着厨师的技艺吃，英国人注意着礼节吃，德国人喜欢痛痛快快地吃"。西餐大致可分为法式、英式、意式、俄式、美式、地中海式等多种不同的风格。

一、西餐的分类

1．西菜之首——法式大餐

法国人一向以善于吃并精于吃而闻名，法式大餐至今仍名列世界西菜之首。法式菜肴的特点是：选料广泛，加工精细，烹调考究，滋味有浓有淡，花色品种多；法式菜还比较讲究吃半熟或生食，如牛排、羊腿以半熟鲜嫩为特点；法式菜肴重视调味，调味品种类多样。用酒来调味，什么样的菜选用什么酒都有严格的规定，如清汤用葡萄酒，海味品用白兰地酒，甜品用各式甜酒或白兰地等。

2．简洁与礼仪并重——英式西餐

英国的饮食烹饪，有“家庭美肴”之称。英式菜肴的特点是：油少、清淡，调味时较少用酒，调味品大都放在餐台上由客人自己选用。烹调讲究鲜嫩，口味清淡，选料注重海鲜及各式蔬菜，菜量要求少而精。

3．西菜始祖——意式大餐

在罗马帝国时代，意大利曾是欧洲的政治、经济、文化中心，虽然后来意大利发展速度不及英美等国，但就西餐烹饪来讲，意大利却是始祖，可以与法国、英国媲美。意式菜肴的特点是：原汁原味，以味浓著称。

4．营养快捷——美式菜肴

美国菜是在英国菜的基础上发展起来的，继承了英式菜简单、清淡的特点，口味咸中带甜。美国人一般对辣味不感兴趣，喜欢铁扒类的菜肴，常用水果作为配料与菜肴一起烹制，如菠萝焗火腿、菜果烤鸭。喜欢吃各种新鲜蔬菜和各式水果。美国人对饮食要求并不高，只要营养、快捷。

5．西菜经典——俄式大餐

沙皇俄国时代的上层人士非常崇拜法国，贵族不仅以讲法语为荣，而且饮食和烹饪技术也主要学习法国。但经过多年的演变，特别是俄国地带，食物讲究热量高的品种，逐渐形成了自己的烹调特色。俄式菜肴口味较重，喜欢用油，制作方法较为简单。

二、西餐的上菜顺序

西餐上菜顺序通常为：头盘—汤—副菜—主菜—甜食—咖啡或茶。

西餐桌上的第一道菜是冷菜。冷菜通常有四种。素菜：包括一些生的凉拌菜，如西红柿、生菜、黄瓜、葱头、圆白菜等。这类菜的口味比较淡，很少放调料，是西餐菜中最清淡的一种；汤是西餐菜中的第二道，汤分有清汤、奶油汤和浓汤三种；喝过汤后，应上热菜，热菜是西餐的主要部分。根据烹调方法，热菜可以分为五类：炸菜、烤菜、烩焖菜、蒸煮菜、副菜；西餐的最后一道菜是甜食，食后可使人对整个饭食增加完美感。西餐饭点基本上可以分为四种，即冰激凌类、烩水果类、布丁类及干点。

1．头盘

西餐的第一道菜是头盘，也称为开胃品。开胃品的内容一般有冷头盘和热头盘之分，常见的品种有鱼子酱、鹅肝酱、熏鲑鱼、鸡尾杯、奶油鸡酥盒、焗蜗牛等。因为是要开胃，所以开胃菜一般都具有特色风味，味道以咸和酸为主，而且数量较少，质量较高。

2．汤

与中餐有极大不同的是，西餐的第二道菜就是汤。西餐的汤大致可分为清汤、奶油汤、蔬菜汤和冷汤这四类。品种有牛尾清汤、各式奶油汤、海鲜汤、美式蛤蜊周打汤、意式蔬菜汤、俄式罗宋汤、法式焗葱头汤。冷汤的品种较少，有德式冷汤、俄式冷汤等。

3．副菜

鱼类菜肴一般作为西餐的第三道菜，也称为副菜。品种包括各种淡、海水鱼类、贝类及软体动物类。通常水产类菜肴与蛋类、面包类、酥盒菜肴品均称为副菜。因为鱼类等菜肴的肉质鲜嫩，比较容易消化，所以放在肉类菜肴的前面，叫法上也和肉类菜肴主菜有区别。西餐吃鱼菜肴讲究使用专用的调味汁，品种有鞑靼汁、荷兰汁、酒店汁、白奶油汁、大主教汁、美国汁和水手鱼汁等。

4．主菜

肉、禽类菜肴是西餐的第四道菜，也称为主菜。肉类菜肴的原料取自牛、羊、猪、小牛仔等各个部位的肉，其中最有代表性的是牛肉或牛排。牛排通常是我们在西餐厅经常点的主餐，牛排的生熟程度，在西餐中称“几成熟”。3 成熟：切开牛排见断面仅上下两层呈灰褐色，其间 70%肉为红色并带有大量血水，最能品尝牛肉的鲜美；5 成熟：切开牛排见断面中央 50%肉为红色，带少量血水，是品尝牛扒的最佳成数；7 成熟至全熟：切开牛排见断面中央只有一条较窄的红线，肉中血水已近干，是大众选择的成数；全熟：切开以后渗出少量清澈的肉汁，牛排为咖啡色乃至焦黄程度，在法国，几乎没人吃这种牛排。

5．甜品

西餐的甜品是主菜后食用的，可以算作第六道菜。从真正意义上讲，它包括所有主菜后的食物，如布丁、煎饼、冰淇淋、奶酪、水果等。

6．咖啡或茶

西餐的最后一道是上饮料，咖啡或茶。饮咖啡一般要加糖和淡奶油。茶一般要加香桃片和糖。正式的全套餐点没有必要全部都点，点太多却吃不完反而失礼。稍有水准的餐厅都不欢迎只点前菜的人。前菜、主菜（鱼或肉择其一）加甜点是最恰当的组合。点菜并不是由前菜开始点，而是先选一样最想吃的主菜，再配上适合主菜的汤。

三、刀叉的使用

西餐主要用刀叉食用食物。使用方法是右手持刀，左手持叉，将食物切成小块，然后用叉送入口中。英国式要求在用餐过程中始终右手持刀，左手持叉，一边切割，一边叉而食之。通常认为，这种食法较为文雅；美国式的具体做法是，先以右刀左叉，一口气把餐盘里要吃的东西全部切割好，然后把右手里的餐刀斜放在餐盘前方，将左手中的餐叉换到右手里，开始进食。这种食法的好处是比较省事。

1．西餐餐具摆放的含义

刀叉：右侧放刀，左侧放叉，两者都按使用顺序，由外侧往内侧摆。餐具按照用开胃小菜、汤、海鲜、肉类、冷饮、烘烤食物、沙拉、餐后甜食的顺序依次摆出。在席间谈话时，要将刀、叉放下，切不可拿着刀叉在空中比划。

刀叉的语言（见图 8-7）：刀右叉左，刀口向内、叉齿向下，呈八字摆放于餐盘之上，含义是用餐尚未结束。而刀口向内、叉齿向上，刀右叉左并排纵放，则含义是本人已经用好此菜。食物盘汤匙，又称调羹，一般有两个，大的用作喝汤，小的用作甜品。

图 8-7　刀叉的语言

- **案例解读 8-1**

餐具为什么被收走？

李经理在一家高档西餐厅用餐。用餐进行到一半时，手机响了。为了接听电话，他匆忙放下刀叉就离开了餐桌。等打完电话，准备回来继续用餐时，发现他的餐具已经被服务员收走了。

李经理并不知道，临时离桌还没有用餐完毕，刀叉可呈“八”字形置于碟上，表示一会儿回来要继续用餐，服务员便不会收拾餐具。李经理匆忙放下刀叉就往外赶，可能在此问题上出现了误会。

2．刀叉的使用

1）使用刀叉进餐时，从外侧往内侧取用刀叉，要左手持叉，右手持刀，刀刃不可向外；在切割食物时，不可以弄出声响。

2）将食指伸直按住叉子的背部，刀子除了与叉子同样拿法外，还可以用拇指与食指紧紧夹住刀柄与刀刃的接合处，可依食物选择较容易进餐的方法。在切割食物时，要双肘下沉，切忌左右开弓。那样做不仅有碍于人，还可能使正在被切割的食物滑盘而出。

3）以叉子压住食物的左端，固定，顺着叉子的侧边以刀切下约一口大小的食物后，然后用叉子送入口中。被切割好的食物，应刚好适合整块入口，不可叉起它之后，再一口一口咬着吃。

4）要注意刀叉的朝向。将餐刀临时放下时，不可刀口向外；双手同时使用刀叉时，叉齿应当朝下；右手持叉进食时，则应叉齿向上。

5）掉落到地上的刀叉不应再用，可请侍者另换一副。

6）不用刀时，也可以用右手持叉，但若需要作手势时，就应放下刀叉，千万不可手执刀叉在空中挥舞，也不要一手拿刀或叉，而另一只手拿餐巾擦嘴，也不可一手拿酒杯，另一只手拿叉取菜。要记住，任何时候，都不可将刀叉的一端放在盘上，另一端放在桌上；

7）吃鸡、龙虾时，经主人示意，可以用手辅助，否则可用刀叉把肉割下，切成小块吃。

8）在进汤类食物时，用汤匙由内往外舀起送入嘴，应避免发出向嘴里抽吸的声音，如果汤温较高，可稍等片刻再享用，不可举盘直接倒入口中。即将喝尽，可将盘向外略托起，除喝汤外，不用匙进食。

9）如有淋上调味酱的食物了，也可以利用刀子刮取调味酱，再以汤匙或调味酱用汤匙将食物与调料一起送入口中。

四、喝咖啡的礼仪

1．咖啡杯的持握

用右手的拇指和食指握住杯耳，轻轻地端起杯子，慢慢品尝。不能双手握杯，也不能手端起碟子去吸食杯子里的咖啡。不能用手握住杯身、杯口，托住杯底。

2．咖啡杯碟的使用

用右手拿着咖啡的杯耳，左手轻轻托着咖啡碟，慢慢地移向嘴边。添加咖啡时，不要把咖啡杯从咖啡碟中拿起来。

3．咖啡匙的使用

咖啡太热可用匙轻轻搅动，使其变凉。饮用咖啡时应当把咖啡匙取出来，不要用咖啡匙舀着咖啡喝，也不要用咖啡匙来捣碎杯中的方糖。不用匙时，应将其平放在咖啡碟中。

4．咖啡的饮用

饮用咖啡时，应一小口一小口细细品尝，不要发出声响。如果咖啡太热，用嘴试图去把咖啡吹凉，是很不文雅的动作。

5．怎样给咖啡加糖

给咖啡加糖时，砂糖可用咖啡匙舀取，直接加入杯内。

6．用甜点的要求

不要一手端着咖啡杯，一手拿着点心，吃一口、喝一口地交替进行，这样的行为是非常不雅观的。饮咖啡时应当放下点心，吃点心时则放下咖啡杯。

● **知识链接 8-3**

喝茶的礼仪

1．沏茶的礼仪

为客人沏茶之前，首先要清洗双手，并洗洁茶杯或茶碗。茶水不要沏得太浓或太淡，每一杯茶斟得八分满就可以了。

2．上茶的礼仪

正规的饮茶，讲究把茶杯放在茶托上，一同敬给客人。上茶时，可由主人向客人献茶或由招待员给客人上茶。主人给客人献茶时，应起立，并用双手把茶杯递给客人说“请”或“请用茶”。客人也应立即起立，以双手接过茶杯并致谢。添茶水时，也应如此。

由接待员上茶时，要先给客人上茶，而不允许先给主人上茶。如果客人较多，应先给主宾上茶。上茶的具体步骤：先把茶盘放在茶几上，从客人的右侧递过茶杯，右手拿着茶托，左手扶在茶托旁边。要是茶托无处可放，应以左手拿着茶盘，用右手递茶。

3．喝茶的礼仪

在喝茶中，不应大口吞咽茶水或发出咕咚咕咚的响声，应当慢慢地一小口一小口地仔细品尝。

遇到漂浮在水面上的茶叶，可用杯盖拂去或轻轻吹开，切不可用手从杯里捞出来扔在地上。

情境实训与习题

一、思考题

1. 常见的宴请形式有哪些？
2. 组织宴请活动要做什么准备？
3. 中餐宴会的席次与座位安排要遵循哪些原则？
4. 简述中餐赴宴礼仪。
5. 中餐餐具的使用要注意哪些礼仪？
6. 西餐的上菜顺序是怎样的？刀叉的使用有哪些礼仪细节需要注意？
7. 怎样饮用咖啡？

二、情境实训

1. 自选或抽选一种宴请方式设置情境训练，进行选择宴请形式、组织宴请、赴宴演示。分别进行组内评比、小组比赛、教师点评。

2. 自选或抽选一种中餐宴会情境，进行组织中餐宴会、使用中餐餐具、参加中餐宴会演示。规范在组织中餐宴会和参加中餐宴会时的行为。

3. 自选或抽选一种西餐宴会情境，进行组织西餐宴会、使用西餐餐具、参加西餐宴会演示。规范在组织和参加宴会时的行为礼仪。

4. 自选或抽选一种宴会情境，进行沏茶、上茶、喝茶的行为演示。规范在喝咖啡时的行为礼仪。

三、案例分析题

某城市接待了一位外商。这位外商是美国人，他来这座城市是进行投资考察的。考察进行得比较顺利，双方达成了初步的合作意向。这天接待方设宴款待该外商，宴会的菜肴很丰盛，主客双方交谈得比较愉快。这时席间上来了一道特色菜，为表示热情，一位接待方领导便为这位外商夹了一筷子放到他的碟子里。这位外商当即露出不悦神色，双方都很尴尬。

思考

1. 这位外商为什么露出不悦神色？
2. 宴请他人应注意哪些礼节？

学习情境九
求职礼仪

- **学习目标**

知识目标：了解求职面试的各项准备，熟悉求职礼仪规范的主要内容，掌握求职信、简历的写法。

技能目标：熟悉职场着装规范，面试符合礼仪，行为举止职业化。

能力目标：掌握求职礼仪的基本知识，并将求职礼仪运用到实际求职交往中。

- **导入案例**

硕士落选记

某公司要招聘一位市场部经理，名校硕士张漠的简历深深吸引了公司老总。张漠有相关理论著述，而且在两家单位任过职，有一定经验，于是公司通知他三天后来公司面试。面试结果呢？竟然是没通过。老总后来说，他发现小张有个特点，就是不管什么时候都是锁着眉头，不会微笑，显示出很沉闷的样子。他说，这种表情的人是典型的不擅做沟通工作的。而作为市场部的负责人，沟通本来就是重要的工作内容。

一个人的表情在人际交往特别是初次交往中很重要，千万不可小看。心理学家珍·登不列说："假如顾客的眼睛往下看，脸转向一边，就表示拒绝你了；假如他的嘴唇放松，笑容自然，下颚向前，可能会考虑你的建议。要想有良好的人际关系，就要注意表情或神态礼仪。"这段话说明职场礼仪和技巧是多么的重要。

职场礼仪是指人们在职业场所中应当遵循的一系列礼仪规范。学会这些礼仪规范，将使一个人的职业形象大为提高。职业形象包括内在和外在两种因素，而每一个职场人都需要树立并维护良好职业形象的意识。

了解、掌握并恰当地应用职场礼仪有助于维护和完善职场人士的职业形象，会使你在工作中左右逢源，使你的事业蒸蒸日上，做一个成功的职业人。成功的职业生涯并不意味着你要才华横溢，更重要的是要有一定的职场技巧，用一种恰当合理的方式与人沟通和交流，这样你才能在职场中赢得别人的尊重，才能在职场中脱颖而出。

任务一　面试前的礼仪

面试前的准备对求职者来说是至关重要的，无论是刚从学校毕业的新人，还是谋求新职的人，都希望在面试中给考官一个良好的印象，增加被录用的可能性。所以，了解学习面试时的一些礼仪，将十分有用。只有把面试的准备工作做好了，才能为自己求职的成功奠定坚实的基础。

一、信息准备

一个人对于自己要面试的单位一无所知是很严重的问题。当面试官问你相关问题时，你一脸茫然，一问三不知，不单单是表现出你对于这场面试的不重视，也表现出你对这个职位、这个公司的不重视，更严重的是，让人觉得你不是个脚踏实地的人。所以，无论是什么职位，当你提出了申请并赢得了面试机会时，都应该好好地去珍惜和准备。这不单单是对别人的尊重，也是对你自己的尊重和为自己负责。

1．收集招聘单位的资料

收集招聘单位的资料的途径有很多，例如上网查询，询问亲朋好友，师兄师姐的介绍，老师同学们的指导和意见，等等，只要用心准备都是会有收获的。

2．收集面试官的相关资料

我们可以适当地收集一些关于面试官的相关资料，这样有利于在面试时投其所好，创造共同话题，赢得实习的机会。再者，知道了一些面试官的相关资料后，我们可以在穿衣打扮、谈话聊天中避开一些可能触犯面试官忌讳的领域。

3．准备好自己的资料

除了制作一份完美优秀的个人简历外，我们还要注意简历所列出的内容是否符合职位要求，并且根据职位要求，把自己想好的答案演练一遍。再根据自己的相关情况，罗列一些重要的可以表现出自己能力的事情。

4．踩点及模拟面试

面试前一天到面试地点查探，避免面试当天迷路或迟到；然后了解一些公司情况并检查一遍自己的个人简历，匹配两者之间的信息吻合度。在自己的简历中突出自己的技能，并准备好纸笔和一些应急用品，以免第二天面试时手忙脚乱。要是担心面试，也可以选择面试诊断。模拟真实面试的整个过程，从多个角度观察你的面试表现，并得到全面的诊断报告，帮助你了解自己在面试过程中存在的问题，如面试优势、可能面试失败的原因等，并给出演练提升的方案，从根本上提升求职成功概率。

二、心理准备

了解就业政策，澄清模糊认识，调整好择业心态，做好充分的心理准备，勇敢地迎接挑战，在择业求职过程中是非常重要的。

1．具备良好的心态

求职者一旦具备了良好心态，就会在面试时精神饱满、意气风发，充满自信，讲起话来语意肯定、语气恳切，操纵言辞得心应手，讲起话来侃侃而谈，从而为成功应聘打下良好的基础。

（1）积极进取的心态

有积极进取心态的求职者，总是把每个面试机会看成是千载难逢的好机遇，可遇而不可求。于是，应在面试前认真做准备，查资料摸底，对每一个可能要问的问题或细节都仔细思考一番，就可望在面试时发挥出超水平。

（2）双向选择的心态

你去求职面试，命运不是掌握在对方手里，而是在自己手上。的确，从用人单位来看，你是在接受审查，看你的条件是否符合招聘的要求。不过，换个角度来看，那家用人单位和主试人同时也在被你审查，看看他们给的条件能不能吸引你。双向选择，你考查我，我还考查你呢！有了这种心态，你在精神上就占了上风（但不可趾高气扬），以沉着、稳健的气势面对主考官那一连串的问题，自然能表现出一种不卑不亢的态度。

（3）输得起的心态

面试时如果有了不怕挫折、不怕失败、输得起的心态，那就会大大增强面试的信心，讲起话来有板有眼，介绍自己理直气壮，就是遇到比自己强的竞争者，你也不会自惭形秽，而是抱着“一山还比一山高”“我也要成为他那样的人”的积极心态来对待。总之，经不起挫折、输不起的人才是真正的失败者。有了这种输得起的思想准备，你就会勇往直前，最终找到称心的工作。

2．克服不良的心态

能否在求职面试前或过程中克服不良心态，是成功面试的重要条件。下面几种应试心态，肯定会导致求职的失败。

（1）自视甚高的心态

这种求职者过于高估自己，自认为学历、能力，甚至长相都不错，用人单位肯定人见人爱，自然顺利通过。但是，他一坐在聘用单位诸考官面前，听到他们的一连串提问、追问、反问，就慌了起来。特别是谈及个人的业务专长时，那种自以为了不起的神态让人反感，而触及个人的弱点问题时，却又遮遮掩掩、吞吞吐吐，让对方感到其人不够成熟很难担起重任。

（2）无所谓的心态

在面试时，表现出一种大大咧咧、满不在乎的神态，回答任何问题都不够正经，迷离马虎，既不认真推销自己，把个人的优越条件讲全、讲透，也不认真了解对方的需求，好让自己适应对方的口味。这种无所谓、碰运气的侥幸心态，很难使应聘获得成功。

（3）自惭形秽的心态

在多人面试场合，看到别人的学历、能力比自己高，自信心就一下子垮了，等轮到自己面试时，只见手发抖、心发慌、头发涨……这就是我们所说的“面试恐惧症”。怎样克服这种恐惧症呢？一是正视缺陷，一分为二地对待自己，世界上没有天生完善的人，任何求职者都有缺陷（弱点）。二是无视竞争者，大胆推销自己。

● **知识链接 9-1**

人无完人

人类大约有 13 000 种不同的技能，平均每个求职者大概有 700 种技能，这已经算是很多的了。不过，这意味着每个求职者还缺乏另外12 300项技能。所以，每个人都有不同方面、不同程度的缺陷。我们求职面对的是：我的缺陷、弱项是什么，面试暴露了多少，自己又是以什么高姿态对待这些不足之处的。

让我们看看，都有哪些典型的缺陷（弱点）。

1. 性别缺陷，我是女的（人家可能欢迎男士），或我是男的（人家可能欢迎女士）。

2. 背景缺陷，包括：

（1）年龄缺陷，年龄太大或过于年轻（即“嫩了一点”）；

（2）学历缺陷，我是大专（人家要大学本科），我是大本（人家要硕士生），等等；

（3）身体缺陷，如有智力或身体残疾；

（4）家庭缺陷，上班地点离家太远，婚后需要带孩子，家中有生病的老人，本市无固定住所，等等；

（5）语言缺陷，不懂普通话（需要接待国内人士），不懂外语（需要接待国外人士）。

3. 技能缺陷，专业不对口，技能不对口，不懂电脑，等等。

4. 经验缺陷，参加工作时间太短，只坐过办公室没有跑外的经验，当过工人没有站柜台的经验，只在小公司干过，等等。

那么，上面这些缺陷（弱点）自己究竟有多少？如果你能用一分为二的观点对待，就能得出这样的结论：

（1）相比之下，我的缺陷（弱点）还是不多的。

（2）不是缺陷（弱点），就是我的所长。怕什么，我有缺陷，你也不是完人，我何惧之有？

三、资料准备

如果说面试是求职成功的必经之路的话，那么好的求职材料便是照亮这条道路的明灯。很多用人单位在决定正式约见求职者之前，都是通过求职材料来了解求职者情况的。在众多求职者中，一份好的求职材料可以是你的形象代言人，代表你去赢得最为宝贵的面试机会。

1. 求职信

写求职信的目的是帮助求职者得到他感兴趣的工作。写作求职信是求职全过程的第一个环节，也是求职者以书面形式与用人单位所做的第一次接触。它事关求职的成败，因此不能掉以轻心，务必认真、慎重，要尽可能将自己的求职信写得合体、达意、规范，争取在众多的申请者中脱颖而出，获得面试机会，从而为获得录用创造先决条件。

（1）内容要点

由于求职者的个人情况不同，加之所求职业或职务的性质有别，因此，求职信的内容也因人因事而异。但一般说来，它应包括以下几个部分。

1）说明写信缘由，表达求职愿望。

2）提供个人背景资料。

3）提供推荐人。

4）结尾要明确表示你希望获得面谈的机会，以及你希望获得某项工作或职务的强烈愿望。

（2）表达技巧

1）要站在对方的立场上说话。表达自己的求职愿望时，要使对方觉得你感兴趣的是该公司或企业及其提供给你的职业或职务，而非你个人的偏好或兴趣。

2）不要过分渲染自我。求职需要优秀的品格和真才实学，也需要自信心，但是在提出求职申请时不能过分夸大自己的能力，更不能自吹自擂。

3）要明智地提出工薪待遇。有的用人单位，特别是民营或外资企业通常要你自己提出希望的工薪待遇。明智的做法是明确提出你觉得可以接受的、并不比你相同水平的人低很多的一个数目。

2．个人简历

个人简历，顾名思义，就是对个人学历、经历、特长、爱好及其他有关情况所做的简明扼要的书面介绍。个人简历是求职者给招聘单位发的一份简要介绍，包含自己的基本信息：姓名、性别、年龄、民族、籍贯、政治面貌、学历、自我评价、工作经历、联系方式等。因此，一份良好的个人简历对于获得面试机会而言是至关重要的。

（1）个人简历的基本内容

个人简历的格式有两种。一种是循序法，按照时间的先后，列举自己在学习、工作、培训方面的经历。另外一种是倒序法，把最新最近的工作经验或学习经历写在简历前面。后者颇受人力资源管理者的青睐，毕竟时间有限，要在 15 秒左右看出一个人是否有进一步接触的价值，倒序法显然更适合。个人简历的主要内容一般包括如下内容（详见表 9-1）。

1）个人基本情况，应列出自己的姓名、性别、出生年月、籍贯、政治面貌、学校及专业、婚姻状况、健康状况、身高、爱好与兴趣及联系方式等。

2）教育背景。应写明毕业学校、专业、获得的学位及毕业时间，学过的专业课程以及英语、计算机的等级水平。同时可以列出在校期间所担任的职务、获奖情况和荣誉等。

3）本人经历。大学以来的简单经历，主要是学习和担任社会工作的经历，有些用人单位比较看重你在课余参加过哪些活动，如实习、社会实践、志愿工作者、学生会、团委工作、社团等其他活动。若有工作经验，最好详细列明，首先列出最近的资料，后详述工作单位、日期、职位、工作性质。切记不要列入与所求职业毫不相干的工作经历。

4）求职意向。即求职目标或个人期望的工作职位，表明你通过求职希望得到什么样的工种、职位以及你的奋斗目标，可以和自我评价、个人特长等合写在一起。

5）附件。包括证明你个人能力、荣誉和成就的相关证明材料。这是对简历中所提到的相关内容的进一步证明，包括获奖证书、英语等级证书、计算机等级证书、各类专业技能等级证书以及发表过的作品、论文等的复印件。要求复印质量要好，清晰、整洁，在放置顺序上，最好根据求职意向的不同，将与该职务重点要求的相关材料放在前面。另外，在参加各类招聘会时，最好不要将原件带在身上，以防丢失。但在进一步面试的时候，就应将原件带上，以备对方核查原件时使用。

表 9-1 个人简历

个人概况：				
姓名		性别		近期照片
籍贯		政治面貌		
出生年月		学历		
毕业院校		专业		
联系电话		电子邮件		
通信地址		邮政编码		

教育经历：			
时间	学校名称	学历学位	所学专业

能力水平：		
外语：	基本技能：	通过标准测试：
计算机：	基本技能：	通过标准测试：
其他技能：		

工作经历：			
时间	单位名称	职位	所属部门

求职意向：
自我评价： （突出自己的个性、工作态度或他人对自己的评价等）
其他说明： （如获奖情况等）

（2）个人简历的写作要求

求职简历有它特殊的一面，用人单位通过简历是要了解求职者学过些什么，做过些什么，是否具有某方面的能力或发展潜力，是否与招聘职位的要求吻合。因此，在拟写简历的时候要注意以下几个问题。

1）简历要"简"。简洁明了的简历既能够突出个人的重要信息，减少不必要的干扰信息，也能够照顾到招聘者的阅读习惯。招聘者在每一次招聘活动中，要收到大量的求职材料，长篇大论的材料是一定不会受欢迎的。一般来说，简历有一至两页就足够了。

2）重点突出。用人单位想要了解的重点是你可以为他们做什么，所以简历的重点在于突出个人的学习（或培训）经历、工作经验及曾取得的成绩。但如果把自己写成一个什么都能干的人，也许最后会什么都不让你干。因此，若有多个求职目标，最好写上多份不同的简历，在每一份上突出重点，这将使你显得与众不同，获得招聘者更多的青睐。

3）真实准确。在简历的编写中一定要遵循诚实的基本原则，如实地表达出你的学习能力、工作能力、各项技能水平以及工作经历和所取得的成绩，不可夸大其词，更不能有虚构的成分。谎言往往总能被人们找到破绽，哪怕只是一个小小的细节，它既会让你人格受损，也会让你错失良机。

4）用词得当。语言表达能力是一个人最基本的素质之一，任何行业都很重视语言表达。首先，用词要准确，表情达意清楚明了，不模糊含混。其次，用词要有表现力，能显示你的专业素养。最后，要注意，在简历中，一定要避免出现错别字。

3．其他准备

面试前，要准备好面试中可能需要用到的物件，包括文件袋、笔记本、多份打印好的简历、面试准备的材料、身份证、登记照等。

（1）笔记本准备

笔记本中应记录有参加过求职面试的时间，各公司名称、地址、联系人和联系方式，面试过程的简单记录、跟进记录等。求职记录本应随身携带，以便记录最新情况或供随时查询。

（2）证件、照片准备

准备好笔、纸、简历、身份证、登记照以及学历证书、所获奖励证书等文件的正本和复印件。如果面试时公司人事主管提出查看一些文件的正本而面试者又没有带的话，是非常尴尬和失礼的，这是面试礼仪中最应该避免的疏漏。

（3）面试前的准备

面试当天，提前十分钟到达面试地点，观察四周的环境，调整自己的心态。整理衣装，给人留下一个大方得体的印象。

任务二　面试中的礼仪

在求职面试时，礼仪是求职者呈给招聘单位的“名片”，是一个人修养、道德的外在表现。因此，求职者应该把握面试的基本礼仪，给对方留下良好的“第一印象”。一个穿着得体、谈吐温和、举止大方的人更能够展示自身的能力和素质。所以，面试环节里的礼仪非常重要，只有把握好机会，在求职过程中才能事半功倍。

- **案例解读 9-1**

礼仪成败面试

王琳在大学时就听人说就业不容易，所以毕业前就投了很多简历，可惜都石沉大海，没有结果。后来好容易盼来两次面试机会，可是，都因没有接受过面试辅导，明明自我感觉不错，可就是没通过。后来找到职业顾问进行咨询，才知道这里面有很多学问，于是在做了职业生涯规划之后又参加了面试辅导，从头到尾对面试前、面试过程、面试后的所有做法和问题接受了全方位辅导，又针对专业和职位进行了面试礼仪和场景训练。结果再次面试时心中有了底，心态也非常好，信心十足，面带微笑，语气和缓，应对自如，不但顺利通过面试，还得到了面试官赞许的眼光和点头。最后王琳用专业求职者的姿态，在众多竞争者中脱颖而出，进入了一家著名的外资公司，在同学中最先找到了适合自己的工作。

面试，就是当面考试，谁懂得礼仪，谁就拿到加试分，谁就容易拿到高分，谁就最先通过，谁就最先拿到第一桶金。你在整个发简历、面试过程中就要“全副武装”，这样才能击败对手，求职成功。那么，面试过程中，要注意哪些礼仪呢？

一、面试基本礼仪

1. 个人仪容仪表

仪容仪表美是内在美、自然美、修饰美的统一。仪容仪表的修饰美是最能直接体现的，所以它是仪容礼仪关注的重点。它不单单是打扮和美容，在面试官看来，它体现了求职者良好的精神面貌和对工作乐观、积极的态度。良好的仪表不仅可以愉悦自己的心情，使自己信心十足，从容应对面试，也能让面试官赏心悦目。对于求职者仪容仪表的要求，一般包括以下四个方面。

（1）发型美观

1）头发整洁，无异味，无头屑。

2）发型与自己的脸型、肤色、体型、气质相配。

3）不宜染鲜艳夺目的发色，不宜烫过于夸张的发型。

4）发型要与应聘职位相吻合，如办公行政人员的发型要端庄一些，而广告策划人员则可以相对个性一点。

5）男士应以短发为主，前发不覆额，侧发不及耳，后发不触领。

6）女士头发可长可短，刘海切忌挡住眼睛，长发最好束起来，不宜披头散发，不宜佩戴过于花哨的发饰。

（2）面部清洁

1）牙齿洁白，口腔无异味，牙上无食物残渣。

2）清洁耳朵，修剪耳毛。

3）清洁鼻孔，修剪鼻毛。

4）男士要修面剃须，切忌胡子拉碴地参加面试。

5）女士要化淡妆，以清新、淡雅、自然为宜，切忌浓妆艳抹、花枝招展。

（3）双手洁净

1）勤洗双手，保持手部清洁。

2）面试时手指上尽量少带戒指或指环，更不能戴夸张的饰品

3）不留长指甲，指甲一般与指尖等长且指缝里无脏物。

4）男士忌把小手指的指甲留得很长。

5）女士尽量不要美甲，切忌涂颜色过于鲜艳的指甲油。

（4）服饰得体

1）职业男性着装，见图 9-1。

图 9-1　职业男装

① 避免穿着过于老旧的西装，颜色以素净为佳。

② 正式面试时，以长裤并熨烫笔挺为好。

③ 衬衫以白色比较讨好。

④ 尽量选择颜色明亮的领带。

⑤ 领带不平整会给人一种衣冠不整的观感，尽可能别上领带夹。

⑥ 西装胸袋放条装饰手帕看起来颇为别致。

⑦ 西装和皮鞋的颜色以保守为原则，面试时最好避免穿着过分怪异的颜色。

⑧ 如戴眼镜，镜框的样式最好能使人有稳重、大方的感觉。

2）职业女性着装，见图 9-2。

图 9-2　职业女装

① 穿着应有上班族的气息，裙装、套装是最合宜的装扮，勿穿短裤应试。裙装长度应在膝盖左右或以下，太短有失庄重。

② 面谈时应穿着高跟鞋，最好避免穿着露趾鞋，更不应穿凉鞋、拖鞋。

③ 服装颜色以淡雅或同色系的搭配为宜，颜色勿过于花哨，款式亦不宜暴露。

④ 不宜擦拭过多的香水。

- **案例解读 9-2**

我还不是比尔·盖茨

五年前，海峰毕业于中国一所名校的经济系。那时，他是一个追求独特个性、充满了抱负和野心的年轻人。他崇拜比尔·盖茨和斯蒂文·乔伯斯这两个电脑奇才，追随他们不拘一格的休闲穿衣风格，他相信“人的真正的才能不在外表，而在大脑”。对那些为了寻求工作而努力装扮自己的人嗤之以鼻，他认为真正珍惜人才的公司是不会以貌取人的。如果一个公司在面试时以外表来评判一个人，那么这也不是他想为之效力的企业。面试时他不仅穿着牛仔裤、T 恤，还穿上一双鸭舌口黑布鞋，他认为自己独特的抗拒潮流又充满判逆性格的装束，正反映了自己有独特创造性的思想和才能。

然而，他一次次地面试，却一次次地以失败告终。直到最后一次，他与同班同学被某外企公司召去先后面试。他的同学全副“武装”，发型整洁、面容干净、西装革履，手中提了个只放了几页纸的皮公文包，看起来俨然是成功者的姿态，而自己依然是那套“潇洒”

的“盖茨”服，外加上“性格宣言”的黑布鞋。在他进入面试的会议室时，看到有五六个人在等待面试，全部是西服正装。他们看起来不但精明强干，而且气势压人。他那不修边幅的休闲装，显得如此与众不同、格格不入，巨大的压力和相形见绌的感觉使他没有勇气再进行下去，终于放弃了面试的机会。

英国哲学家约翰•洛克说：“没有良好的礼仪，其余的一切成就都会被人看成骄傲、自负、无用和愚蠢。”海峰说：“我的自信和狂妄一时间全都消失了。这让我明白了一个道理，我还不是比尔•盖茨。”

2. 举止文明

举止礼仪往往会直接反映一个人的素质。它不仅能反映出求职者的人品与修养，还会直接影响面试官的最终抉择。所以考生从叩门开始，就应该注意每一个细节。

（1）轻敲房门

进入面试室之前，应轻敲房门两三下（若有工作人员导引则不必如此），再轻轻推门而入。要注意用手轻推、轻拉、轻关，切忌不要用身体其他部位代劳（如用胳膊推门、撅臀部拱门、用脚踢门）。进门后，背对考官，将房门关上。注意拉把手时，动作要轻，如果门是碰锁，最好先旋起锁舌，关上门后，再放开。然后自然地扫视一下整个房间，确定面试考场的基本布局（包括自己的座椅位置），然后走向自己的位置。

（2）招呼亲切

站立在自己的座位边上时，身体要正对考官，一般大规模的面试考官是不会和考生握手的，当然假如考官主动伸出手，你要毫不迟疑伸手和考官握手。然后略带微笑注视主考官，主考官会示意你坐下，你微微欠身点头表示感谢，口中也可以轻轻地说声“谢谢”。

（3）落座轻盈

入座（离座时也一样）时动作要轻盈和缓，从容不迫。不要径直跌坐在位子上。落座后，不要坐得太满，坐椅面的一半到三分之二即可，这样人容易坐直。双手自然放在桌上或膝上。

（4）目光柔和

和人对话时眼睛要正视对方，这是对人起码的尊重。所以面试时不管自己心里多紧张也要目光注视主考官，否则一是失礼，二是把自己胆怯的一面暴露了出来。如实在不敢注视考官的眼睛，可以将视线放在考官的额头上。

（5）微笑离席

当考官提示面试结束时，不管自我感觉如何，还是要注意礼节。起立，面对主考官，微微欠身点头表示感谢，口中也可以轻轻地说声“谢谢”，然后再离去。出门时仍要注意把握门拉手，轻声关门。

二、面试面谈礼仪

面谈是求职信息交流中最有效的形式，面谈礼仪基本要求应注意下面几个方面。

1. 见面的礼仪

（1）必要的自我介绍

准时赴约，最好提前十分钟到达，这样可以稍微平静一下心情，整理一下服饰，然后以饱满的精神出现在面试官面前。面试的介绍并不是不必要的重复，而是为了加深印象，给对方以立体的感觉。自我介绍一般要求简短，开头不妨说："我叫×××，很高兴能够有机会到贵公司参加面试。"

（2）接受对方名片

假如对方递送名片应以双手接过来，并认真看一看，熟悉对方职衔，有不懂的字可以请教，然后将名片拿在手中。在谈话中，再从口袋里重新取出名片来看会让人感到不够诚意，进而给对方不良的印象。最后告辞前，一定要记住把名片放入自己上衣兜里以示珍重，千万不要往裤袋里塞。

2．入座的礼仪

不要自己主动坐下，要等面试官请你坐时再入座。经理室、办公室负责人的位置往往安排在面对门口，背朝窗户的地方。这样的位置安排，容易给拜访者造成一定的心理压力，某种意义上来讲，求职者从一走进办公室的时候起，就被摆在了一种极为不利的位置上。要想改变这种情况，求职者应当有意识地使自己位于避免直接背对门口的位置，侧身坐或者把座位稍稍偏离正向位，是比较好的处理方法。

3．交谈中的礼仪

（1）诚恳热情

把自己的自信和热情"写"在脸上，同时表现出想在公司工作的诚意。

（2）落落大方

要把握住自己，应答时要从容镇定，不慌不忙，有问必答。

（3）谨慎多思

回答提问之前，应对自己要讲的话稍加思索，切勿信口开河、夸夸其谈、文不对题、言不及义。

4．聆听的礼仪

（1）专注有礼

当面试官向你提问或介绍情况时，应该注视对方以表示专注倾听，可以通过直视的双眼、赞许的点头，表示你在认真地倾听他所提供的信息。

（2）有所反应

要不时地通过表情、手势、点头等必要的附和，向对方表示你在认真地倾听。如果巧妙地插入一两句话，效果则更好，如"原来如此""你说的对""是的""没错"等。

（3）有所收获

聆听是捕捉信息、处理信息、反馈信息的过程。一个优秀的聆听者应当善于通过主考官的谈话捕捉信息。

（4）有所判断

求职者倾听时要仔细、认真地体会对方话语中的言外之意、弦外之音、微妙情感，细细咀嚼品味，以便正确判断对方的真正意图。

5．告别的常规与礼仪

一般来说，握手告别要讲究先后顺序，握手的先后顺序是根据握手人双方所处的社会地位、身份、性别和条件来确定的，其基本原则是：上级在先，长辈在先，女士在先。握手通常以三五秒钟为宜，并且要注意把握好力度，要双目注视对方，面带笑容，不可目光四顾，心不在焉，同时应配以适当的敬语，如“再见”“再会”“谢谢”等。

三、面试过程中的技巧

应试者要想在面试答辩中获得成功，如果恰当运用一些技巧，就会起到事半功倍的效果。因此注意以下几个问题显得很有必要。

1. 淡化成败

应试者对于面试的得失之心，首先在思想上应注意淡化，要有一种“不以物喜，不以己悲”的超然态度。如果在面试中有这样的心态，才会处变不惊。如果只想到成功，不想到失败，那么在面试中一遇到意外情况，就会惊慌失措，失去镇定，导致失败。

2. 保持自信

应试者在面试前树立了自信，在面试中也要始终保持自信，只有保持了自信，才能够在面试中始终保持高度的注意力、缜密的思维力、敏锐的判断力和充沛的精力，夺取答辩的胜利。

3. 摆正位置

应试者在面试过程中始终处于被动地位，考官或主考官始终处于主动地位。他问你答，一问一答，正因为如此，应试者要注意树立对方意识。

4. 语言流畅

面试有着严格的时间限制。因此，面试语言要做到要言不烦、一语中的。同时，语言要有条理性、逻辑性，讲究节奏感，保证语言的流畅性。

5. 准备充分

有些应试者尽管在面试前已做好了充分的心理准备，但对于遇到“卡壳”而紧张的问题，如果抱着“能取胜则最好，不能胜也无妨”的态度，紧张感就会即刻消失，很快就进入正常的面试状态，有可能出现“柳暗花明又一村”的境界。所以，应试者在面试中一定要提前做好充分的准备。

6. 辩证答题

辩证法是哲学的基本原理和方法。应试者应具备一定的哲学知识和头脑。回答问题不要陷入绝对的肯定和否定，应进行正反两面的考虑。所以要辩证地分析问题、解决问题，而不要简单地乱下结论，有时还要从多个角度去思考，具体情况具体分析。

7. 冷静思考

一般说来，面试官提出问题后，应试者应稍作思考，不必急于回答。磨刀不误砍柴工，匆忙答题可能会东拉西扯或是没有条理性、眉毛胡子一把抓。经过思考、理清思路后抓住要点，层次分明地答题，效果要好一些。

四、面试中的误区

国外有些大公司会对不予录用的情况给出详细说明，如日本某公司条文中有：“应聘者声音轻如蚊子者，不予录用；说话不能抑扬顿挫者，不予录用；交谈不得要领者，不予录用；面谈不能干脆利落地回答问题者，不予录用……”如果概括而言，至少要走出以下两方面的误区。

1．缺乏信心

缺乏信心，是因为怕落选。缺乏信心是一种自卑心理的表现，在这种心理驱动下，应试者会出现以下问题。

1）说话吞吞吐吐，声音轻如蚊叫，表情很不自然。生怕说错、出丑，担心自己不符合要求。

2）说话空洞，有时会不自觉地加大音量。往往伴有表情、手势、姿态上的小动作，而过多的小动作是为了掩饰自己内心不安的胆怯表现。

3）刻意追求仪表，不合所求工作岗位的要求。求职者注意服装穿着整洁得体即可，应届毕业生浓妆艳抹或西装革履、衣冠楚楚，反倒显得底气不足。

4）谈话时经常打断对方话头，生怕对方不了解自己，尤怕对方误解自己，想通过插话来壮胆，一方面显得不礼貌，一方面又是着意掩饰自己信心不足的表现。

5）说话唯唯诺诺，思维只跟对方走，对所有话题的处理，只是一味地顺从、点头，无法表达自己的主观想法。更无法显示出自己的个性。

缺乏信心的表现有很多，其总的特征是瞻前顾后，缩手缩脚，小心翼翼，顾虑重重。现代心理学告诉我们：“除了一些基本条件之处，成功来源于自信。”心理坦然，态度自然，说话实事求是，才有可能正常发挥自己的学识和能力水平，甚至超常发挥，取得成功。

2．强人所难

面试成功的条件之一是与对方取得共鸣，可是有些人却喜欢谈一些以为对方也感兴趣的话题，谈一些以为对方也知道的话题“套近乎”，结果常常是事与愿违。须知，自荐过程的双方，己是客，彼是主，客须取悦于主，客须感动主。客的自说自话不能令主产生共鸣反让人感到生厌，其失败是必然的。战国时期的商鞅自荐于秦王，第一次谈商道，“孝公时时睡，弗听”；第二次谈王道，“孝公依然弗听”；第三次谈霸道，“孝公有了兴趣”；第四次精心准备，一举自荐成功，掀起中国历史上著名的“商鞅变法”运动。

面试过程，还应遵循客随主便原则。面试人是主导方，它决定着谈话的内容和方向。但是高明的求职者应努力控制对方的问话和思路，将其引到对己方有利的内容和方向上来。这时候，形式上面试者是主导方，而实际上在努力让对方觉得他依然在控制局面的同时，求职者已经成功地把主题“和平演变”到己方立场上来了。须强调的是，要让对方觉得依然在控制局面，否则仍将走进强人所难的误区。

● 案例解读 9-3

最后失败的面试

小张去一家外企进行最后一轮总经理助理的面试。为确保万无一失，这次她做了精心的打扮。一身前卫的衣服、时尚的手环、造型独特的戒指、闪闪发亮的项链、新潮的耳坠，身上每一处都是焦点，简直是无与伦比、光彩夺目。况且她的对手只是一个相貌平平的女孩，学历也并不比她高，所以小张觉得胜券在握。但结果却出乎意料，她并没有被这家外企所认可。主考官抱歉地说："你确实很漂亮，你的服装配饰无不令我赏心悦目，可我觉得你并不适合干助理这份工作。实在很抱歉。"

我们应该时刻注意自己的衣着和配饰，并分清场合。对于配饰，宜少不宜多，否则给人一种张扬、跳脱、零乱、不稳重的感觉。

任务三　面试后的礼仪

在一般求职者看来，当面试官表示面试结束时，求职面试的全过程就结束了，其实不然，这只是面试的结束，求职还没有结束。所以，作为求职者一定要使求职过程结束得完美，在面试后应积极关注面试结果。

一、写信表示感谢

为了加深招聘人员的印象，增加求职成功的可能性，面试后的两三天内，求职者最好给招聘人员写封信表示感谢。感谢信要简洁，最好不超过一页纸。感谢信的开头应提及自己的姓名及简单情况以及面试的时间，并对招聘人员表示感谢。感谢信的中间部分要重申对公司、应聘职位的兴趣，增加一些对求职成功有用的新内容。感谢信的结尾可以表示对自己的信心以及为公司的发展壮大做贡献的决心。

二、查询面试结果

在一般情况下，每次面试结束后，招聘主管人员都要进行讨论和投票，然后送人事部门汇总，最后确定录用人选，这个阶段可能需要三五天的时间。求职者在这段时间内一定要耐心等候消息，不要过早打听面试结果。打电话问询时注意语气得当，清晰友好的声音会给接听电话的人留下好印象。得知被录取时不要过于激动，未被录取也不要过于悲观。需要注意打电话查询的时间，不要在对方公务繁忙的时候打扰。

三、收拾心情

如果同时向几家公司求职，在一次面试结束后，要注意调整自己的心情，全身心投入应付第二家单位的面试。因为，在接到聘用通知之前，面试结果还是个未知数，求职者不应该放弃其他机会。

四、做好再冲刺的准备

求职中不可能个个都是成功者，万一在竞争中失败了，千万不要气馁，这一次失败了，还有下一次，就业机会不只一个，关键是必须总结经验教训，找出失败的原因，并针对这些不足重新做准备，以谋求"东山再起"。

任务四　职场处世礼仪

通过面试只能说明初步具备工作的能力，但是不懂职场礼仪，那么就算他进入了公司，他也不一定能保住“铁饭碗”，因为在工作中还需要运用许多的职场礼仪去调节上下级、同事之间、与客户间的关系。在复杂的人际关系中保持冷静，按照礼仪的规范来约束自己，通过职场礼仪中的一些细节，会得到领导更多的信任，使人际间的感情得以沟通，在同事间建立起相互尊重、相互信任、友好合作的关系，从而使自己的事业进一步发展。

一、办公室礼仪

办公室作为职场新人的主要活动场所，应该注意最基本的交往礼仪，只有这样才能更好地融入到新环境，愉快地投入到工作中去。凌乱的办公桌，往往使人联想到它的主人做事缺乏条理，没有计划性，所以保持办公桌的清洁整齐是一种礼貌。尽量避免在办公室里用餐，如果实在需要，最好使用一次性餐具。同时，饮料罐、食品袋等都不宜长时间摆在办公桌上，餐后要将桌面和地面清扫干静。不要滥用公司的电话长时间聊天，避免私人长途电话。

二、和同事相处的礼仪

在工作生活方面，只有职位上的差异，人格上却都是平等的，和上司相处，要做到不卑不亢、不讨好、不奉承，认真工作，敢于表达自己的观点，不足的地方虚心求教。与同事相处，在彼此之间都有了一定了解之后，不在背后透露人家的隐私，任何时候不议论、不搬弄是非，在发生误解和争执的时候，换个角度、站在对方的立场上想想，不贬低对方来树立自己。同时，对工作我们要拥有挚诚的热情，要用冷静和微笑来解决问题，应多看到同事的优点和长处，更应该具备一颗宽容之心。

三、使用手机的礼仪

在当今社会，手机作为日常生活交往中的必备工具，手机礼仪越来越受到关注。在某些场合恰当接听电话可以看出一个人的修养和素质。在一切公共场合，手机在没有使用时，都要放在常规位置。一是随身携带的公文包里；二是上衣的内袋里。手机的使用要注意场合，尽量避免在会议中、卫生间、电梯间接听电话。在公共场合特别是楼道、电梯、单位食堂等地方接听电话注意控制音量，不可影响他人。必要时关掉手机，如在会议中和别人洽谈的时候，最好的方式还是把手机关掉，起码也要调到震动状态，这样显示出对与会者的尊重。

四、职场沟通的礼仪

职场中，同事之间在年龄差距、文化背景、职业履历等方面存在较多差异。在一起共事的同事或多或少都会存在问题。因此，职场沟通显得尤为重要。首先，理解是沟通的前提，平时多了解同事的情况，了解越多，就越能理解对方。其次，心态平和、与人为善。在沟通中出现不同见解，也应该求同存异。再者，尊重前辈。虚心向前辈学习，工作中即使前辈们的经验已过时，也应该委婉地提出更好的方案，职场前辈大多为中年人，对新事物、新形势的判断可能会滞后，新人应该善意提醒，和前辈共同进步。这样才能获得前辈的好感，工作更能如鱼得水。最后，用业绩武装自己。只有把工作做好，展示出自己的工作能力，取得实实在在的成绩，这样才会得到同事的认可。

● **知识链接 9-2**

人际关系敏感度测试

有一天看到好友拎了一个你也很喜欢的包，觉得和你相当匹配，回家后一直念念不忘，你会怎么处理呢？

1. 直接问朋友要到哪里买。
2. 四处探听，偷偷买，不让朋友看见。
3. 按捺想拥有的欲望，忘了那个东西。
4. 想办法让好朋友送给自己。

测试结果：

选择 1：你总是大大咧咧的，没有心机，也不会去设想别人的心情，有时敏感的人会对你产生误解，不过你的粗神经很少有感觉，还是我行我素，依直觉行事。渐渐大家就会知道那是你的本性而习惯适应。

选择 2：你很注意小节，不愿失礼，所以待人处事十分客气，却会让人觉得矫枉过正，有点虚假，反倒适得其反。其实放松一点，不要那么拘谨，才能和朋友更亲近没有隔阂。

选择 3：就你而言，生活单纯是最重要的事。你希望能平静度日，不要和是是非非有任何瓜葛。如果有人故意来招惹你，你也会伪装成一根木头，让对方的挑拨丝毫不起作用。即使你内心已翻江倒海，外表给人的感觉仍然是心如止水。

选择 4：你应该很受欢迎，无论同事、朋友、亲戚都愿意接近你，正是有这种好人缘，你常常会得到贵人相助，人际交往的尴尬不化自解，职场上也是无往不利。不过还是要努力充实自己，免得把好运都用完了，最终还是要靠实力养活自己。

情境实训与习题

一、简答题

1. 求职前需要做好哪些方面的准备？
2. 如何恰当运用一些面试中的技巧？
3. 面试应答中有哪些礼仪？
4. 面试结束时有哪些礼仪？
5. 求职的后续礼仪有哪些？
6. 写求职信和求职简历要注意哪些方面的问题？

二、情境实训

1. 以 6～8 人为一组进行招聘现场模拟实训。

2. 组织学生参加校园招聘会以及所在地举办的各种类型的招聘活动。

3. 以班级为单位举办一次招聘活动经验交流。

4. 以年级为单位举办一次求职信征文大赛，以帮助学生提高求职信和个人简历的写作能力。

三、案例分析题

一外商考察团来某企业考察投资事宜，企业领导高度重视，亲自挑选了庆典公司的几位漂亮女模特来做接待工作，并特别指示她们身着紧身上衣、黑色皮裙，领导说这样才能显出得对外商的重视。但考察团上午见了面，还没有座谈，外商就找借口匆匆走了，工作人员被搞得一头雾水。后来通过翻译才知道，他们说通过接待人员的着装，认为这是个工作以及管理制度极不严谨的企业，完全没有合作的必要。原来，该企业接待人员在着装上，犯了大忌。根据着装礼仪的要求，在工作场合，女性穿着紧、薄、透、露的服装是极度不严谨的表现。

思考：

1. 接待人员的着装为什么招致客商的反感？谈谈正式场合该如何着装。

2. 对于求职者仪容仪表的要求，谈谈你的看法。

学习情境十
中国主要节日习俗礼仪

- **学习目标**

知识目标：了解我国主要节日习俗禁忌，能较为全面地认识节日的礼仪习俗。

技能目标：掌握我国主要节日的习俗与禁忌，能够针对不同节日的人际交往做出简要分析。

素质目标：能运用所学相关知识，节日期间合理进行人际交往。

- **导入案例**

世界各国的新年

新的一年，总能给人们带来美好的希望，世界各国的人们都以其别出心裁、各具特色的方式迎接着新年的到来。

日本人特别重视新年，每年的12月29日—1月3日为全国休假日。新年前夜全家围坐在火炉边，一边吃过年面，一边聆听远处寺院传来的钟声。除夕钟声一共要敲108下，意味着驱散108种烦恼。元旦早晨互相拜过年后，他们就开始用餐，早餐是很丰盛的，吃砂糖芋艿、荞麦面、年糕汤、喝屠苏酒等。此后一连三天，则吃素的，以示虔诚，祈求来年大吉大利。

朝鲜和我国一样，在新年时家家户户贴窗花、对联和年画，祈求上天保佑，赐给幸福。元旦黎明，人们把一些钞票塞进了除夕预先扎好的稻草人中，扔到十字路口，表示送走邪恶，迎接吉祥。黄昏，人们又将全家人一年中脱落的头发烧掉，祝愿家人四季平安。朝鲜人在新年时除了享用美酒佳肴外，还必定做一种药饭，用糯米加上松子、栗子松、枣泥和蜂蜜等，蒸煮成与我国的八宝饭相类似的甜饭食用，以预示家里人来年兴旺、生活甜蜜。

希腊人过新年时，家家都要做一个藏有银币的大蛋糕，由主人切成若干块，分给家人和来宾。谁能吃到藏有银币的蛋糕，谁来年就会好运不断。

西班牙人新年前夜则要喝蒜瓣汤。当教堂钟声在12点响起时，大家便争着吃葡萄，时钟每敲一下，就吃一颗葡萄，许一个愿望。在有节奏的钟声里吃完 12 颗葡萄，象征新年的每一个月都万事如意。

美国人过新年，最热闹的是新年前夜。是夜，各地教堂都举行隆重的礼拜活动。人们聚集在教堂、街头或广场，唱诗、祈祷、祝福、忏悔，并一同迎接除旧更新的一瞬。午夜12 点整，全国教堂钟声齐鸣。乐队高奏有名的怀旧歌曲《一路平安》，在音乐声中，激动的人们拥抱一起，甚至素不相识的人也可以互相亲吻。人们就这样怀着惜别的感伤和对新生活的向往共同迎来新的一年。

英国人在元旦前一天，家家户户都必须做到瓶中有酒，橱中有肉。英国人认为，如果没有余下的酒肉，来年便会贫穷。除此之外，英国还流行新年“打井水”的风俗，人们都争取第一个去打水，认为第一个打水人为“幸福之人”，打来的水是“吉祥之水”。英国人在新年前的深夜，常带上糕点和酒出去拜访，他们不敲门，就径直走进亲友家去。在英国中部的一些地区，新年早上出门时，不管熟识还是陌生，都会互送铜钱，他们认为这样做，在新的一年不但会给对方带来财运，同时也会给自己带来幸运。

法国人在新年到来之前，一定要把家中的酒全部喝光，以致许多人喝得酩酊大醉，他们认为，元旦时如果家中还有剩余的酒，在新一年里会交厄运。

德国人庆祝新年约有一周的时间。这期间，家家户户都要摆上一棵枞树，树叶间系满绢花，表示繁花如锦，春满人间。德国人在新年来临之前，要爬到椅子上，钟声一响就跳下椅子，并将一重物抛向椅子背后，以示甩去祸患，跳入新年。

意大利人的新年前夜是狂欢之夜。他们对新年前夜远比其他任何节日都要重视。当夜幕降临，人们纷纷涌向街头，燃炮竹、放焰火，男男女女翩翩起舞，一直跳到午夜时分。这时，各家各户把家中一切可以打碎的破旧瓶瓶罐罐、盆碗碟盘，乃至花盆、澡盆等，扔出窗外，认为这样可以去除烦恼和噩运，以示吉祥如意，除旧迎新。另外，元旦这天，各家各户都燃起一炉火，日夜不息，预示在新的一年里一切都会顺利兴旺。

节日是生活中值得纪念的重要日子，是世界人民为适应生产和生活的需要而共同创造的一种民俗文化，是世界民俗文化的重要组成部分。各个民族、国家和地区都有自己的节日，有的节日源于传统习俗，如中国的春节、中秋节、清明节、重阳节等；有的节日源于宗教，比如基督教国家的圣诞节；有的节日源于对某人或某件事件的纪念，比如中国的端午节、国庆节、青年节等；另有国际组织提倡的运动指定的日子，如劳动节、妇女节、母亲节等。随着时间推移，节日的内涵和庆祝方式也在发生着变化。而现时节日经常与假日相混淆，事实上大多数节日都没有法定假期，如中国的重阳节。

我国实行法定节假日 11 天，与周末公休日形成连休，形成两个七天的“黄金周”（春节和国庆节）和五个三天的“小长假”（元旦、清明、国际劳动节、端午、中秋）制度。

任务一　中国传统节日习俗礼仪

中国的传统节日形式多样、内容丰富多样，是我们中华民族悠久的历史文化的一个组成部分。传统节日的形成过程是一个民族或国家的历史文化长期积淀、凝聚的过程，我国的传统节日无一不是从远古发展过来的。中国节日是华夏民族从古至今民间传统风俗的展观，每个节日都不同，例如每当春节来临时，各家各户都会放鞭炮，吃团年饭，粘贴吉祥如意的对联、门神驱逐妖魔鬼怪等。

一、元旦

元旦也被称为“新历年”，是指国际通行公历纪元 1 月 1 日。元旦是全世界人民传统的新年。元旦的“元”是“初”“始”的意思，“旦”是象形字，上面的“日”代表太阳，下面的“一”代表地平线。“旦”即太阳从地平线上冉冉升起，象征一日的开始。“元旦”泛指一年的头一天，传统的旧历年则称春节。每当这天，世界各国人民都举行活动辞旧迎新。各个国家由于其历史、文化、宗教信仰、民族习惯不同，也都有自己不同的庆祝活动，使得这个世界多姿多彩，更显出地域特色、民族特色了。

我国是世界上第12个开始新年的国家。为了区别农历和阳历两个新年，又鉴于农历二十四节气中的“立春”恰在农历新年的前后，因此便把农历正月初一改称为“春节”，阳历1月1日定为“元旦”，并将其列为法定假日，成为全国人民的节日。现代中国对元旦的庆祝较之春节，重要性要小得多。一般机关、企业会举行年终集体庆祝活动，但民间活动很少。

二、除夕

除夕是指农历每年末最后一天的晚上，即大年初一前夜，是中国传统节日中最重要的节日之一。因常在农历腊月二十九或三十日，故又称该日为“年三十”。每到除夕人们往往通宵不眠，这一习俗被称为“守岁”，除夕前，家里家外要打扫得干干净净。除夕习俗各地有所不同，汉族习俗有贴门神、贴春联、贴年画、挂灯笼等。

1．年夜饭

除夕这一天对中国人来说是极为重要的。这一天人们准备除旧迎新，吃年夜饭。年夜饭是春节家家户户最热闹愉快的时候。大年夜，丰盛的年菜摆满一桌，阖家团聚，围坐桌旁。团圆饭一般有火锅、鱼、丸子等，火锅沸煮，热气腾腾，温馨撩人，表示红红火火。“鱼”和“余”谐音，象征“吉庆有余”，也喻示“年年有余”；丸子寓意团团圆圆，有圆满之意；还有萝卜俗称菜头，祝愿有好彩头。年夜饭的种类很多，南北各地不同，席间说各种美好祝福的语言，期待来年心想事成、万事如意。我国北方地区在此时有吃饺子的习俗，取“更岁交子”之意，预示来年交好运。因为饺子形似元宝，过年时吃饺子也有“招财进宝”的吉祥含义。一家大小聚在一起包饺子、话新春，其乐融融。而南方有吃年糕的习惯，因为年糕谐音为“年高”，象征生活步步高。

2．贴春联

春联也叫“门对”“春贴”“对联”“对子”“桃符”，等等，它以工整、对偶、简洁、精巧的文字描绘时代背景，抒发美好愿望，是我国特有的文学形式。每逢春节，家家户户都要精选一副大红春联贴于门上，为节日增加喜庆气氛。

3．贴窗花

在民间人们还喜欢在窗户上贴上各种剪纸——窗花。窗花不仅烘托了喜庆的节日气氛，也集装饰性、欣赏性和实用性于一体。剪纸在我国是一种很普及的民间艺术，千百年来深受人们的喜爱，因它大多是贴在窗户上的，所以也被称为“窗花”。窗花以其特有的概括和夸张手法将吉事祥物、美好愿望表现得淋漓尽致，将节日装点得红火富丽。

4．贴福字

在贴春联的同时，一些人家要在屋门上、墙壁上、门楣上贴上大大小小的“福”字。春节贴“福”字，是我国民间由来已久的风俗。“福”字指福气、福运，寄托了人们对幸福生活的向往，对美好未来的祝愿。为了更充分地体现这种向往和祝愿，有的人干脆将“福”字倒过来贴，表示“幸福已到”“福气到了”。

5．贴年画

春节挂贴年画在城乡也很普遍，浓墨重彩的年画给千家万户平添了许多兴旺欢乐的喜庆气氛。年画是我国的一种古老的民间艺术，反映了人民朴素的风俗和信仰，寄托着他们对未来的希望。

6．燃爆竹

爆竹亦称“爆仗”“炮仗”“鞭炮”。中国民间有“开门爆竹”一说，即在新的一年到来之际，家家户户开门的第一件事就是燃放爆竹，以噼噼啪啪的爆竹声除旧迎新。放爆竹可以创造出喜庆热闹的气氛，是节日的一种娱乐活动，可以给人们带来欢愉和吉利。

7．挂灯笼

中国的灯笼又统称为“灯彩”，起源于1800多年前的西汉时期。每年除夕前后，人们都挂起象征团圆意义的红灯笼，来营造一种喜庆的氛围。

8．压岁钱

压岁钱是汉族年俗，寓意辟邪驱鬼、保佑平安。压岁钱最初的用意是镇恶驱邪。人们认为小孩容易受鬼祟的侵害，所以用压岁钱压恶驱邪，帮助小孩平安过年，祝愿小儿在新的一年健康吉利。压岁钱是由长辈发给晚辈的，有的家里是吃完年夜饭后，由长辈发给晚辈，并勉励儿孙在新的一年里学习长进。有的人家是父母在夜晚待子女睡熟后，放在他们的枕头下，有的人家是小孩子们齐集正厅，高呼爷爷奶奶、爸爸妈妈新年快乐，列队向长辈拜年，而后伸手要压岁钱。晚辈得到压岁钱就可以平平安安度过一岁。

9．春节联欢晚会

春节联欢晚会简称“春晚”，是中央电视台在每年除夕晚上为庆祝农历新年举办的综艺性文艺晚会。1983年起，中央电视台举办的春节联欢晚会已成为了中国人的“新民俗，新文化”，是每年除夕夜必看的电视大餐。看春晚、品香茶、吃各种糖果糕点和水果是中国人春晚的又一享受。时间一般持续到正月初一（春节）的凌晨。

除夕有很多禁忌。如忌言鬼、死、杀等不吉字眼，忌打碎碗碟，忌恶声谩语，忌随地便溺，忌泼污水等。尤其是在吃年夜饭时，有更多的禁忌：长辈给晚辈添饭加菜，如果吃饱了不想要，不能说“不要”，而是说“有了”；如果个别茶果吃完了，要说“吃兴了”，而不能直接说“完了”“没有了”。这些吉利话是人们的“除夕功课”，大人要教孩子说，否则新年不顺。

三、春节

春节是中国最古老、最隆重、最富有特色的传统节日，中国人过春节已有4000多年的历史。春节一般指正月初一，是一年的第一天，又叫阴历年，俗称“过年”。在春节期间，中国汉族和一些少数民族都要举行各种活动以示庆祝。这些活动均以祭祀祖神、祭奠祖先、除旧布新、迎禧接福、祈求丰年为主要内容。春节的庆祝活动丰富多彩，带有浓郁的各民族和地区特色。

1．春节习俗

世界各地，凡有华人居住之处，都要过春节，人们把过春节看作家人欢聚和亲友之间沟通感情的最佳时光。中国人在春节期间要“扫尘”，即每年年终，家家户户都要进行彻底的大扫除，寄托着人们破旧立新的愿望和辞旧迎新的祈求。从大年初一开始，人们便开始拜年，恭祝新的一年大吉大利。拜年时，人们互道“过年好”“恭喜发财”等吉祥的话语。

春节期间，人们纷纷走上街头，舞狮子、耍龙灯、逛花会等。人们以种种方式来寄托美好的愿望，并表达自己的喜悦。春节的持续时间很长，直到农历正月十五，即过完中国的“元宵节”才算结束。

2．过年为什么要放鞭炮

相传，中国古时候有一种叫“年”的怪兽，头长触角，凶猛异常。“年”长年深居海底，每到除夕才爬上岸，吞食牲畜伤害人命。因此，每到除夕这天，村村寨寨的人们扶老携幼逃往深山，以躲避“年”兽的伤害。这年除夕，桃花村的人们正扶老携幼上山避难，从村外来了个乞讨的老人，只见他手拄拐杖，臂搭袋囊，银须飘逸，目若朗星。乡亲们有的封窗锁门，有的收拾行装，有的牵牛赶羊，到处人喊马嘶，一片匆忙恐慌景象。这时，谁还有心关照这位乞讨的老人？只有村东头一位老婆婆给了老人一些食物，并劝他快上山躲避“年”兽，那老人捋髯笑道：婆婆若让我在家呆一夜，我一定把“年”兽撵走。老婆婆惊目细看，见他鹤发童颜、精神矍铄、气宇不凡。可她仍然继续劝说，乞讨老人笑而不语。老婆婆无奈，只好撇下家，上山避难去了。

半夜时分，“年”兽闯进村，它发现村里气氛与往年不同：村东头老婆婆家，门贴大红纸，屋内灯火通明。“年”兽浑身一抖，怪叫了一声，朝婆婆家怒视片刻，随即狂叫着扑过去。将近门口时，院内突然传来“砰砰啪啪“的炸响声，“年”浑身战栗，再不敢往前走了。原来，“年”最怕红色、火光和炸响。这时，婆婆的家门大开，只见院内一位身披红袍的老人在哈哈大笑。“年”大惊失色，狼狈逃蹿了。

第二天是正月初一，避难回来的人们见村里安然无恙十分惊奇。这时，老婆婆才恍然大悟，赶忙向乡亲们述说了乞讨老人的许诺。乡亲们一齐涌向老婆婆家，只见婆婆家门上贴着红纸，院里一堆未燃尽的竹子仍在“啪啪”炸响，屋内几根红蜡烛还发着余光……欣喜若狂的乡亲们为庆贺吉祥的来临，纷纷换新衣戴新帽，到亲友家道喜问好。这件事很快在周围村里传开了，人们都知道了驱赶“年”兽的办法。

从此每年除夕，家家贴红对联、燃放爆竹；户户烛火通明、守更待岁。初一早晨，还要走亲串友道喜问候。这风俗越传越广，成了中国民间最隆重的传统节日。

3．“福”字为何要倒贴

春节，在许多家庭院落的门窗上，往往会看到一些倒贴着的大红“福”字，这可算得上是我国人民的一个传统习俗了。据《梦粱录》记载：“士庶家不论大小，俱洒扫门闾，去尘秽，净庭户，换门神，挂钟馗，钉桃符，贴春牌，祭祀祖宗。”文中的“贴春牌”即是写在红纸上的“福”字。据说，“福”字倒贴的习俗来自清代恭亲王府。一年春节前夕，大管家为讨主子欢心，照例写了许多个“福”字让人贴于库房和王府大门上，有个家人因不识字，误将大门上的“福”字贴倒了。为此，恭亲王福晋十分恼火，多亏大管家能言善辩，跪在地上奴颜婢膝地说：“奴才常听人说，恭亲王寿高福大造化大，如今大福真的到（倒）了，乃吉庆之兆。”福晋听罢心想，怪不得过往行人都说恭亲王府福到（倒）了，吉语说千遍，金银增万贯，一高兴，便重赏了管家和那个贴倒福的家人。事后，倒贴“福”字之俗就由达官府第传入百姓人家，并都愿过往行人或顽童念叨几句：“福到了，福到了！”

“福”字倒贴在民间还有一则传说。明太祖朱元璋当年用“福”字作暗记准备杀人。好心的马皇后为消除这场灾祸，令全城大小人家必须在天明之前都在自家门上贴上一个“福”字。马皇后的旨意自然没人敢违抗，于是家家门上都贴了“福”字。其中有户人家不识字，竟把“福”字贴倒了。第二天，皇帝派人上街查看，发现家家都贴了“福”字，还有一家把“福”字贴倒了。皇帝听了禀报大怒，立即命令御林军把那家满门抄斩。马皇后一看事情不好，忙对朱元璋说：“那家人知道您今日来访，故意把福字贴倒了，这不是‘福到’的意思吗？”皇帝一听有道理，便下令放人，一场大祸终于消除了。从此，人们便将“福”字倒贴起来，一求吉利，二为纪念马皇后。

四、元宵节

农历正月十五元宵节，又称为“上元节”“小正月”“元夕”或“灯节”，是春节之后的第一个重要节日。正月是农历的元月，古人称夜为“宵”，而十五日又是一年中第一个月圆之夜，所以称正月十五为元宵节。元宵节早在 2000 多年前的西汉就有了，元宵赏灯始于东汉明帝时期，明帝提倡佛教，听说佛教有正月十五日僧人观佛舍利、点灯敬佛的做法，就命令这一天夜晚在皇宫和寺庙里点灯敬佛，令士族庶民都挂灯，这种佛教礼仪节日逐渐形成民间盛大的节日。该节经历了由宫廷到民间，由中原到全国的发展过程。另有一说是元宵燃灯的习俗起源于道教的“三元说”：正月十五日为上元节，七月十五日为中元节，十月十五日为下元节。主管上、中、下三元的分别为天、地、人三官，天官喜乐，故上元节要燃灯。

元宵节是中国汉族和部分少数民族的传统节日之一，亦是汉字文化圈的地区和海外华人的传统节日之一。在汉族古俗中，上元节（元宵节）、中元节（盂兰盆节）、下元节（水官节）合称“三元”，都是非常传统重要的节日。吃元宵、赏花灯、猜灯谜是几项重要的元宵节民间习俗。

正月十五吃元宵，“元宵”作为食品，在中国也由来已久。元宵制作的方法也南北各异，北方的元宵多用箩滚手摇的方法，南方的汤圆则多用手心揉团。元宵可以大似核桃、也有小似黄豆，煮食的方法有带汤、炒吃、油氽、蒸食等。不论有无馅料，都同样的美味可口，元宵现已成了一种四时皆备的点心小吃。

五、清明节

清明节又叫“踏青节”，在仲春与暮春之交，清明节原是指春分后 15 天，1935 年中华民国政府明定 4 月 5 日为法定假日清明节，也叫作“民族扫墓节”，是中国传统的祭祖和扫墓的日子，也是最重要的祭祀节日之一。中国汉族传统的清明节大约始于周代，距今已有 2500 多年的历史。受汉族文化的影响，中国的满族、壮族、土家族、苗族、瑶族等 24 个少数民族都有过清明节的习俗。虽然各地习俗不尽相同，但扫墓祭祖、踏青郊游是基本主题。

清明节的起源，据传始于古代帝王将相“墓祭”之礼，后来民间亦相仿效，于此日祭祖扫墓，历代沿袭而成为中华民族一种固定的风俗。

清明节是中国三大鬼节之一。“鬼节”即是悼念亡人之节，是和祭祀天神、地神的节日相对而言的。清明之祭主要祭祀祖先和去世的亲人，表达祭祀者的孝道和对死者的思念之情。清明祭祀在清明前后，各地有所差异。旧时，北京人祭扫坟墓不在清明当天，而在临近清明的“单日”进行。只有僧人才在清明当天祭扫坟墓。浙江丽水一带则在清明节的前三天和后四天的范围内扫墓，称为“前三后四”。在山东，旧时，多数地区在清明当天扫墓，有些地方在清明前四天内扫墓。

清明祭祀的方式或项目各地有所不同，常见的做法由两部分内容组成。一是整修坟墓，扫墓时首先整修坟墓，其做法主要是清除杂草，培添新土。这种行为一方面可以表达祭祀者对亡人的孝敬和关怀。在古人的信仰里，祖先的坟墓和子孙后代的兴衰福祸有莫大的关系，所以培墓是不可轻忽的一项祭奠内容。《清通礼》把修整坟墓解释为“扫墓”名称的来由：“岁，寒食及霜降节，拜扫圹茔，届期素服诣墓，具酒馔及芟剪草木之器，周胝封树，剪除荆草，故称扫墓。”二是挂烧纸钱、供奉祭品。按照旧的习俗，扫墓时，人们要携带酒食果品、纸钱等物品到墓地，将食物供祭在亲人墓前，再将纸钱焚化，然后叩头行礼祭拜，慎终追远。在一年二十四节气当中，民间特别重视清明节。2006 年 5 月 20 日，该民俗经国务院批准列入第一批国家级非物质文化遗产名录。根据国务院办公厅规定：清明节为法定节假日，放假一天。

六、端午节

端午节为每年农历五月初五，又称“端阳节”“午日节”“五月节”“艾节”“重午”。端午节起源于中国，最初是中国人民祛病防疫的节日，吴越之地春秋之前有在农历五月初五以龙舟竞渡形式举行部落图腾祭祀的习俗；后因爱国诗人屈原在这一天投江自尽，其爱国精神和感人诗辞已广泛深入人心，故人们“惜而哀之，世论其辞，以相传焉”，因此，纪念屈原之说影响最广、最深，占据主流地位，端午节便成了中国汉族人民纪念屈原的传统节日，部分地区也有纪念伍子胥、曹娥等说法。

过端午节是中国人 2000 多年来的传统习惯，由于地域广大，民族众多，加上许多故事传说，于是不仅产生了众多相异的节名，而且各地也有着不尽相同的习俗。我国民间过端午节是较为隆重的，庆祝的活动也是各种各样，比较普遍的活动有赛龙舟，吃粽子，喝雄黄酒，挂菖蒲、蒿草、艾叶，熏苍术、白芷等习俗。

- **知识链接 10-1**

端午节在韩国

端午节起源于我国，这是不争的事实，是为了纪念我国伟大的诗人屈原跳汨罗江自杀的爱国精神的节日，我国的端午节很早就传入了日本、韩国、朝鲜、越南等国家，这些国家至今还在欢度端午节。由韩国申报的江陵端午祭被联合国教科文组织正式确定为“人类口头和非物质遗产代表作”。一直延续至今的一个传统节日，被韩国申遗成功了，这对于中国人民来说，多少有些遗憾和失落，这是一个发人深省的问题。

我国是历史悠久的文明古国，各民族拥有丰富多彩的传统民俗非物质文化遗产，也是我国历史的见证和中华文化的重要载体，蕴含着中华民族特有的精神价值、思维方式和文化意识，体现着中华民族的生命力和创造力。保护和利用好民俗非物质文化遗产，对于继承和发扬民族优秀文化传统、增强民族自信心和凝聚力都具有重要而深远的意义。

七、七夕节

七夕节又名“乞巧节”“七巧节”或“七姐诞”，发源于中国，也是华人地区以及部分受汉族文化影响的东亚国家的传统节日，在农历七月初七庆祝。七夕节来自于牛郎与织女鹊桥相会的传说。由于古代女子希望以织女为榜样，所以每逢“七姐诞”，她们都会向七姐献祭，祈求自己能够心灵手巧，获得美满的姻缘。这是中国传统节日中最具浪漫色彩的一个节日。时至今日，七夕仍是一个富有浪漫色彩的传统节日。但不少习俗活动已弱化或消失，唯有象征忠贞爱情的牛郎织女的传说一直流传在民间，故有人称七夕节是“中国的情人节”。

● 知识链接 10-2

七夕的民间传说

牛郎织女传说是中国四大民间传说之一，也是在中国民间流传时间最早、流传地域最广的传说，在中国民间文学史上具有十分重要的地位。

相传牛郎父母早逝，又常受到哥嫂的虐待，只有一头老牛相伴。有一天老牛给他出了计谋，教他怎样娶织女做妻子。到了那一天，美丽的仙女们果然到银河沐浴，并在水中嬉戏。这时藏在芦苇中的牛郎突然跑出来拿走了织女的衣裳。惊惶失措的仙女们急忙上岸穿好衣裳飞走了，唯独剩下织女。在牛郎的恳求下，织女答应做他的妻子。婚后，牛郎织女男耕女织，相亲相爱，生活得十分幸福美满。织女还给牛郎生了一儿一女。后来，老牛要死去的时候，叮嘱牛郎要把它的皮留下来，到急难时披上以求帮助。老牛死后，夫妻俩忍痛剥下牛皮，把牛埋在山坡上。

织女和牛郎成亲的事被天庭的玉帝和王母娘娘知道了，他们勃然大怒，命令天神下界抓回织女。天神趁牛郎不在家的时候，抓走了织女。牛郎回家不见织女，急忙披上牛皮，担了两个小孩追去。眼看就要追上，王母娘娘心中一急，拔下头上的金簪向银河一划，昔日清浅的银河一霎间变得浊浪滔天，牛郎再也过不去了。从此，牛郎织女只能泪眼盈盈，隔河相望，天长地久，玉皇大帝和王母娘娘也拗不过他们之间的真挚情感，准许他们每年七月七日相会一次。相传，每逢七月初七，人间的喜鹊就要飞上天去，在银河为牛郎织女搭鹊桥相会。

八、中秋节

每年农历八月十五日是中国传统的中秋佳节。这时是一年秋季的中期，所以被称为中秋。在中国的农历里，一年分为四季，每季又分为孟、仲、季三个部分，因而中秋也称仲秋。八月十五的月亮比其他几个月份的满月更圆，更明亮，所以又叫作“月夕”“八月节”。中秋之夜，除了赏月、祭月、吃月饼，有些地方还有舞草龙、砌宝塔等活动。除月饼外，各种时令鲜果干果也是中秋夜的美食。此夜，人们仰望如玉如盘的明月，自然会期盼家人团聚。远在他乡的游子，也借此寄托自己对故乡和亲人的思念之情。所以，中秋又称“团圆节”。

中秋之夜，盛行祭月、赏月、拜月的风俗。一家人围坐在一起，一边欣赏皓月当空的美景一边吃月饼是中国各地过中秋节的必备习俗，俗话说：“八月十五月正圆，中秋月饼香又甜。”月饼一词，源于南宋吴自牧的《梦粱录》，那时仅是一种点心食品。到后来人们逐渐把赏月与月饼结合在一起，寓意家人团圆，寄托思念。同时，月饼也是中秋时节朋友间用来联络感情和欢庆合家甜蜜的重要礼物。

● **知识链接 10-3**

汉族节日简汇

春季	春节、路神生日、元宵节、二月二龙抬头、寒食节、清明节
夏季	端午节、夏至节、天贶节
秋季	七夕节、盂兰盆节（中元节、鬼节）、地藏节、中秋节、重阳节
冬季	祭祖节、冬至节、腊八节、过小年、除夕

九、重阳节

农历九月初九，二九相重，称为“重九”。又因为在我国古代，六为阴数，九是阳数，因此，重九就叫“重阳”，重阳节也是我国的“老人节”。重阳与三月初三日“踏春”皆是家族倾室而出，重阳这天所有亲人都要一起登高“避灾”。重阳节活动极为丰富，老人们在这一天或赏菊以陶冶情操，或登高以锻炼体魄，给桑榆晚景增添了无限乐趣。

重阳节的起源，最早可以推到汉初。据说，在皇宫中，每年九月九日，都要佩茱萸、食蓬饵、饮菊花酒，以求长寿。汉高祖刘邦的爱妃戚夫人被吕后残害后，宫女贾某也被逐出宫，遂将这一习俗传入民间。

重阳节是汉族传统节日。庆祝重阳节一般会包括出游赏景、登高远眺、观赏菊花、遍插茱萸、吃重阳糕、饮菊花酒等活动。

1．登高

重阳节有登高的习俗，金秋九月，天高气爽，这个季节登高远望可达到心旷神怡、健身祛病的目的。

2．吃重阳糕

重阳糕又称“花糕”“菊糕”“五色糕”。九月九日天明时，以片糕搭儿女头额，祝愿子女百事俱高，乃古人九月作糕的本意。讲究的重阳糕要作成九层，像座宝塔，上面还作成两只小羊，以符合重阳（羊）之义。有的还在重阳糕上插一小红纸旗，并点蜡烛灯。这大概是用“点灯”“吃糕”代替“登高”的意思，用小红纸旗代替茱萸。当今的重阳糕，仍无固定品种，各地在重阳节吃的松软糕类都称之为“重阳糕”。

3．赏菊

重阳日历来就有赏菊花的风俗，所以古来又称“菊花节”。农历九月俗称“菊月”，节日举办菊花大会，倾城的人潮赴会赏菊。

4．饮菊花酒

重阳佳节，中国有饮菊花酒的传统习俗。菊花酒，在古代被看作重阳必饮、祛灾祈福的“吉祥酒”。魏时曹丕曾在重阳赠菊给钟繇，祝他长寿。晋代葛洪在《抱朴子》中记河南南阳山中人家，因饮了遍生菊花的甘谷水而延年益寿的事。

5．佩茱萸

古代还风行九九插茱萸的习俗，所以重阳节又叫“茱萸节”。茱萸入药，可制酒养身祛病。插茱萸和簪菊花在唐代就已经很普遍。茱萸香味浓，有驱虫去湿、逐风邪的作用，并能消积食、治寒热。民间认为九月初九也是逢凶之日，多灾多难，所以在重阳节人们喜欢佩带茱萸以辟邪求吉。茱萸因此还被人们称为“辟邪翁”。

重阳节源于宗教节日（斗姆星君诞辰日），后来逐渐形成了庙会等一系列节俗活动，流传到民间。

任务二　其他节日习俗礼仪

节日丰富多彩，除传统节日，还有其他各种类型的节日，民族节日如那达慕大会、赛马节、雪顿节、沐浴节、芦笙节、姊妹节、龙船节、火把节、斗牛节、姑娘节、那尼节、重庆苗族踩山节等，宗教节日如塔尔寺灯节、肉孜节、古尔邦节、玉皇圣诞节、蟠桃会、开斋节、平安夜、圣诞节、圣纪节、妈祖节等，民俗节日如国际钱江观潮节、岳阳国际龙舟节、洛阳牡丹花节、贵州杜鹃花节等，艺术节日如中国藏文化节、中国艺术节、上海电视节、四川熊猫节、中国戏剧节、风筝节、西安古文化节、三峡艺术节、冰雪艺术电影节、曲阜国际孔子文化节、天津中国京剧节等，文化节日如海南国际椰子节、哈尔滨冰雪节、吉林雾凇冰雪节、北京龙庆峡冰雪节、自贡恐龙节、杭州茶文化节、中国丝绸之路节等。此外，还有经贸节日、庙会集会、时令节日等。节日的分类不尽相同，这里不一一阐述，有些节日在第十一章有所涉及，以下列举几种节日。

一、纪念型节日

1．国庆节

国庆节是由一个国家制定的用来纪念国家本身的法定假日。通常是这个国家的独立、宪法的签署、元首诞辰或其他有重大纪念意义的周年纪念日，也有些是这个国家守护神的圣人节。虽然绝大部分国家都有类似的纪念日，但是由于复杂的政治关系，部分国家的这一节日不能够称为国庆日，比如美国只有独立日，没有国庆日，但是两者意义相同。

中国古代把皇帝即位、诞辰称为“国庆”。如今，中华人民共和国国庆节特指中华人民共和国正式成立的纪念日，即每年 10 月 1 日。1999 年起，国庆节是中国大陆的“黄金周”假期。国庆的法定休假时间为 3 天，再将前后两个周末调整为一起休假共计 7 天。中国大陆、海外机构及企业则为 3～7 日。澳门特别行政区为 2 日，香港特别行政区为 1 日。

每逢五、十周年会有不同规模的庆典和阅兵，历史上影响较大且最具代表意义的是开国大典及新中国 5 周年、10 周年、35 周年、50 周年、60 周年的六次大阅兵。

2．国际妇女节

1903 年 3 月 8 日，美国芝加哥市的女工为了反对资产阶级压迫、剥削和歧视，争取自由平等，举行了大罢工和示威游行。这一斗争得到了美国广大劳动妇女的支持和热烈响应。1910 年，一些国家的先进妇女在丹麦首都哥本哈根举行第二次国际社会主义者妇女代表大会。大会根据主持会议的德国社会主义革命家蔡特金的建议，为了加强世界劳动妇女的团结和支持妇女争取自由平等的斗争，规定每年的 3 月 8 日为国际妇女节。联合国从 1975 年开始庆祝国际妇女节，从此“三八”节就成为全世界劳动妇女为争取和平、争取妇女儿童的权利、争取妇女解放而斗争的伟大节日。

3．国际劳动节

五一国际劳动节亦称“五一节”，每年的 5 月 1 日是全世界无产阶级、劳动人民共同的节日。此节源于美国芝加哥城的工人大罢工。1886 年 5 月 1 日，芝加哥的 21.6 万余名工人为争取实行 8 小时工作制而举行大罢工，经过艰苦的流血斗争，终于获得了胜利。为纪念这次伟大的工人运动，1889 年 7 月，第二国际宣布将每年的 5 月 1 日定为国际劳动节。这一决定立即得到世界各国工人的积极响应。1890 年 5 月 1 日，欧美各国的工人阶级率先走向街头，举行盛大的示威游行与集会，争取合法权益。从此，每逢这一天世界各国的劳动人民都要集会、游行，以示庆祝。

二、宗教节日

有的节日源于宗教，比如基督教国家的圣诞节。中国民俗节日深受宗教影响，许多节日都来源于宗教。

以佛教为例，有二月十五日薪尽日（佛离世日），二月十九日观音菩萨诞辰日，四月八日浴佛节（佛祖释迦牟尼诞辰日），五月十八日月莲僧母诞辰，七月十五日盂兰盆节，七月三十日地藏节（地藏菩萨诞辰日），八月八日转法轮日（释迦牟尼说法日），十二月八日腊八节（佛祖成道日）。

属于道教的节日有：一月九日天诞节（玉皇大帝诞辰），一月十五日上元节，二月十五日真元节（太上老君生日），三月三日蟠桃节（王母娘娘寿诞），七月十五日中元节，九月九日重阳节（斗姆星君诞辰日），十月十五日下元节。

1．腊八节

腊八节又称“腊日祭”“腊八祭”“王侯腊”，原为古代欢庆丰收、感谢祖先和神灵（包括门神、户神、宅神、灶神、井神）的祭祀仪式，除祭祖敬神的活动外，巫术活动的腊月击鼓驱疫之俗在湖南新化等地区仍有留存。后演化成纪念佛祖释伽牟尼成道的宗教节日。

每逢腊八这一天，不论是皇家、官宦、人家、寺院僧人还是黎民百姓家都要做腊八粥。到了清朝，喝腊八粥的风俗更是盛行。在宫廷，皇帝、皇后、皇子等都要向文武大臣、侍从宫女赐腊八粥，并向各个寺院发放米、果等供僧侣食用。在民间，家家户户也要做腊八粥，祭祀祖先；同时，合家团聚在一起食用，馈赠亲朋好友。中国各地腊八粥的花样，争奇竞巧，品种繁多。腊八粥食物品种较多，如红枣、莲子、核桃、栗子、杏仁、松仁、桂圆、榛子、葡萄、白果、菱角、青丝、玫瑰、红豆、花生等。腊八粥熬好之后，要先敬神祭祖，之后要赠送亲友，一定要在中午之前送出去，最后才是全家人食用。吃剩的腊八粥，保存着吃了几天还有剩下来的，却是好兆头，取其“年年有余”的意义。

腊八粥在民间还有巫术的作用。假如院子里种着花卉和果树，也要在枝干上涂抹一些腊八粥，祈求来年多结果实。

2．中元节

中元节俗称“鬼节”“七月半”，佛教称为“盂兰盆节”。正月十五日汉族称上元佳节，乃庆元宵，古已有之；七月十五日汉族称中元节，祭祀先人；十月十五日汉族称下元节，乃食寒食，纪念贤人。中元节在农历七月十五日，部分在七月十四日。每到中元节，家家祭祀祖先，供奉时行礼如仪。七月十五上坟扫墓，祭拜祖先。

关于“盂兰盆节”的起源，还有一个佛教典故：相传佛祖释迦牟尼在世时，收了十位徒儿，其中一位名叫目连的修行者，在得道之前父母已死，由于目连很挂念死去的母亲，就用了天眼通去察看母亲在地府生活的情况，原来他们已变成饿鬼，吃的、饮的都没有，境况堪怜。目连看了后觉得很心痛，于是就运用法力，将一些饭菜拿给母亲吃，可惜饭菜一送到口边，就立即化为火焰，目连看到这种情境后非常心痛，就将这个情况告诉释迦牟尼，佛祖教训他说，他的母亲在世时，种下了不少的罪孽，所以死后就堕入饿鬼道中，万劫不复，这孽障不是他一人能够化解的，必须集合众人的力量，于是目连就联同一众高僧，举行大型的祭拜仪式，以超渡一众的亡魂。后来，这个传说一直流传后世，逐渐形成一种民间习俗，每年到了农历七月中，人们都会宰鸡杀鸭，焚香烧衣，拜祭由地府出来的饿鬼，以化解其怨气，不致于遗害人间，久而久之，就形成了鬼节的风俗。

三、少数民族节日

中国少数民族丰富多彩的民族节日，具有浓郁的民族风情，是吸引旅游者观赏和参与的一项极有潜力的旅游资源。

1．泼水节

泼水节（见图 10-1）是傣族以及泰语民族及东南亚地区一个古老的传统节日，被视为傣族的春节。一般在傣历六月中旬（农历清明节前后 10 天左右）举行。最主要的节日活动是人们以清水互相泼洒，被人泼水越多，说明收到的祝福越多。

图 10-1　泼水节

2．火把节

中国云南、四川两省彝、白、佤、布朗、拉祜、纳西、阿昌等民族，都有欢度火把节的传统。一般在农历六月二十四日前后举行。节日期间，村寨和田野里的火把彻夜不熄，在节日高潮的夜晚，人们举着火把又唱又跳，闪动的火把不时组成各种绚丽多彩的图案。

3．三月街

云南大理白族自治州的白族“三月街”（见图 10-2），又称“观音街”，是白族人民的盛大街期和传统盛会。最初是崇信者们礼拜诵经，祭祀观音，后发展成为远近闻名的物资交流大会。农历三月十五日至二十一日在大理城北举行。节日期间，大理白族和附近各族人民云集于此，交流和选购各种商品。近年来，国内外客商也纷纷前往。

图 10-2　三月街

● **知识链接 10-4**

部分少数民族节日

民　族	节日名称	时间（农历）	主要活动
拉祜族	春节（过年）	正月初一至初四，初九至十二	对歌、跳芦笙舞、爬花杆
傈僳族	阔时节	正月初九、初十	跳三弦、“都达”“跳嘎”、过火海
景颇族	目瑙纵歌	正月十五之后	歌舞、狂欢
纳西族	三朵节	二月初八	赛马、跳“阿哩哩”、野餐
彝族	补年节	二月初十、初十	吃团圆饭、跳铜鼓舞
壮族	歌圩节	三月初三	青年男女对歌社交、抛绣球、碰花蛋
布依族	牛王节	四月初八	吃牛王粑、让耕牛休息、散食、歌舞
白族	绕三灵	四月二十三至二十五	绕山、祭祀、跳霸王鞭、八角鼓舞
藏族	雪顿节	藏历六月底七月初	吃酸奶子、藏戏、展佛
哈尼族	苦扎扎	六月中旬	对歌、跳舞、祭天神、打磨秋
回族	开斋节	回历十月一日	礼拜、赠“油香”
阿昌族	会街节	九月中旬	耍青龙、耍白象、跳象脚鼓舞
独龙族	卡雀哇	腊月（各地不一）	剽牛、祭天、跳锅庄舞、互邀做客
水族	端节	现为十一月第一个亥日	铜鼓舞、对歌、寻偶

四、艺术节日

艺术节日有很多，主要有：中国藏文化节、中国艺术节、上海电视节、四川熊猫节、中国戏剧节、中国吴桥杂技节、风筝节、西安古文化节、三峡艺术节、天津国际少儿文化艺术节、冰雪艺术电影节、曲阜国际孔子文化节、天津中国京剧节等。

1．风筝节

风筝节是潍坊一年一度的国际盛会，一般定于每年 4 月 20 日至 25 日在风筝之都潍坊举行。1984 年举办第一届潍坊风筝节以来，吸引着大批中外风筝专家和爱好者及游人前来观赏、竞技和游览。1988 年，第五届国际风筝会将潍坊定为“世界风筝之都”。在第六届风筝会上成立了国际风筝联合会，其总部设在潍坊。同时，潍坊国际风筝节又是与发展外向型经济相结合的盛会，期间举办潍坊市对外经济技术贸易洽谈会，吸引着大批中外客商前来洽谈贸易，技术交流和观光游览。

潍坊风筝历史悠久、扎工精巧、造型优美、放飞平稳、易于起飞。位于市区东北 15 公里的杨家埠村，便是风筝的故乡。杨家埠风筝以做工考究，绘制精细，起飞高稳而闻名，分为串子类、板子类、立体类、软翅、硬翅和自由式六大系列 60 多个品种。历届风筝节的中外风筝佳作，在潍坊风筝博物馆——迄今世界上最大的专业博物馆——陈列展出，题材广泛、花样繁多、扎技精湛、造型各异。

潍坊国际风筝节不但是交流风筝技艺的节日，也是了解风筝民俗文化的好机会。整个潍坊风筝节期间伴有丰富多彩的民间传统艺术活动。传统的民族花灯展览，在夜幕下呈千姿百态，栩栩如生；民族焰火，以其绝妙的燃放技巧，展现历史戏剧故事场景，令人不胜激动和赞叹。

2．孔子文化节

中国曲阜国际孔子文化节始创于 1989 年 9 月，其前身是孔子诞辰故里游，该活动主要是以纪念孔子，弘扬民族优秀文化为主题，达到纪念先哲、交流文化、发展旅游、促进开放、繁荣经济、增进友谊的目的。融经济、文化、旅游、艺术、学术、经贸、科技活动于一体，文化特色显著，乡土气息浓郁。

中国（曲阜）国际孔子文化节是融纪念、文化、旅游、学术、经科贸于一体的大型国际性节庆活动，旨在纪念孔子对人类文化的杰出贡献，弘扬中华民族优秀传统文化，加强国际间的文化交流与合作。国际孔子文化节于每年 9 月下旬在孔子故里、著名历史文化名城济宁市曲阜举办，自 1984 年起开始举行，在海内外产生了广泛而深远的影响，成为山东走向世界、世界了解山东的重要平台。被国家旅游局确定为国家级“旅游节庆精选活动”，被国际节庆协会评为“中国最具国际影响力的十大节庆活动”之一。

情境实训与习题

一、思考题

1. 我国有哪些传统节日？你知道春节的由来吗？
2. 国外有哪些主要节日？各国的圣诞节有什么特点？
3. 除夕有哪些习俗和禁忌？
4. 元宵节有何风俗？
5. 清明节和中元节习俗有何不同？
6. 简述端午节的来源和习俗。
7. 中秋节有何习俗？

二、情境实训

1. 查找资料，简述我国春节在古代和现代有什么差异？
2. 分组讨论：比较各地中国传统节日的差异并记录，请小组成员代表简述。
3. 你知道我国少数民族的主要节日吗？以小组为单位进行交流。

三、案例分析题

祭月拜月习俗

在少数民族中盛行着祭月、拜月的风习。

云南傣族在中秋之夜，盛行“拜月”风俗。傣族传说，月亮是天皇第三个儿子岩尖变的。岩尖是个英勇刚强的青年，他曾率领傣族人民打败过敌人，赢得了傣族乡亲的爱戴。后来，他不幸死后，变成了月亮，升向天空，继续发出柔和的月光，在黑暗中给傣族人民带来光明。每逢中秋节这天，小伙子一清早就带上火药枪上山打火雀、野鸡，猎取节日野味。姑娘、媳妇们忙着到湖边、池塘里抓鱼。他们都忙着准备节日的晚餐。老阿妈则忙着舂糯米，做大小不同的食物，四只桌角上各放一个糯米圆饼，每个饼上插一炷冷香。待到月亮从山林上空一升起来，就点燃冷香，全家大小开始“拜月”。然后，对空鸣放火药枪，以示对英雄岩尖的敬意。最后，全家老小欢乐地围坐在小方桌旁，品尝食物，谈笑赏月，尽兴方散。

鄂伦春族人祭月时在露天空地放上一盆清水，摆上祭品，然后跪在盆前，向月叩拜；土家族人用盆盛清水，将月亮的倒影映入清水盆中，然后，人们不停地用小石子打盆中的月亮，俗称“打月亮”；广西西部壮族的“祭月请神”活动更典型，每年夏历八月中旬，有的就在中秋夜，人们在村头村尾露天处，设一供桌，供放祭品和香炉，桌子右边竖一高约一尺的树枝或竹枝，象征社树，亦作月神下凡与上天的梯子，这里保存了古老的月亮神话因素。整个活动分为：请月神下凡，由一名或两名妇女作为月神的代言人；神人对歌；月神卜卦算命；歌手唱送神咒歌，送月神回天四个阶段。

思考：

1．谈谈各少数民族的“拜月”习俗寄托了人们怎样的思想感情？

2．你知道汉族中秋节有何习俗和禁忌吗？谈谈你家乡的习俗和禁忌。

学习情境十一 我国部分少数民族及地区习俗礼仪

● **学习目标**

知识目标：了解我国主要少数民族及地区的社交礼节、习俗、节庆及禁忌，能较为全面地认识各民族、各地区的礼俗禁忌。

技能目标：掌握我国港澳台地区及主要少数民族的习俗与禁忌，能够对各主要民族及港澳台地区的人际交往做出简要分析。

素质目标：能运用所学相关知识，分析我国主要民族、港澳台地区习俗的基本情况，为进行人际交往打下基础。

● **导入案例**

蒙古族习俗

夏季的内蒙古草原以其凉爽的气候、宜人的景色吸引着八方宾客，但一些外地游客因不了解草原上蒙古族的礼仪而闹出不少笑话和不快。因此，到内蒙古草原旅游，先了解蒙古族的民俗、礼仪，会帮助您更好地度过草原之旅的美好时光。

蒙古族人非常爱惜牲畜，如在草原上遇见畜群，汽车和行人要绕道走，不要从畜群中穿过，否则会被认为是对畜主的不尊重。如果要鸣笛，不要惊到牲畜，草原上的人们认为牲畜急跑会掉膘。

进入蒙古包要从火炉左侧走，坐在蒙古包的西侧或北侧，东侧是主人起居处，尽量不要坐。入座时不要挡住北面哈那（壁）上挂着的佛像。走进蒙古族人家，无论是蒙古包还是砖瓦房，都不可坐在门槛上或踩在门槛上，蒙古族人非常忌讳这一点。

奶茶是蒙古族的特色饮品，到牧民家做客，主人首先会给宾客敬上一碗奶茶。这时，宾客要微微欠身用双手或右手去接，千万不要只用左手，否则会被认为是不懂礼节的。

献歌、敬酒是蒙古族传统的待客方式，是欢迎远方客人的最高礼节。通常主人将美酒斟在银碗里，托在长长的哈达之上，唱起蒙古族传统敬酒歌，敬献客人。客人若是推让不喝酒，就会被认为是瞧不起主人，不愿以诚相待。宾客应随即接住酒，左手捧杯，用右手的无名指蘸一滴酒弹向头上方，表示先祭天；第二滴酒弹向地，表示祭地；第三滴酒弹向前方，表示祭祖先，随后把酒一饮而尽。不会喝酒也不要勉强，可沾唇示意，表示接受了主人纯洁的情谊。

民族是长期历史形成的社会统一体，是由于不同地域的各个种族（或部落）在经济生活、语言文字、生活习惯和历史发展上的不同而形成的群体。民族的风俗习惯是一个民族在其长期的历史发展过程中世代相传形成的风尚、习俗，是逐渐形成的难以改变的生活方式，表现在服饰、饮食、节庆、建筑、婚姻、礼节、丧葬以及生产活动等诸多方面。风俗习惯具有社会性、规范性、地域性和相对稳定性的特点，并在不同程度上反映着一个民族的历史和文化、传统、心理、道德、宗教信仰等，成为民族特点的一项重要内容。

了解和掌握各民族、各地区的习俗礼仪和禁忌，可以避免我们在进行人际交往时发生不必要的误会。恰当地把握交往分寸，才能促进人际交往的顺利进行。

任务一　少数民族习俗礼仪

一、土家族

土家族主要分布在湖南、湖北、重庆、贵州毗连的武陵山地区，共有 2 个土家族自治州（1957 年成立了湖南省湘西土家族苗族自治州，1983 年成立了湖北省恩施土家族苗族自治州），24 个土家族自治县，2010 年统计的中国境内土家族人口约有 835 万，在中国的 55 个少数民族中排名第七位。“土家”在土家语中是本地人的意思，土家族人自称“毕兹卡”，意为本地人。土家语属汉藏语系藏缅语族，大多数人通汉语，只有湖南的永顺、龙山、古丈等聚居地区还完整地保留着土家语。土家族无文字，通用汉文。土家族崇拜祖先，信仰多神，有祖先崇拜、自然崇拜、英雄崇拜、图腾崇拜等多种形式。

土家族祖先崇拜的对象为土王、八部大神、向王、向王军，这些都是土家族早期的祖先神，建有庙、祠堂，定期祭祀认为其灵魂可以庇护本民族繁荣昌盛。土家族人认为廪君死后化为白虎，故敬祭白虎，各地都有白虎庙，廪君即是相王天子，本名巴务相，故白虎庙、廪君庙、相王天子庙皆是供奉同一人的，家里神龛上所供白虎神位，实则也为廪君。

吊脚楼为土家族人居住、生活的场所，多依山就势而建，呈虎坐形，以“左青龙，右白虎，前朱雀，后玄武”为最佳屋场，后来讲究朝向，或坐西向东，或坐东向西。

● **知识链接 11-1**

土家族图腾崇拜

在土家族地区有不少类似白虎山、白虎堂等带有“白虎”二字的地名，这是土家族宗教信仰的反映。永顺、龙山、来凤等地传说白虎有两种，一种叫坐堂白虎，一种叫行堂白虎，坐堂白虎，坐镇厅堂，威风凛凛，是要“敬”的；行堂白虎，破门而入，凶恶无比，是要“赶”的。“敬”白虎和“赶”白虎的传统，是根据古代巴人遗留的传说形成的。

白虎图腾是土家族人的图腾。土家族人以白虎为图腾崇拜（见图 11-1），尤以“坐堂白虎”为甚。过去，家家户户设坛祭虎神，或在神龛上供奉坐堂白虎，或挂中堂白虎，现今土家族人的习俗中，对白虎有敬、畏之分，其大体分野是鄂西为敬、湘西为畏。鄂西较普遍地信奉“白虎当堂坐，无灾也无祸”“当堂坐的是家神”，民家堂屋里多设有白虎神坐堂。而在湘西，则多信奉“白虎当堂过，无灾也有祸”，以忌虎为特征，永顺、保靖、龙山县一带，不少人认为

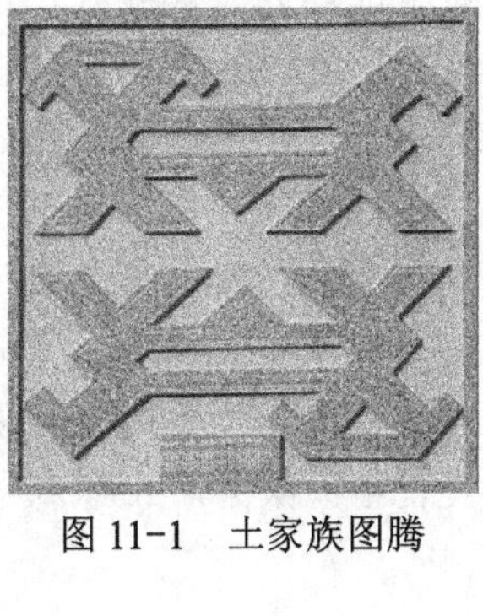

图 11-1　土家族图腾

自己的祖先是“打虎匠”，视白虎为凶神，并忌讳“虎”字，多以“猫”代之。

1．礼节

在社交活动中，土家族人都十分注重礼节，珍惜声誉。对人称呼，无论亲友长幼，“尊敬”二字为先。在当地，亲戚来往非常密切，礼节不少，且不问贫富、不论亲疏。土家族有句谚语：“亲戚像把梭，往来脚跟脚。”土家族不仅亲族往来间有优良的道德风尚，就是与一般人往来，也很讲究社交礼仪。土家族人见面时要互相问候，家有来客，必盛情款待。土家族人平时粗茶淡饭，若有客至，夏天先喝一碗糯米甜酒，冬天就先吃一碗开水泡团馓，然后再以美酒佳肴待客。若是逢年过节到土家族人的家里做客，主人还会拿出雪白的糍粑放在火上烤，待烤得两面金黄时，往里灌白糖或蜂蜜，双手捧给客人。有的地方给客人吃糍粑还有些讲究，即把烤好的磁粑给客人后，客人不得吹拍火灰，要接过就咬，这时主人会抢回去吹打拍净，蘸上糖再给客人。土家族人无论婚丧嫁娶、修房造屋等红白喜事都要置办酒席，一般习惯于每桌七碗、九碗或十一碗菜，但无八碗桌、十碗桌。因为八碗桌被称为“勺吃花子席”，十碗的“十”与“石”同音，都被视为对客人不尊，故回避。

2．民居

土家族的山寨一般是一姓一寨，单家独户的极少。格局一般是长方形的3间，中为堂屋，供奉神和祖先，不做他用。在依山傍水、风景秀丽的山区建有吊脚楼，一般多为九柱落地，横梁对穿，楼台悬空，飞檐上翘。就其结构而言，各地区的吊脚楼大同小异，它们最基本的特点是正屋建在实地上，厢房除一边靠在实地和正房相连外，其余三边皆悬空，靠柱子支撑，正屋和厢房的上面住人，厢房的下部有柱无壁，用来喂养牲畜、堆放杂物。吊脚楼属于干栏式建筑或半干栏式建筑。恩施的吊脚楼一般都依山傍水，或群居，或独处，村寨一般都沿着山麓往上建在山坡处，层层相叠，鳞次栉比，不拘一格，顺乎自然。依山势向上分台而筑、曲折而建。村寨不讲究对称，但错落有致。

3．服饰

土家族女装（见图11-2）为短衣大袖，右开襟，滚镶2～3层花边，下着镶边筒裤或八幅罗裙。土家族女子喜欢佩戴各种金、银、玉质饰物。在土家族人最爱红色，因为红色有着热烈、鲜艳、醒目、祥和之感，因此喜红者居多。有色必有红，久而久之，不但在服饰上而且在生活上也形成了“无红不成喜，有喜必有红”之俗。“改土归流”后，由于受封建王朝的压制，以及中原文化的强大影响，土家族的男女服饰均为满襟款式，加以土家族的家织花边，保持着本民族服装的浓厚特色。男装为对襟短衫。土家族男子穿琵琶襟上衣，缠青丝头帕。织绣艺术是土家族妇女的传统工艺。土家族织锦又称“西兰卡普”。

图11-2　土家族女装

4．饮食

土家族日常主食除米饭外，以苞谷饭最为常见，苞谷饭是以苞谷面为主，适量地掺一些大米用鼎罐煮或用木甑蒸而成。有时土家族人也吃豆饭，即将绿豆、豌豆等与大米合煮成饭食用。土家族菜肴以酸辣为其主要特点，民间家家都有酸菜缸，用以腌泡酸菜，几乎餐餐不离酸菜。土家族民间十分注重传统节日，尤其以过年最为隆重。届时家家户户都要杀年猪，做绿豆粉，酿米酒或咂酒等。猪肉合菜是土家族民间过年、过节必不可少的大菜。在节日或待客时，酒是土家族人必不可少的，其中常见的是用糯米、高粱酿制的甜酒和咂酒，度数不高，味道香醇。

● **知识链接 11-2**

咂酒

咂酒是土家族古老而奇特的酒俗文化现象。

咂酒是以糯米或玉米、高粱、小麦等粮食酿制而成的甜酒，用大瓮装好置于窖内贮藏 1 年或数年，取出以凉水冲泡好后，数人以竹管进行吮吸的一种饮用方式，称为“咂酒”。多用于宴会招待嘉宾或田边地角劳作间隙饮用，用于宴会助兴和劳动中解除疲劳。吮吸时，先由一人吸咂，叫“开坛”，然后彼此轮吸。土司时期土司王酷爱咂酒。据考证，咂酒乃农耕时期土家族吸取了古蜀地的酿酒方法，在土家族士兵被征调赴东南沿海打仗时逐渐形成的吮吸习俗。如此说不谬，那以竹管吮吸的咂酒，当为用吸管喝饮料之鼻祖。

咂酒，为众人共饮于一坛，使亲情交融，是土家族在饮酒上协调人际关系的途径，充满着“和”的哲学思想，表现了土家族人崇尚礼仪、热忱待客、纯朴厚道的民族性格。无怪龙潭安抚司田某咂酒诗云：“万颗明珠共一瓯，王侯到此也低头。五龙捧起擎天柱，吸尽长江水倒流。”

5. 婚嫁习俗

“哭嫁”是土家族独有的婚俗。整套婚俗主要有提亲、认亲、填庚、定期、过礼、喜期、拦门、发亲、拗礼、拦马车、拜堂及回门等十几道程序，哭嫁即在“喜期”这套程序中。哭嫁须在新娘离开娘家前半个月或 1 个月开始唱“哭嫁歌”。哭嫁歌内容很多，包括哭爹娘、哭哥嫂、哭弟妹、哭祖先与骂媒人等，多为感谢父母长辈的养育之恩和哥嫂弟妹们的关怀之情；泣诉少女时代欢乐生活即将逝去的悲伤和新生活来临前的不安与迷茫。哭时有新娘独自一人哭的，有姊妹、兄嫂、父母与亲友一同陪哭的；有新娘独在闺房哭的，有众人围着火塘陪哭的；有捶胸顿足号啕大哭的，也有独自低吟浅唱哭的。因新娘身世境遇不同，其哭嫁内容与形式也各异。“哭嫁歌”的歌词大都是已成定式的五、七言长短句，并有简单的曲牌。出嫁时，同村亲友的女孩都来陪哭。陪哭的人，哭得越伤心、越动听、越感人越好。在出嫁前，姑娘如果不会哭嫁，就会受到歧视和讥笑。为了准备哭嫁，女孩在稍懂事时就要学习哭嫁，土家族人把是否善于哭嫁作为衡量女子才德的标准之一。

结婚典礼的头一天，新娘要沐浴全身，开脸，以表示少女期结束。同时，还须请来未婚女子 9 人，加新娘共 10 人，入夜即围坐拉歌、对歌，多以对唱、联唱、猜猜调等形式盘古论今，欢娱达旦，是谓“陪十姊妹”。待次日，新娘梳洗完毕，即由哥嫂等背出闺房，于自家堂屋中的斗上踩下脚印后，换上男方家绣花鞋，持“露水伞”，于鼓乐声中由新郎家来人迎去。在婆家“拜堂”后“回门”，整个婚礼遂告结束。

● **知识链接 11-3**

土家族婚俗“陪十姊妹”

“陪十姊妹”是土家族婚俗中最隆重的礼节，规模大、内容多、形式活、气氛浓是陪十姊妹的特点。“陪十姊妹”在姑娘出嫁前一天晚上举行，入夜，摆放着姑娘陪嫁物品的堂屋里红烛生辉，香烟缭绕。两张朱红桌子摆在堂屋中间，桌上放有糖食果饼和瓜子、板栗、核桃、花生等干果，被邀的9位土家族未婚女子围桌而坐，陪新娘唱十姊妹歌，谓之“陪十姊妹”。听歌看热闹的人里三层外三层，屋里屋外被挤得水泄不通。歌声通宵达旦，直到新娘出嫁前一个时辰才降下帷幕。

“陪十姊妹”有一定的程序。先由内行的人唱“开台歌”：

十姊妹来都请坐，听我唱个开台歌；
一张桌子四只角，四只角上站喜鹊；
喜鹊口里含白米，天不亮明歌不落；
东边唱歌西边接，今晚唱歌凑闹热；
我们姊妹团团坐，唱起歌儿话离别。

这开台歌就像水库的闸门，闸门一打开，歌浪滚滚来，她们海阔天空，尽情而歌。演唱内容十分丰富，有对媒人的揶揄，有对旧情的抒发，有对亲情的怀念，有对妇女的赞扬，有对未来的憧憬。唱词长短成句，格调清新，褒贬分明，有历代相传的，也有即兴创作的，大都富有诗韵和乐感。在演唱过程中，姑娘们常以“十”为题，创作有“十要”“十唱”“十想”“十爱”“十杯酒”“十二月”等，把哭唱的内容不断拓宽和延伸。姑娘触景生情，宵夜时，她们就唱赞厨师手艺和席面的内容。新娘还要唱“斟酒歌”来答谢众姐妹，感恩祖德和回报父母养育之恩：

点燃红烛灯花开，九姊九妹陪我来；
团圆桌上来结拜，胜似同娘共母怀；
今晚我把酒来斟，辞别大堂祖三代；
女是娘的罗裙带，长大成人知好歹；
……

天亮了，夜以继日的“陪十姊妹”活动在“一张桌子圆又圆，中间圆个古镂钱，古镂钱上四个字，花好月圆到百年”的歌声中降下了帷幕。

6．丧葬习俗

土家族人“丧事尚歌谣”。打鼓踏歌，有“跳丧鼓”之习。人死后，要唱“孝歌”，打夜锣鼓，通宵达旦。若死老人，还要在丧堂架木柴，烧大火。葬后，将未烧尽之柴头平分给子女，以表遗产均分之意。送葬时，土老师用柴芯棍打棺材赶鬼。孝子扶棺匍匐而行。埋葬时，请土老师在坟中画八卦，撒雄黄酒，棺材入墓，孝子先挖三锄泥，然后埋棺。对自然死亡的人，在坟上插竹棍一根，伞一把；对非正常死亡的人，要请土老师上刀梯超度。

鄂西土家族办丧事的形式，既有坐丧，也有转丧，又有跳丧。土家族的坐丧，除亲属哭丧之外，还要专门请数名歌先生（或称“歌师傅”）来击丧鼓，唱孝歌。孝歌的内容是称述亡人的事迹，颂扬亡人的品格以及神话、传说、历史、故事等，也时常穿插一些男女调情的唱段，末了还要悼亡。

跳丧，又称“跳撒尔嗬”“打丧鼓”。现在仍然流行跳丧的，包括巴东南部（以野三关、清太坪、杨柳池为中心）、长阳西部、鹤峰北部、五峰西部以及建始和恩施的少部分区域。“跳丧”“跳撒尔嗬”主要流传在清江流域土家族聚居地区。清代土家族诗人彭秋潭在一首《竹枝词》中吟道："谁家开路添新鬼，一夜丧歌到天明。"鄂西长阳、巴东、建始、恩施、鹤峰、五峰、利川等县境内的跳丧鼓很有原始古老风格。

跳丧的舞姿以"曲""颤""悠""靠""转"独具一格，除了"跑场子"和"四大步"等基本套路外，多为模仿山中飞禽走兽和一些农事活动。诸如鹞鹰展翅、燕儿衔泥、猛虎下山、虎洗脸、虎抱头、幺姑姐筛箩等。史书也曾把这种舞蹈称为"巴渝舞"，经演变已发展成鄂西土家族用于祭祀死者的歌舞——跳丧鼓歌舞。丧鼓舞是土家族先民在长期的生产与生活中所创造的一种独特的丧祭形式，相沿成习，保持着浓厚的巴人遗风。

● **知识链接 11-4**

摆手舞

土家族最富民族特色的节日是年节，节日中最富民族特色的歌舞是"舍巴日"，也就是摆手舞。舍巴日的"舍巴"，意为"摆手"。土家语动宾倒置，"舍巴日"，汉语直译为"做摆手"，意译为"摆手舞"。它是土家族祭祀祈祷的一种活动，一般在年节举行，并发展为集祭祀、祈祷、歌舞、社交、体育竞赛、物资交流等多种功能于一体的民俗活动。

摆手舞是土家族古老的传统舞蹈，主要流传在鄂、湘、渝交界的酉水河流域，以重庆市秀山县、酉阳县，湖北恩施土家族苗族自治州的来凤，湖南湘西土家族苗族自治州的龙山、永顺为主要传承地。摆手舞分大摆手和小摆手两种。小摆手，土家语叫"(舍巴)"或"(舍巴巴)"。大摆手，土家语称为"叶梯黑"。它集舞蹈艺术与体育健身于一体，有"东方迪斯科"之称。

摆手舞反映了土家族人的生产生活，如狩猎舞表现狩猎活动和摹拟禽兽活动姿态，包括"赶猴子""拖野鸡尾巴""犀牛望月""磨鹰闪翅""跳蛤蟆"等十多个动作。摆手舞被列为中国第一批国家级非物质文化遗产名录。

据传摆手舞起源于宗教祭祀活动。土家族人尊敬祖先，热爱自己的领袖人物，时刻不忘祖先的功绩，便创造了纪念他们的摆手舞。在来凤等摆手舞流传区域仍保存着摆手祭祀的习俗，祭祀对象除个别地方祭八大神外，大部分祭土司王，如彭公爵主、田好汉、向老官人，都是五代至宋朝时期土家族历史上有名有姓的人物，"生而为英，死而为灵"(来凤县河东乡中寨庙堡摆手堂碑刻，清嘉庆五年)。《蛮书校注》卷十载："巴氏祭祖，击鼓而祭。"以此认为摆手舞是土家族人祭祀祖先的一种舞蹈。

7. 节庆

土家族节日民俗较多，从节日内容看，有祭祀节日、纪念节日、庆贺节日、社交娱乐及生产性节日五类。四月八、六月六和土家年为主要节日，最隆重的是过土家年，俗称过"赶年"。

(1) 赶年

赶年的意思就是提前一天过年，比汉族除夕提前一天。月大，二十九这天过；月小，二十八这天过。这个习俗在土家族中较为普遍，一直沿袭至今。传说明嘉靖年间，土家族土司奉召征讨倭寇，土兵转战在江苏、浙江一带，出其不意、功其不备的战术使倭寇频频受挫。有一年年底，倭寇计划趁过年之际，突然袭击土兵，以报受挫之仇。我军得知此信，于是提前一天过年，在营地做好了战斗准备，等着倭寇上门来送死。三十那天，倭寇果然大举进攻，冲进营地，土兵从暗处杀出来，大败倭寇，死伤不计其数。此后土家族人就提前一天过年，以纪念祖先的功绩。这便是赶年的来历。

赶年时家家户户都要杀年猪，染成红、绿色，晾干，做绿豆粉、煮米酒或咂酒等。猪肉合菜是土家族民间过年、过节必不可少的大菜。

（2）牛王节

每年的四月十八是土家族的牛王节。传说很多年前，天上的神牛看到人类，终日劳作，仍吃不饱，就悄悄盗了仙谷给人类，这事让守谷神发现了，告到玉帝那里，玉帝一气之下将神牛贬下凡间，让它跟人一道吃苦受罪。从那以后，牛就陪伴人们耕田了。人们不忘神牛盗仙谷之恩，就将“仙谷”改为“盗谷”，后来又将“盗谷”改为“稻谷”。神牛盗仙谷的时间是农历四月十八日。土家族人就将这天定为“牛王节”，以各种形式予以庆祝，这便是牛王节的来历。这天各地都要举办牛王节歌会，搭起歌台，将牛头像悬挂在歌台中央，以歌颂牛的功德。牛王节十分热闹，各家各户提前一天将牛梳洗干净，喂精饲料，角上系一朵大红花，一早牵着去赶歌会，同时，也借此机会展示自家牛的健壮。

（3）女儿会

每年农历七月十二是土家族的“女儿会”。这一天，方圆百里的青年男女都梳妆打扮、穿戴一新去赶会。这一天土家族姑娘居多，且以她们为主，因此叫“女儿会”。一些男女青年借此机会以对歌方式寻找情侣，彼此相中，即约定地点交谈，以定终身之好。

8．禁忌

土家族人在语言上有许多禁忌，如正月忌头，腊月忌尾。节庆、喜事、出门之日忌讲不吉利的话。初一、十五不准哭闹，不准吵架，不准讲不吉利的话。结婚之日忌讲“分别”“离开”之语，更不能高谈阔论丧葬之事。

土家族人腊月二十三祭灶，不准推磨，免得天旱，雨落外地；不准妇女梳头，怕来年下雨冲掉地里的泥巴；年三十吃团圆饭时，不准泡汤，以免来年雨冲垮田坎；年三十煮的饭要吃到正月初二、初三，意即一年吃不完，有剩有余；初一到初三不准扫地，扫了会将财气扫掉；新婚三日内，禁未婚姑娘进入新房，以免造成新婚夫妇不和等。

禁止在孕妇家中随意动土、钉钉子、拆门、移动家具及敲敲打打，以免孕妇坠胎或引起胎儿破相；禁坐在别人正门槛上，有欺主之嫌；忌早晨到别人家借钱，谓之“早上不出财”；老人去世忌说“死了”，而要讲“老了”“过身了”；忌穿蓑衣进火房，意“引火烧身”；土家族人最忌“三十六”这个数字，如“人满三十六，喜的喜，愁的愁”“三十六，栽跟头”，故不论男女，必做三十六生日冲煞过关，凡日常生活中，偶尔碰上三十六（数字、排号等），都会认为不吉利。

新娘回门时，忌为娘家扫地，恐将娘家财气扫光；回门日，新郎吃岳家头一餐时，忌将岳家特意多盛的一大碗饭吃光，忌将酒杯中事先投入的两粒黄豆（金豆）吃掉，以免将岳家吃穷喝光。回门时，忌新婚夫妇在娘家同居一室。客人不能与少妇坐在一起，但可以与姑娘坐一条长凳等。

土家族人年三十不洗衣，不做针线活，不杀猪宰羊。正月初一不洒水、不扫地。清明、立夏及农历四月初八不用耕牛。

鄂西土家族人忌在待客的油茶汤中打 3、4 以外数目的鸡蛋。

二、苗族

图 11-3 苗族图腾

苗族主要聚居于苗岭山脉和武陵山脉贵州省东南部、广西大苗山、海南岛及贵州、湖南、湖北、四川、云南、广西等省区的交界地带。2010 年全国人口普查统计共有苗族人口约 942 万。从人口数字看，在我国 56 个民族中，苗族列于第五，仅次于汉、壮、满、回四个民族。苗族有自己的语言—苗语，属汉藏语系苗瑶语族苗语支。苗族的主要信仰有自然崇拜、图腾崇拜（见图 11-3）、祖先崇拜等原始宗教形式，苗族传统社会相信鬼神、盛行巫术，也有一些苗族人信仰基督教、天主教，苗族信仰佛教、道教的极少。

1．礼节

苗族有敬老的传统美德和风尚。苗族人非常热情，接待客人时，给客人端茶敬酒必须双手毕恭毕敬地递给客人，以示尊敬；主人路遇客人主动让先，不走在前面；交谈中用敬语称呼。

迎客要穿节日服装；对贵客要到寨外摆酒迎候；客人到家门，男主人要叫门，告知在家的女主人，女主人要唱歌开门迎客；在客人面前，女主人不登高上楼；宴会多以鸡、鸭待客，尤以动物心、肝最贵重，要先给客人或长者，客人则分给众人享用，次序是先长后幼。

2．民居

在黔东南和黔北部分地区，有一种比较特殊的建筑形式，叫“吊脚楼”。建在斜坡之上，把地基削成一个“厂”字形的土台，土台之下用长木柱支撑，按土台高度装上穿枋和横梁，与土台取平，横梁上垫上楼板，作为房屋的前厅，其下为蓄养牲畜或存放杂物。长柱的前厅上面，又用穿枋与台上的主房相连，构成主房的一部分。台上主房又分两层：第一层住人，上层装杂物。屋顶盖瓦（或盖杉树皮），屋壁用木板或砖石装修。

3．服饰

图 11-4 苗族服饰

苗族服饰（见图 11-4）从总体来看，保持着中国民间的织、绣、挑、染的传统工艺技法。从内容上看，服饰图案大多取材于日常生活中的物象，有表意和识别族类、支系及语言的重要作用，这些形象记录被专家学者称为“穿在身上的史诗”。从造型上看，采用中国传统的线描式或近乎线描式的、以单线为纹样轮廓的造型手法。从制作技艺看，有服饰发展史上的五种形制，即编制型、织制型、缝制型、拼合型和剪裁型。从用色上看，善于选图，用多种强烈的对比色彩，追求颜色的浓郁和厚重的艳丽感，红、黑、白、黄、蓝五种为苗族人的最爱。从构图上看，它并不强调突出主题，只注重适应服装的整体感。从形式上看，分为盛装和便装，盛装为重大节日和婚嫁时穿着的服装，繁复华丽，集中体现了苗族服饰的艺术水平；便装样式比盛装样式素静、简洁，用料少，费工少，供日常穿着之用，堪称“服饰制作史陈列馆”。头饰包括银角、银扇、银帽、银围帕、银飘头排、银发簪、银插针、银顶花、银网链、银花梳、银耳环、银童帽饰等。胸前挂银锁和银压领，胸前、背后戴的是银披风，下垂许多小银铃。耳环、手镯都是银制品。苗族姑娘盛装的服饰常常有数公斤重，有的还是几代人积累传承下来的，素有“花衣银装赛天仙”的美称。这正是苗族服饰被称为是“穿在身上的百科全书”的原因。

4．饮食

苗族以大米为主食，又以油炸粑粑最为著名。四川、云南等地的苗族喜吃狗肉，有“苗族的狗，彝族的酒”之说。以辣椒为主要调味品，有的地区甚至有“无辣不成菜”之说。各地苗族普遍喜食酸味菜肴，酸汤家家必备。苗族在盛大的节日如二月二等，各家各户都要煮红鸡蛋，苗族人认为，红鸡蛋表示吉祥、平安、如意，能给人带来祝福。所以在这天，长辈们会将五彩的丝带织成一个网兜，把红鸡蛋装在网兜里，挂在孩子的胸前，希望孩子能健康成长。如果是远方来的客人，苗族同胞们便把红鸡蛋送给他们，收到红鸡蛋的客人或者朋友就会得到祝福，吉祥如意。

5．节庆

苗族节日较多，除传统年节、祭祀节日外，还有专门与吃有关的节日，如吃鸭节、吃新节、杀鱼节、采茶节等。过节除备酒肉外，还要必备节令食品。如吃鸭节时，家家都要宰鸭子，并用鸭肉和米一起煮成稀饭食用；在吃新节时，要用新米做饭，新米酿酒，就连菜和鱼，都要刚摘、刚出塘；过杀鱼节时多在江边，由妇女带上饭、腊肉、香肠等酒菜，等在河边，只要捉到鱼，即燃起篝火，架锅煮鱼直到尽兴方归。

（1）开年节

开年节是苗族人民的“春节”，也称“客家年”。年前，各家各户都要准备丰盛的年食，除杀猪、宰羊（牛）外，还要备足糯米酒。年饭十分丰盛，讲究“七色皆备”“五味俱全”，还要用最好的糯米打“年粑”。互相宴请，互相馈赠。

（2）踩花山

踩花山是苗族传统节日，节日期间，青年男女对歌、跳芦笙舞，寻求配偶。老农们则来到花场地交流生产经验，传授生产技术，祝愿五谷丰登。

（3）龙船节

龙船节是流行于湘西和黔东南施洞、松桃一带的苗族节日，大都在农历五月初五进行，这天除了角逐龙舟外，还有跑马、斗牛、踩鼓等活动。

（4）姐妹节

每年农历三月十五至十八日为苗家“姐妹节”。节日里，苗族人按传统风俗要吃“姐妹饭”，姐妹饭是用苗族姑娘在山上采集的野花和叶子把糯米染成五颜六色后蒸制而成的。

6．禁忌

苗族人忌讳别族人称呼自己为“苗子”，认为这是侮辱性和挑衅性的语言；认为蛇、虎是有灵性的动物，所以忌讳直说其名；节日和嫁娶喜庆日都忌说不吉利的话；嫁娶出门忌遇蛇横穿拦路；节日及看望老人、病人忌带白鸡，认为白色是表悲之色；苗族村寨中的芦笙坪、游方场是固定的，忌随意改动；村寨周围的护寨树及其他草木忌乱砍乱伐；苗寨扫寨时忌外寨人进入；忌出门求财、求婚、求学、求医遇见黄鼠狼和蛇横穿拦路；非正常死亡的人忌置于家中；家有丧事忌出殡未满三天就扫地：忌孕妇送葬；忌用白公鸡做贺礼；家中有病人，门口插草标，忌外人进家。不能坐在供奉祖先神位的地方，火炕上的三角架不能用脚踩；不许在家或夜间吹口哨；不能拍了灰吃火烤的糍粑；遇门上悬挂草帽、树枝或婚丧祭日，不要进屋；路遇新婚夫妇，不要从中间穿过等。

三、蒙古族

蒙古族是我国东北地区主要的少数民族之一，主要分布在内蒙古自治区。全世界蒙古族人约有 1 000 万人，除蒙古国外，蒙古族人口主要集中在我国内蒙古自治区、新疆维吾尔自治区及临近省份以及俄罗斯。中国的蒙古族人口约为 598.18 万（2010 年人口普查），在我国少数民族人口里排名第六。蒙古族的语言为蒙古语，蒙古族信仰喇嘛教，多住蒙古包。

1. 礼节

蒙古族长幼有序，敬老爱幼。到蒙古包牧民家做客，见到老人要问安，称呼老人要称“您”，不能以“你”相称或直呼其名。

哈达是蒙古族日常行礼中不可缺少的物品，是蒙古族牧民迎送客人和日常交往中具有重要意义的礼物。献哈达时，主人张开双手捧着哈达，吟唱吉祥如意的祝词或赞词，渲染庄重的气氛，同时将哈达的折叠口向着客人。客人要站起身面向对方，集中精力听祝词，接受敬酒。接受哈达时，客人应微向前躬身，献哈达者将哈达挂于客人颈上。客人应双手合掌于胸前，向献哈达者表示谢意。

蒙古族传统礼节除了献哈达外，现在还有鞠躬礼和握手礼，蒙古族牧民十分热情好客、讲究礼仪，如果你是贵客，主人会设全羊席来款待你，表示主人对你的尊敬。到民家中后，主人按浅茶满酒的礼俗热情敬献上奶茶和美酒。这时客人最得体的做法是按照蒙古族人敬酒的方式，左手捧杯，用右手的无名指蘸一滴酒弹向头上方，表示先祭天；第二滴弹向地，表示祭地；第三滴酒弹向前方，表示祭祖先，随后把酒一饮而尽。如果客人不会喝酒，只要轻轻沾唇后把酒杯恭敬地放在桌上就可以了。

2. 服饰

蒙古包是游牧民族的一种传统民居，呈圆形尖顶，顶上和四周以一至两层厚毡覆盖，是蒙古族人民智慧的结晶。

蒙古族服饰（见图 11-5）具有鲜明的草原风格。蒙古族长期生活在塞北草原，不论男女都爱穿长袍，长袍身端肥大，袖长，多红、黄、深蓝色。男女长袍下摆均不开衩。红、绿绸缎做腰带。蒙古族服饰除长袍外还包括腰带、靴子、首饰等，但因地区不同在式样上有所差异。蒙古族男子穿长袍和围腰，妇女衣袖上绣有花边图案，上衣高领。妇女喜欢穿三件长短不一的衣服，第一件为贴身衣，袖长至腕，第二件外衣，袖长至肘，第三件无领对襟坎肩，钉有直排闪光纽扣，格外醒目。

图 11-5　蒙古族服饰

3. 饮食

蒙古族讲究饮食，品种多样，以奶食、肉食为主，粮食为辅。牧区中奶食、肉食和粮食差不多“三分天下”。在长期的游牧生活中，蒙古族创造了一套制作和保存奶食品的方法，鲜牛奶经发酵、蒸、煮、晒等工序后，可以制成黄油、奶油、奶酒、奶干、奶皮等。炒米、奶茶以及奶油、奶皮、奶酪和酸奶子等是蒙古族牧民最有特色的日常食品，当然还有著名的手扒肉和全羊席等。蒙古族颇注重饮食的文化气氛，歌舞常伴，隆重场合还要朗诵专门的祝词或赞歌。大部分蒙古人都能饮酒，以白酒为主，有的地区也饮用奶酒和马奶酒。马奶酒味道醇香，清凉解渴，是牧民款待贵客的最佳冷饮。每逢节日或亲朋相聚，都有饮奶茶的习惯。

4．节庆

蒙古族的传统节日主要有春节、马奶节、那达慕、燃灯节、苏鲁锭祭祀、敖包祭祀等。

（1）春节

蒙古族民间一年之中最大的节日是相当于汉族春节的年节，亦称“白月”，节日的时间与春节大致相符。除夕，家家都吃手扒肉、饺子、烙饼，初一的早晨，晚辈要向长辈敬“辞岁酒”。

（2）马奶节

锡林郭勒的牧民除过年节外，还在每年的夏天过“马奶节”，节前家家要宰羊做手扒羊肉或全羊宴，还要挤马奶酿酒。节日的当天，每个牧民家都要拿出最好的奶干、奶酪、奶豆腐等奶制品摆在盘子里，用以招待客人。马奶酒被认为是圣洁的饮料，是献给贵客最好的饮品。

（3）“那达慕”大会

“那达慕”在蒙古语里是“娱乐”“游戏”的意思。这个节日，有着悠久的历史。现在的“那达慕”大会已经舍弃了一些旧的形式和内容，成为蒙古族人民团结、欢乐的节日。每年七八月，牧民们从各处汇聚一处，举行一年一度的盛大集会。会上，举行赛马、摔跤、文艺演唱和商业贸易活动。大会有时连续举行几天，充满了欢乐。

（4）燃灯节

每年农历十月二十五日，待夜幕降临，家家点燃酥油灯，以示欢庆。如今，和布克赛尔蒙古自治县、额敏县多数蒙古族已不过燃灯节；乌苏县蒙古族在燃灯节的一天多不燃灯，代之以各种娱乐形式。

5．禁忌

蒙古族禁忌较多，主要表现在以下几个方面。火忌，蒙古族崇拜火，认为火能驱妖避邪，十分神圣，所以人们进入蒙古包后，忌在火炉上烤脚，不得跨越炉灶或脚蹬炉灶，不得在炉灶上磕烟袋、摔东西、扔脏物；不能用刀子挑火、将刀子插入火中或用刀子从锅中取肉；水忌，蒙古族人认为水是纯洁的神灵，忌在河流中洗手或沐浴，最忌往河流中扔脏物。

蒙古族人忌讳外人用手摸小孩的头部；忌打狗，到牧民家做客时，要在蒙古包附近勒马慢行，待主人出包迎接，并看住狗后再下马，千万不能打狗骂狗，闯入蒙古包；出入蒙古包时，忌踩蹬门槛，进蒙古包时，要注意整装，切勿挽着袖子，把衣襟掖在腰带上；不可提着马鞭子进去，要把鞭子立着放在蒙古包门的右方；进蒙古包后，忌坐佛龛前面，否则主人会认为客人不懂礼俗；牧民家有重病号或病危的人时，一般在蒙古包左侧挂一根绳子，并将绳子的一端埋在东侧，说明家里有重患者，不待客。蒙古人族忌吃狗肉，不吃鸡、鸭的内脏。

四、满族

满族，原称“满洲族”，满族人亦称“满民”“满人”等。满族人散居中国各地，以居住在辽宁的为最多，形成大分散、小聚居的特点。2010 年统计的满族人口数为 1 038 万人左右。清代以来的 300 多年间，满、汉长期杂居共处，关内的满族已在语言、服饰、习俗等方面与汉族无差异。目前，除一些语言学者外，满族人通用汉语。

1．礼节

满族非常重礼节，平时见面都要行请安礼。最隆重的礼节是抱见礼，也称“抱腰礼”，是满族的大礼。至亲相见、贵宾来访等重要的交际场合，可行抱见礼。如果遇到长辈，要请安后才能说话，以示尊敬。路遇长辈或兄长，须问安，并站立路边，让其先过。媳妇在满族家庭中必须循规蹈矩，旧时代新过门的媳妇头一年不许上炕吃饭，对公婆要恭而敬之。满族未嫁的姑娘（称“格格”），不受礼法约束，家中称“姑奶奶”，有“鸡不啼，狗不咬，十七八的姑娘满街跑”之说。家中平辈之间，都对“姑奶奶”敬畏三分，长辈对姑娘也格外宠爱。如遇家中有喜庆大事，必须扎起彩车将嫁出去的“姑奶奶”接回家来。满族人家对女婿特别敬重，待如上宾，对女婿称“姑老爷”。

满族接待客人，不避内眷，家庭女性成员都可参加对客人的敬酒等活动。主人陪客人饮酒吃饭时，要给客人斟满杯酒，倒茶时不能过满，有“满杯酒，半杯茶”之说。陪客人吃饭，主人不能先停箸，待客人吃完饭离开饭桌，方可收拾碗筷。为客人递烟点火，要根据辈份、职位依次进行为敬。

满族以西为尊。满洲族传统住房一般为西、中、东三间，大门朝南开，西间称西上屋，中间称堂屋，东间称东下屋。满族人喜欢睡火炕，家家户户都有火炕，以西炕为尊，南炕为大，北炕为小。西炕墙上供祖先神板，炕上设摆香案，一般不住人。南炕居长辈老人，北炕住晚辈。

2．服饰

满族历史悠久，文化发达。其服饰高雅华丽，在我国民族服饰文化中独树一帜，历史上曾对我国的服饰发展有过很大的影响。满族先民为适应寒冷气候而选择了保暖性较好的袍装作为日常服饰。在明朝中期满族吸收中原汉族的袄式服装，改进成具有其民族特色的“旗装”，也称“旗袍”。旗袍的一般样式为直领、窄袖，右开大襟，钉扣绊，紧腰身，衣长至膝下，两侧开叉。既表现出身材美，又文雅大方。满族的男子剃去周围头发，束辫并垂于脑后，穿马蹄袖袍褂，两侧开叉，腰中束带，便于骑射。满族妇女的发式变化很大，姑娘时代，只简单地把头发在脑后挽一下。快出嫁时，就要把头发梳成辫子并挽成单发髻，结婚后的发式有双髻式、单髻式等。

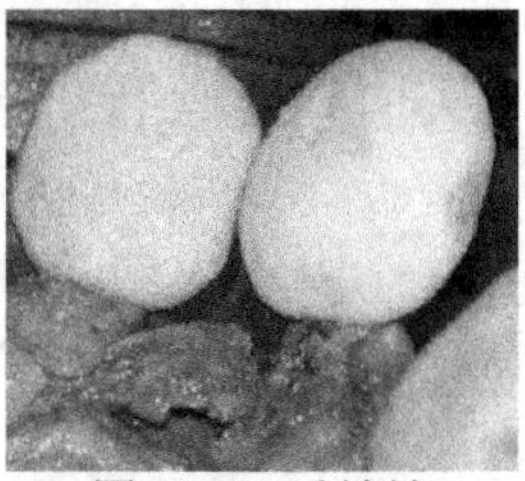
图 11-6　香饽饽

3．饮食

满族由于生活环境的不同以及与汉族交流频繁，饮食习惯与汉族比较相似。满族以大米、面粉为主食，肉食以猪肉为主，常用白煮的方法烹制。满族设宴时多用烤全羊，忌吃狗肉。满族人喜欢吃黏食，如饽饽（见图 11-6）是满族人祭祀时必备的祭品。冬季寒冷，没有新鲜蔬菜，常以腌渍的大白菜为主要蔬菜。用酸菜熬白肉、粉条是满族入冬以后常吃的菜。过节的时候吃“艾吉格饽”（饺子），农历除夕时，要吃手扒肉等。饽饽、汤子、萨琪玛等食品至今仍深受人们的喜爱。满族人还喜欢吃火锅，火锅这种吃法在满族已有上千年的历史。

4．节庆

满族的传统节日与汉族的颇为相似。

上元节，即正月十五，俗称“元宵节”。同汉族一样，满族也有元宵节挂彩灯和吃元宵的习俗。

走百病是满族妇女的节日，一般在正月十六。当晚妇女们三五成群，结伴远游，或走沙滚冰，或嬉戏欢闹。

二月二日，俗称“龙抬头”，当日清晨，把灶灰撒在院中，灰道弯曲如龙，俗称“引灰”。然后在院中举行仪式，祈求风调雨顺。全家人还要吃“龙须面”和“龙鳞饼”，妇女们这天不能做针线活。

清明节，上坟祭祖时，不像汉族焚纸钱后在坟顶上压纸钱，而是在坟上插“佛朵”。

端午节，满族的端午节不是为了纪念屈原，而是祈福禳灾。

腊八节，满族的腊八节要泡“腊八醋”、煮“腊八粥”，除全家人吃外，还要分送亲友。

小年，即腊月二十三，届时家家户户要祭祀灶神，俗称“送灶王爷”，满族过小年的习俗与汉族相同。

“颁金节”，在每年农历十月十三“满族命名日”举行“满族颁金节”庆祝活动，以纪念满族的诞生。

5．禁忌

满族最突出的禁忌为忌杀狗，禁食狗肉，禁穿戴狗皮的衣帽；堂中祖先牌位禁忌乱摸乱动；忌用杂毛猪作为祭祖供品；满族奉貂为家神，捕貂前亦须祭祀貂神，捕貂时禁穿戴貂皮衣帽，获貂后禁当场剥皮，走出百步之后方可；满族妇女怀孕 5 月以上者，禁入马棚，亦不准牵马；满族忌棺材从门而出，认为门是为活人所设，死人不可用，故有窗户出棺之俗；孝子治丧后百日内忌剪发，禁止参加宴会及娱乐活动；送葬后，亲人不许在家中哭泣，否则认为会再死人。当然有些习俗在时代的潮流中已经渐渐淡出人们的视线，满族人也不再拒泥于一些迷信的习俗。

● **知识链接 11-5**

满族的端午节

汉族的端午节是为了纪念伟大的诗人屈原，而满族是为了祈福禳灾。相传很久以前，天帝派人下凡体察民情，五月初五天帝的使臣扮成卖油翁吆喝道：“一葫芦二，二葫芦三。”大家争先抢购，只有一个老头不仅不买，还告诉老翁算错账了。等油卖完了老翁尾随那个不买油的老头说：“你是好人，今天晚上瘟神降瘟灾，你在自己屋檐上插上艾蒿，可以躲过瘟灾。”老头听后就挨家挨户告诉所有的人，让家家插上艾蒿。果然瘟神降瘟灾，但人们都得救了，后相沿成俗。直到今日，满族人仍重视这一节日。端午满族讲究在房檐上插艾蒿以防病，还讲究到郊外踏露水。据说用这天的露水洗脸、头和眼，可以避免生疮疖和闹眼病。

五、朝鲜族

朝鲜族主要分布在黑龙江、吉林、辽宁三省，少数散居在内蒙古和内地一些城市。中国的朝鲜族是 17 世纪时由朝鲜半岛迁徙过来的。2010 年统计的朝鲜族人口约为 183 万人。朝鲜族通用语言为朝鲜语，属阿尔泰语系，杂居地区的朝鲜族通用朝鲜语和汉语双语。

1．礼节

朝鲜族礼节很严，讲求父慈子孝，长子赡养父母。老人的社会地位很高，人们非常鄙弃不孝不敬的人和行为。晚辈对长辈说话必须用敬语；平辈之间初次见面也要用敬语；与长者同路时，年轻者必须走在长者后面；路遇认识的长者，要问安让路；就餐时给老人摆单人桌，父子不同席，儿媳恭顺地侍候，待老人吃完，全家才能就餐；晚辈不能在长辈面前喝酒，席间若无法回避，年轻人应举杯背席而饮；年轻人不能在老人面前吸烟，不能借火，更不能和老人接火。

2．服饰

朝鲜民族服饰（见图 11-7）的结构自成一格，上衣自肩至袖头的笔直线条同领子、下摆、袖肚的曲线，构成曲线与直线的组合，没有多余的装饰。朝鲜族人比较喜欢素白色服装，以示清洁、干净、朴素、大方，故朝鲜族自古有“白衣民族”之称。妇女穿短衣长裙，这也是朝鲜族妇女服装的一大特色。短衣，朝鲜语叫“则高利”，是一种斜领、无扣、用带子打结、只遮盖到胸部的衣服；长裙，朝鲜语也叫“契玛”，腰间有细褶，宽松飘逸。这种衣服大多用丝绸缝制而成，色彩鲜艳。朝鲜族男子一般穿素色短上衣，外加坎肩，下穿裤腿宽大的长裤，裤脚系上丝带。外出时多穿斜襟以布带打结的长袍。

图 11-7　朝鲜族服饰

3．饮食

朝鲜族一向崇尚礼仪，注重节令。每逢年节和喜庆的日子，饮食更加讲究，所有的菜肴和糕饼，都要用辣椒丝、鸡蛋片、紫菜丝、绿葱丝或松仁米、胡桃仁等加以点缀。狗肉是朝鲜族喜吃的肉食之一，除婚丧及节日不吃狗肉外，其他季节都可吃狗肉。“补身炉”又称“补身汤”，是用狗肉加各种调料烧成的狗肉火锅，是入伏后人们最爱吃的一道名菜。明太鱼是清明节必不可少的菜肴，民间认为，清明节吃明太鱼，可保佑一年平安。所有的节日菜肴都要有冷盘和生拌，如生拌牛肉、生拌明太鱼等。节日的主食除米饭外，还有许多风味面点和小吃，如打糕、冷面等。除了传统节日外，小儿周岁、结婚、老人大寿，都要大摆筵席，宴请客人。届时要先在餐桌上摆一只煮熟的大公鸡，公鸡的嘴里还要叼一只红辣椒。所有礼仪筵席，以祝贺老人六十大寿的“花甲”席最为讲究和隆重。

4．节庆

朝鲜族节日与汉族基本相同，朝鲜族传统的节日有春节（岁首节）、上元节、清明节、寒食节、端午节、中秋节、儿童节、老人节、等。此外，还有三个家庭节日，即婴儿诞生一周年，“回甲节”（六十大寿）、“回婚节”（结婚六十周年纪念日）。

（1）春节

在朝鲜族春节期间，男女老少纵情歌舞，压跳板，拔河，竞赛场上，热闹非凡，人们扶老携幼争相观看。

（2）上元节

上元节是朝鲜族传统岁时节日，每年农历正月十五日举行。这一天，要先到祖坟送灯，然后在堂内挂灯，院内挂天灯、院门两旁挂壁灯，还要到河里放灯船。这一天还要吃药饭、五谷饭，早餐喝聪耳酒。正月十五晚上会举行传统的庆祝集会，请几位老人登上木制的“望月架”，以先看到明月为福，意味着儿孙满堂、万事如意。随后，大家围着点燃的“望月楼”，随着长鼓、洞箫和唢呐载歌载舞直到尽兴。

（3）回婚节

在朝鲜族的家庭节日中，最隆重的是“回婚节”，亦称“归婚节”，即结婚60周年纪念日。举行回婚节必须具备如下三个条件：一是老两口都健在；二是亲生子女都在世；三是孙子孙女无夭折。如果亲生子女或孙子孙女中有死亡者，则不能举行回婚节。因此，谁家能举办回婚节，是种很大的荣耀，亲朋好友都要前来祝贺。当日，一对老人穿上年轻时的结婚礼服，相互搀扶着入席，大家频频举杯祝福，比年轻人的婚礼更为热闹隆重。

（4）洗头节

阴历六月十五是朝鲜族的洗头节。这一天被视为黄道吉日。清晨，男女老少都到河边洗头，传说用向东流的溪水洗头是最吉利的。晚上，人们还要在家里举行洗头宴，唱洗头歌，然后全家老少高高兴兴地坐在一起，吃一顿丰盛的晚餐。

5．禁忌

朝鲜族忌讳被称为“鲜族人”，认为这是日本侵略时代留下的蔑称。晚辈不能在长辈面前喝酒、吸烟；吃饭时，匙要放在汤碗里，若放在桌上则表示已吃完。

六、回族

最早的回族人是公元7世纪来华经商的阿拉伯人和波斯人后裔。13世纪，大批穆斯林从中亚迁入中国，并同当地的汉族、维吾尔族、蒙古族等融合，形成了回族。经2010年人口普查，全国回族有1 058万人，约有1/3聚居在宁夏回族自治区，其余散居在全国各地，新疆的回族也同国内的回族一样具有大分散、小集中的特点。回族信奉伊斯兰教，“阿訇”是清真寺主持，深受穆斯林和回族人的尊敬。

1．礼节

回族人尊敬长者，非常注意并尊重别人，不喊外号。客人来访，要先倒茶，还要端上瓜果点心或自制面点招待，而且所有家庭成员都来与客人见面、问好。若遇上老年客人，还要烧热炕请老人坐，并敬“五香茶”或“八宝茶”。送客时，全家人都要一一与客人道别、祝福。在祈祷中不能被打扰。居室里面忌放猪皮、猪鬃等制品。忌用左手递送物品。凡供人饮用的水井、泉眼，一律不许牲畜饮水，也不许任何人在附近洗脸或洗衣服。取水前一定要洗手，盛水容器中的剩水不能倒回井里。

2．服饰

回族服饰有鲜明的民族特色，最显著的特征便是穆斯林服饰，回族服饰的主要标志在头部，男子多戴小白帽（见图11-8），女子戴各种花色的头巾。回族妇女常戴盖头，盖头也有讲究，老年妇女戴白色的，显得洁白大方；中年妇女戴黑色的，显得庄重高雅；未婚女子戴绿色的，显得清新秀丽。不少已婚妇女平时也

图11-8　回族服饰

戴白色或黑色的带沿圆帽。服装方面，回族老年男子爱穿白色衬衫，外套黑坎肩（称“马夹”）。回族人根据不同的季节，穿不同的坎肩，有夹的、棉的，还有皮的，既可当外套，又可穿在里面。回族男子的青坎肩，在襟边、袋口处用针扎出明线，使衣服各边沿工整挺括，突出服装造型的线条美，同时，用相同的衣料做小包扣，显得雅致。回族妇女的传统衣服一般都是大襟为主，装饰内容很丰富。少女和少妇很喜欢在衣服上嵌线、镶色、绲边等，有的还在衣服的前胸、前襟处绣花，色彩鲜艳，起到画龙点睛的作用。

● **知识链接 11-6**

回族的盖头

盖头，旨在盖住头发、耳朵、脖颈，他们认为这些部位是妇女的羞体，应该加以遮盖。戴盖头的习俗，一是受阿拉伯国家的影响。在阿拉伯地区，原来风沙很大，水源较少，人们平时难以及时沐浴净身。为了防风沙、讲卫生，妇女们自己缝制了能遮面护发的头巾。后来许多阿拉伯、波斯商人把这种习俗带到中国。二是受伊斯兰教的影响。《古兰经》说：“你对信女们说，叫她们降低视线，遮蔽下身，莫露出首饰，除非自然露出来的……”中国回族女性虽然已弃用面罩，但也以头巾护头，一般把头发、耳朵、脖子都遮掩起来，久而久之便形成了回族妇女戴盖头的习惯。

3．饮食

由于回族分布较广，各地自然条件、经济发展差异很大，各地回族的食俗、食品结构及烹调技法也不完全一致，如宁夏的回族以米、面为日常主食；而甘肃、青海的回族则以小麦、玉米、青稞、马铃薯为日常主食。油香、馓子是各地回族喜爱的特殊食品。宁夏回族偏爱面食，喜食面条、面片，在面汤中加入蔬菜、调料和红油辣椒，称为汤面或连锅面；将清水煮好的面条、面片捞出，浇上肉汤料或素汤料，称为“臊子面”。民间特色食品有酿皮、拉面、大卤面、肉炒面、豆腐脑、牛头杂碎、臊子面、烩饸饹等。多数人家常年备有发酵面，供随时取用。

回族人也喜饮茶和用茶待客。云南的回族喜饮绿茶，西北地区回族的盖碗茶很有名，宁夏回族则喜欢八宝茶。回族的日常饮食很注意卫生，凡有条件的地方，饭前、饭后都要用流动的水洗手，多数回族不抽烟，不饮酒。

4．节庆

回族生活习俗各方面都深受伊斯兰教影响，主要节日有“开斋节”“古尔邦节”“圣纪节”等三大节日。

（1）开斋节

开斋节在回历每年 9 月，从见新月到下月见新月终的一个月里，凡男子在 12 岁以上，女子 9 岁以上，都要把斋。即从日出后到日落前，不得进食，直到斋期结束。开斋时要欢庆 3 天，家家宰牛、羊等招待亲友庆贺，并要做油香、馓子等多达二三十种节日食品。斋戒的目的，在于培养人的坚强意志、廉洁守法的德操，而开斋节则是对斋月圆满成功的欢乐庆贺。

（2）古尔邦节

古尔邦节即献牲节，在回历 12 月 10 日。节日当天不吃早点，到清真寺做过礼拜之后宰牛献牲。献牲的牛羊，要体态端正、无缺损，宰后的牲畜按传统分成三份，一份施散济贫，一份送亲友，一份留自己食用，但不能出售。

（3）圣纪节

圣纪节亦称“圣忌节”，为伊斯兰教三大节日之一，是纪念伊斯兰教创始人穆罕默德诞辰和逝世的纪念日。重庆市的一些回族人过去每到圣纪节前夕，先请教民在晚拜后来清真寺赞圣。我国其他地方的回族人一般都将“圣诞”和“圣忌”合并纪念，俗称“圣会”。节日里，清真寺张灯结彩，回族群众聚集在清真寺诵经、赞圣、礼拜，并由阿訇讲穆罕默德的生平简历，功绩品德。仪式结束后，开始会餐。

（4）阿述拉节

阿述拉节是西北部回族节日，届时要选用当地的五谷杂粮，掺上牛羊杂碎煮熟食用。节日期间宴请客人必备手抓羊肉，其次是用鸡肉做成的各种菜肴。回族人在节前，家家户户都要清扫居室和环境，做食品，以备节日招待客人。节日清晨，男性教民都要去清真寺会礼，妇女在家准备饭菜。这一天，大人小孩都穿新衣服，大人给小孩散钱。节日期间，要走亲访友，互相拜节祝贺。回族人民除过本民族的节日外，一般也过汉族的节日。

5．禁忌

在饮食方面，回族除忌食猪肉外，忌食狗、驴、骡、马、猫及一切凶猛禽兽、爪利牙锐和性情凶恶的飞禽、猛兽及鱼类。回族的饮水较讲究，凡是不流动的水、不洁净的水均不饮用；忌讳在饮水源旁洗澡、洗衣服、倒污水；禁止抽烟、喝酒；回族结婚筵席菜肴忌讳单数，双数象征新婚夫妇永远成双成对。在信仰方面，回族禁止拜任何偶像，在回民聚居的村寨一般不搞人头塑像，家里忌摆各种人物和动物塑像，墙上也不挂人头画像，只挂山水风景画。在社会行为等方面，禁止在背后诽谤别人和议论他人短处；禁止放高利贷，赌博；一般实行族内通婚，限制同胞兄弟姐妹结婚。丧葬习俗因地区不同而有所区别，有的地方办丧事三天不动烟火，由附近的亲戚邻居送食，禁止请客，三天后方进行纪念活动。

七、维吾尔族

维吾尔族主要分布在新疆维吾尔自治区，大多数聚居于天山以南的各个绿洲，少数分布在湖南省桃源、常德等地。据2010年人口普查，维吾尔族人口约1 006万，分布于新疆全境的城市和乡村中。维吾尔族有自己的语言，维吾尔语属阿尔泰语系突厥语族，文字是以阿拉伯字母为基础的拼音文字。维吾尔族信奉伊斯兰教。传统节日有肉孜节、古尔邦节、初雪节等。

1．礼节

维吾尔人非常重视礼貌。见面招呼时习惯把手按在胸部中央，身体前倾30度或握手，并连声说“您好”。在屋里就座的时候，要跪坐，忌双腿直伸、脚尖朝向他人。平时说话要让长者先说，走路让长者先行，落座时让长者坐上座。家里有客时，全家出来迎接，进门前和用餐前女主人要用水壶给客人冲洗双手。主人敬客人熟羊头时，客人要割下一块羊腮肉放在自己碗中表示领情，再割一只羊耳朵给主人家的孩子（表示小孩子听话），最后再恭敬地将羊头奉还。吃馕时要掰成小块吃。

2．服饰

维吾尔服饰（见图 11-9）具有鲜明的民族文化特色。花帽是维吾尔族服饰的组成部分，也是维吾尔族美的标志之一。每逢重大节庆活动，维吾尔族人都要精心绣制或选购小花帽打扮自己。有的还将花帽高挂在屋内壁间，以增添房间陈设的艺术情趣，有时作为珍贵礼品馈赠亲朋好友和来自远方的客人。

图 11-9　维吾尔族服饰

3 饮食

维吾尔族最有代表性的食物是烤羊肉串。维吾尔族通常是把米饭制作成称作“朴劳”的什锦炒饭（抓饭），人们在米饭中放入羊肉、蔬菜和葡萄干，食用时用右手的三个指头抓食。维吾尔族人喜欢喝奶茶、吃馕，喜欢吃拉面和包子以及“炖整羊”“涮羊肉”“烤羊肉串”“羊（牛）肉锅贴”等。面类食品中的拉面已普及到维吾尔族的千家万户中，其制作方法有两种：一种是像纺线一样把面条依次拉长放入锅中；另一种是用两手将一根面条加倍式地反复重叠拉长。

4．节庆

维吾尔族信仰伊斯兰教，传统节日都是伊斯兰教的宗教节日，其中最著名的是“开斋节”“古尔邦节”。过节时，维吾尔族人会穿上节日盛装，互相登门拜访，庆贺节日。

（1）开斋节

教历 10 月 1 日的开斋节是伊斯兰教节日，又称“拉玛丹节”，中国新疆地区称为“肉孜节”。按伊斯兰教的教法规定，伊斯兰教历每年 9 月为斋戒月，凡成年健康的穆斯林都应全月封斋，即每日从拂晓前至日落，禁止饮食和房事等。封斋第 29 日傍晚如见新月，次日即为开斋节。

（2）古尔邦节

古尔邦节是阿拉伯语的音译，意为“宰牲”或“血祭”。维吾尔族的古尔邦节同汉族的春节一样，节日气氛特别浓郁。古尔邦节前，人们要做各种准备，特别是作为“献牲”的牲畜要预先买好，节日的早晨沐浴全身，然后盛装到清真寺参加聚礼，再上麻扎尔（墓地）为亡故的先人祈祷，最后“换哈达”，即拔去坟头上的枯木，栽根新枝，浇些水再回家。拜节之后，才是同辈的亲朋好友之间的拜节，大家除了互相道贺，彼此问候之外，还共餐痛饮，吹拉弹唱，一起娱乐。

5．禁忌

维吾尔族人饭前饭后必须洗手，洗后只能用手帕或布擦干，忌顺手甩水，认为那样不礼貌。维吾尔族忌食猪、狗、驴、骡之肉和自死的禽畜肉及动物血，在南疆地区还忌食马肉和鸽子肉。院落的大门忌朝西开；维吾尔族人最忌讳在户外穿短裤；晚上睡觉时不能头朝东脚朝西或四肢平伸；忌随便走近灶台、水缸等；忌用单手接送礼物；不能在长者就座之前入座；做客时，不要拒绝主人提供的茶水和食品；用餐时不要从餐布或主人面前跨过。

八、藏族

藏族主要聚居在青藏高原及四川、甘肃、云南等地，2010年统计的中国境内藏族人口约为628万。素有“世界屋脊”之称的西藏，美丽神奇，是藏族的主要聚居地。藏族有自己的语言和文字，藏语属汉藏语系藏缅语族藏语支，分卫藏、康巴、安多三种方言。藏族信奉大乘佛教，大乘佛教吸收了藏族土著信仰苯教的某些仪式和内容，形成具有藏族色彩的“藏传佛教”。藏族将活佛、高僧尊为上人，藏语称为“喇嘛”，故藏传佛教又被称为“喇嘛教”。

1．礼节

藏族人在见面打招呼时，点头吐舌表示亲切问候，受礼者应微笑点头为礼。见到长者或尊敬的客人，要脱帽躬身45度，帽子拿在手上接近地面；见到平辈，头稍低就行，帽子拿在胸前，以示礼貌。男女分坐，并习惯男坐左女坐右。有客人来访，主人等候在帐外迎接客人光临。献哈达（见图11-10）是藏族待客规格最高的一种礼仪，表示对客人热烈的欢迎和诚挚的敬意。

图 11-10　献哈达

● 知识链接 11-7

献哈达

哈达是藏语，即纱巾或绸巾，它以白色为主，亦有浅蓝色或淡黄色的，一般长约1.5米至2米，宽约20厘米。最高级的是蓝、黄、白、绿、红五彩哈达，用于最高最隆重的仪式如佛事等。献哈达是中国藏族最常见的礼俗，远方的客人到来必献哈达，喜庆节日时，也以献哈达为礼。哈达有棉、麻、丝织品等几种，哈达越长，情谊越重。献哈达时，必须躬着身子，以双手捧献给对方；如果不鞠躬或用单手送，都是不礼貌的。受者若与献者地位相当，则要双手捧接，并且要以自己的哈达回赠，否则为失礼。如果是一般人向大活佛等尊献哈达，献者须将哈达置于桌上或置于受礼者的脚下，受礼者不必回赠哈达。对尊者、长辈献哈达的时候要双手举过头，身体略向前倾，把哈达捧到座前。对平辈，只要把哈达送到对方手里或手腕上就行，对晚辈或下属，系在他们的脖子上即可。

图 11-11　藏袍

2．服饰

藏袍（见图 11-11）是藏族的主要服装款式，藏袍可分牧区皮袍、色袖袍，农区为氆氇袍，式样可分长袖皮袍，宽肩无袖、无袖女长袍和加珞花领氆氇袍。藏帽式样繁多，质地不一，有金花帽、氆氇帽等一二十种。藏靴是藏族服饰的重要特征之一，常见的有“松巴拉木”花靴，靴底是棉线皮革做的。头饰、佩饰在藏装中占有重要位置，佩饰以腰部的佩褂最有特色，镶以金银珠宝。头饰的质地有铜、银、金质雕镂器物和玉、珊瑚、珍珠等珍宝。

3．饮食

藏族的饮食，牧区与农区稍有不同，但都喜欢吃青稞面、酥油茶和牛肉、羊肉、奶制品。牧民吃肉喜欢用白水煮，把带骨大块肉放锅里，肉煮至半熟时就可捞出来吃。对尊贵的客人要奉敬一盘羊尾，尾梢上还要留有一绺象征吉祥的白羊毛。藏历腊月二十九日是藏族吃年饭的日子，年饭称为“古突”，本意是“腊九粥”，由九种作物熬成粥。在藏族民间，无论男女老幼，都把酥油茶当作必不可少的饮料。

4．节庆

藏族节日繁多，大致可划分为传统节日和宗教节日两种，其中最为隆重的要数藏历新年。宗教节日还有牛王会、传昭大法会、酥油花灯节、萨噶达瓦节、沐浴节、雪顿节、赛马节、望果节等。

（1）藏历新年

藏历新年相当于汉族的春节 ，从藏历十二月中旬开始，人们就准备过年吃、穿、用的节日用品。从藏历十二月二十九日晚上，家家户户要团聚在一起吃“古突”，以此辞旧迎新，求得太平康乐。一家人在欢声笑语中吃完九道“古突”后，举着火把，放起鞭炮，呼喊着“出来”，走到十字路口祈望来年有好运。藏族人大年初一会来一个“抢水比赛”，每户要出一名年轻人到河边、井口或自来水下“抢”头道水。大年初二，走亲访友。大年初三以宗教、文体内容为主，以祈福禳灾。藏历新年的欢庆活动一直持续到藏历正月十五。

（2）酥油花灯节

酥油花灯节是藏族的传统盛会，每年在藏历一月十五日举行，因此也被称为“正月十五花灯会”。酥油是藏族食品之精华，是从牛、羊奶中提炼出的脂肪。用酥油作原料可制造出各种佛像、人物、山水、亭台楼阁、飞禽走兽、花卉树木等艺术品。在酥油花灯节这天，藏族百姓们都会白天朝佛、转经，寺院还会举行文艺活动。到了夜晚，各寺院张灯结彩，悬挂各式花灯，主要街道也搭起各种花架，放上酥油花，并点燃酥油灯进行祝福。

（3）萨噶达瓦节

藏历四月十五日是为纪念佛教创始人释迦牟尼诞辰、得道、圆寂日的“萨噶达瓦节”。这一天，拉萨的信教群众会倾城出动，围绕拉萨城区的林廓路烧香、还愿。

（4）燃灯节

燃灯节藏语称“葛登阿曲”，藏历十月二十五日举行，这天是宗喀巴圆寂日，晚上各地俗家和寺院都在屋顶上点灯，寺院内举行宗教仪式。

（5）驱鬼节

驱鬼节藏语称“古突”，藏历十二月二十九日举行，这一天各地寺庙举行盛大的跳神活动，家家户户打扫卫生，驱鬼消灾，迎接新年。

5．禁忌

由于藏族人民深受宗教的影响，又生活在特定的环境和条件下，致使生产和生活上形成许多礼俗禁忌。

藏民禁止杀生，古时会对以打猎为生的人给予鄙视和轻蔑，但捕猎有害于人畜的凶猛野兽，如狼、豹等者，会给予赞赏并视为英雄；藏族人禁食马、驴、骡和有爪子的动物，如狗、猫、老鹰、麻雀等。

禁止在寺庙附近砍伐树木、打猎杀生、吵闹酗酒；忌讳别人用手抚摸佛像、经书、佛珠和护身符等圣物，认为是触犯禁规；行路遇到寺院、玛尼堆、佛塔等宗教设施，必须顺时针绕行，不得跨越法器、火盆，经筒、经轮不得逆转。

妇女不能跨越鞍具及别人的衣物；过寺院、进村寨时，应于相距稍远处下马步行，以示对寺院和村寨的敬重；剪下的头发要放在墙角或杂木丛中，不能乱扔。

家中的锅灶不能踩踏，因灶有灶神，不能背对灶而坐，这是对灶神的不敬之举。

藏族人忌讳别人用手触摸自己的头顶；别人就座时，一般不从他人面前走过，如有必要走过时，须弯腰，收起衣角和衣袖，说声道歉，再轻轻走过；出门不说不吉利的话，早晨忌说死人、鬼等。

忌讳骑马经过他人村庄时，边策马边呼长号或吹口哨，否则视为对此地的轻视和挑衅；夜间不能把门敞开。

九、彝族

彝族是中国具有悠久历史和古老文化的民族之一，有诺苏、纳苏、罗武、米撒泼、撒尼、阿西等不同自称，总人口约871万（2010年）。主要分布在中国云南、四川、贵州三省和广西壮族自治区的西北部。彝族历史悠久，文化丰富多彩，古时候就对历法和宗教信仰有着深刻的研究，形成了自己独有的饮食和服装文化，经济也得到了发展。

1. 礼节

彝族是十分讲究礼仪的民族。彝族人常常自称“彝家”。彝族人见面要互致“执玛格力”即吉祥如意。尊敬老人、师长是彝族人普遍遵循的礼节，晚辈忌直呼长辈名字；晚辈特别是女晚辈上楼，不得从楼下的老人和长辈头上走过；彝族人互相窜门忌敲门，一般在离家较近的地方，向主人家问：“你家有狗没有？”或“你家狗拴好没有？”主人家听到有客人在门外招呼，便答应：“狗已经拴好了，请你到家里来。”随即出门拦狗或到门外来迎接客人。切忌什么招呼都不打，就直接闯进屋。到彝族人家做客，如果有长辈一同去，必须让长辈坐上方，自己坐下方。说话或介绍时，必须让长辈先发言，切莫长幼不分。

图 11-12　彝族服饰

2. 服饰

彝族服饰形式众多，男子喜穿黑色窄袖左斜襟上衣和多褶宽大长裤，缠包头，并在包头右前方扎一细长锥形的“英雄结”；女子喜穿镶边或绣花大襟右衽上衣和多褶长裙，有的系围裙和腰带，缠包头。男女外出时，喜披“擦尔瓦”。“擦尔瓦”形如斗篷，长可及膝，下端缀以长穗，用羊毛织成，多为黑色。

3．饮食

彝族有句格言：“汉人待客用茶，彝人待客用酒。”如你要拜访的是长辈，你得提上两斤酒（彝族人只有报丧的时候用独酒，因此忌用一斤酒访亲）。主客在就餐之前一般要饮酒庆贺，主客之间要互相敬酒，以示对对方的尊重。遇上有人酒敬，不能回绝，必须双手接着，如果自己酒量不好，就亲尝一口，并极时换杯回敬（如果不回敬表示你看不起对方）。饮酒时，大家常常席地而坐围成一个圆圈，边谈边饮，端着酒杯依次轮饮，称为“转转酒”。酒的种类有烧酒、米酒、荞面疙瘩酒等。

● 知识链接 11-8

彝族的“鸡冠帽”

某饭店接待了彝族撒梅人的民族团体，团体中美丽的少女们都各戴着一顶很漂亮的鸡冠帽。“鸡冠帽”是撒梅人服饰最具特色的地方，戴在姑娘头上，银光闪闪，光彩夺目，把撒梅姑娘装点得婀娜多姿。

有个饭店男员工出于好奇，用手摸了一下一位少女的帽子。族长获悉后以为男员工爱上了那位少女，向她求婚。后经饭店领导出面调解，二者以兄妹相称。

原来，在历史上这个少数民族曾在夜里受到外族的入侵，恰巧一公鸡鸣叫，唤醒了人们，才免去了一次灭族之灾。以后，为了纪念这只公鸡，村里美丽的少女都戴上鸡冠帽，男子一触摸就表示求婚。因此在接待少数民族的顾客时，应了解并尊重少数民族的风俗习惯，不触犯对方忌讳，这样才更有利于民族团结、社会和谐。

4．节庆

彝族过去崇拜万物有神和崇拜祖先。民间传统节日很多，主要节日有庆年节、十月年、火把节及区域性的节日和祭祀活动。

（1）庆年节

庆年节是彝族人民的传统节日，多在农历十月上旬择吉日举行，节期5～6天。节日里要杀猪、羊，富裕者要杀牛，届时要盛装宴饮，访亲问友，并互赠礼品，礼品多为油煎糯米粑或粑粑，并在上面铺盖四块肥厚的熟腊肉。

（2）火把节

火把节是彝族民间最隆重的节日，在农历六月二十四、二十五日进行，届时要杀牛、杀羊，祭献祖先，有的地区也祭土主，相互宴饮，吃坨坨肉，共祝五谷丰登。

（3）十月年

过十月年时，人们欢聚一堂，举行隆重的祭祖仪式，在十月年的3天节期中，第一天接祖，由毕摩做法事，由德高望重的老人领头，虔诚地把祖先接回寨中，将清洁后的祖宗灵位供奉起来，杀羊宰猪，以酒血祭祀祖先，用“祭祀调”歌颂祖先创业的艰辛和功绩，表达后辈的缅怀之情。

5．禁忌

彝族家庭生活中禁忌转多。不能蹲坐门槛上；不能抬脚跨过火塘；不能随意爬到灶上；供桌上不能摆非祭供物品；彝族妇女生孩子未满月时，除了家人以外，忌外人进入产妇的房间；彝族人死后，不许牛马走近，入棺后不能让猫、狗爬过棺底，更不能翻过棺盖；死者的儿子100天内不能理发，意为敬孝；在春节、火把节和一些重大节日期间，禁止下地生产劳动；过年三天内忌新鲜蔬菜进屋，这是对祖先最大的不敬；禁过年七天内推磨，不然会使家境贫困；旧时禁食狼、狐、蛇、乌鸦、喜鹊、麻雀、马、驴、骡等肉食，而今禁食狗、马、熊和蛇等动物的肉；忌用餐后把汤匙扣于碗盆的边沿上，因这是给死人敬食的方式；忌讳妇女将自己的首饰、衣物送给别人，认为这样会影响生育和孩子的顺利成长。

十、壮族

壮族是我国少数民族中人口最多的民族，主要分布在广西壮族自治区以及云南、广东、贵州三省，2010 年统计的中国境内壮族人口数为 1 692.6 万。壮族有自己的语言，壮族信仰多神教，崇拜巨石、老树、高山、土地，祖先崇拜占有主要地位，家里正屋都供奉着“天地亲师”的神位，有的还信奉佛教。

● 知识链接 11-9

壮族的民族语言

壮族有本民族的语言文字（见图 11-13）。壮语属汉藏语系壮侗语傣语支，分南北两大方言。部分外国学者根据壮语同源词的情况，将壮语划入澳泰语系。壮语与同语支的泰国语、老挝语、傣语相似程度相当高。壮族有自己的文字，从中国的唐代（7 世纪）就开始在民间使用。古壮字是“模仿”汉字《六书》的造字法而创造出的一种与壮语语音一致的“方块壮字”。但是这种壮字由于使用面不广，没能在全民推行，多用于书写地名、编山歌、记事。南宋时，曾在汉字的基础上创造出“土俗字”，但没能得到重视和推广。1950 年代，20 世纪 50 年代，在政府的号召下专家创制了以拉丁字母为基础的壮文，并于 1982 年又作了部分修订。

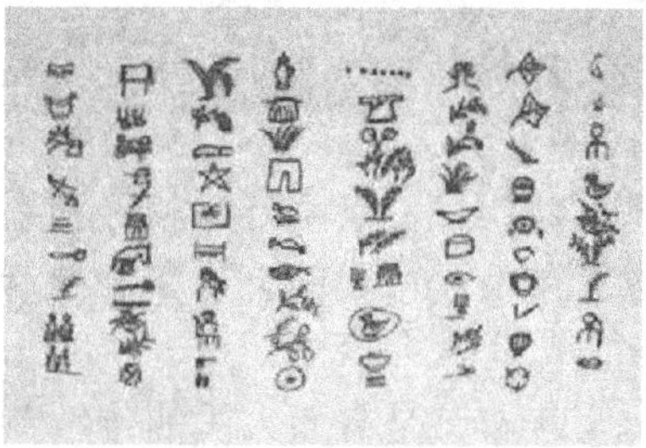

图 11-13 用壮族最古老的文字书写的《坡芽歌书》

1. 礼节

尊老爱幼是壮族的传统美德。路遇老人要主动打招呼、让路；在老人面前不跷二郎腿，不说污言秽语，不从老人面前跨来跨去；登上壮族人家的竹楼，一般都要脱鞋；杀鸡时，鸡头、鸡翘必须敬给老人；壮族人用餐时须等最年长的老人入席后才能开饭，长辈未动的菜，晚辈不得先吃；给长辈和客人端茶、盛饭，必须双手捧给，而且不能从客人面前递送。先吃完的要逐个对长辈、客人说“慢吃”再离席，晚辈不能落在全桌人之后吃饭。

热情好客是壮族人民的良好品质。如果有客人来访，他们都会热情招待，由主人出面请坐递烟，双手奉上茶；有客人在家，不可以大声讲话，进出要从客人身后绕行；和客人共餐，要两腿落地，和肩同宽，不能跷二郎腿。

2. 服饰

壮族多用自织的土布做衣料，款式多种多样。壮族女子的服装一般为一身蓝黑，裤角稍宽，头上包提花毛巾，腰间系精致的围裙；壮族服饰男女、婚否各有不同，男装有右襟与对襟两种，右襟衫反膊无领，对襟开胸，腰间系一条腰带。而女装为无领右襟，衣袖比男装大，长至膝盖，镶嵌绲边，边条有宽细，一般在两三道以上。已婚妇女有绲花边的肚兜，腰裤左边悬挂一个穗形筒，与锁匙连在一起，走动时发出“沙啦沙啦”的响声。

3. 饮食

壮族人喜欢用糯米制成各种粽子、糍粑、糕饼等食物，爱食酸。壮族人喜欢吃猪、牛、鸡、鸭、鱼肉，有的地方喜欢吃蛇肉、鱼生、豆腐圆等。壮族男子喜欢饮酒，并爱以酒招客。玉米的种植里仅次于稻米，品种齐全，其中的糯玉米是壮族人培育的优良品种之一，和糯米一样可口可以用来做粽子和糍粑。壮族的节日特殊主食，有色、味、香俱全的五色饭、糍粑、油堆和沙糕；壮族人普遍喜欢喝酒，招待客人的餐桌上有酒才显得隆重。其中米酒是过节及待客的主要酒水。壮族人做甜酒已有上千年历史，客到先敬甜酒，以示欢迎。

4. 节庆

壮族节日有壮年、春节、三月三、清明节、牛神节、六月十四或七月十四节、吃新节、老人节、中秋节、重阳节等。壮年和六月十四为壮族最隆重的节日，其次是清明节和吃新节。

（1）壮年

壮年以农历十二月为岁首，十一月末日为除夕，意为过二九（不管月大月小，都如此称谓）。是日，全寨集资买猪（有的村寨按户轮流专门喂养社猪），宰杀敬祀灶王，祈求保佑五谷丰登。不过过壮年的壮族村寨，则以春节为大年，其活动与当地汉族相同。

（2）清明节

从清明日起的三五天内，为扫墓挂亲期间。届时家家户户用预先到野外采摘的一种芳香黄花煮出黄水，浸泡糯米，蒸成黄米饭，杀鸡或宰猪、羊，挑往各祖坟前，烧香祭扫，坟顶插以白砂纸坟标。请四邻亲友欢宴，甚为隆重。

（3）牛神节

时在农历四月初八，是日让牛休息。家家吃黑糯米饭，无黑糯米者，即以一种树叶煮出叶汁，染成乌米饭。有的还以此饭喂牛，以示“慰劳”。

（4）三月三

壮族有定期举行的唱山歌会，称为“歌圩节”，以农历三月初三最为隆重。大山歌圩有万人以上参加，内容有请歌、求歌、激歌、对歌、客气歌、推歌、盘歌、点更歌、离别歌、情歌、送歌等，被誉为“歌仙”的刘三姐就是歌手的典型代表。歌圩期间，各家各户吃五色糯米饭，举行抛绣球、“碰蛋”等娱乐活动。

5. 禁忌

壮族忌讳戴着斗笠和扛着锄头或其他农具进入他人家中。火塘、灶塘是壮族家庭最神圣的地方，禁止用脚踩踏火塘上的三脚架以及灶台；壮族人忌讳农历正月初一这天杀牲；有的地区的青年妇女忌食牛肉和狗肉；妇女生孩子的头三天（有的是头七天）忌讳外人入内；忌讳生完孩子尚未满月的妇女到家里串门；壮族青年结婚，忌孕妇参加，孕妇尤其不能看新娘；家有产妇，要在门上悬挂枝条或插一把刀，以示禁忌；不慎闯入产妇家者，必须给婴儿取一个名字，送婴儿一套衣服、一只鸡或相应的礼物，做孩子的干爹或干妈；壮族是稻作民族，十分爱护青蛙，严禁捕杀青蛙，也不能吃蛙肉，有些地方的壮族有专门的“青蛙节”。

任务二　我国港澳台地区习俗礼仪

台湾、香港、澳门是中国不可分割的领土。香港于1997年7月1日回归祖国，面积约1 104平方公里，人口702.64万人，世界各大宗教在香港几乎都有人信奉，华人主要信仰佛教、道教。澳门于1999年12月20日回归祖国，总面积32.8平方公里，人口50余万人，是全球人口密度最高的地区之一。台湾位于中国大陆东南沿海的大陆架上，面积3.6万平方公里，人口约2 300万人。在港、澳、台生活的95%以上的人口是炎黄子孙，是我们的骨肉同胞。其姓氏称谓、婚丧礼仪、宗教信仰、节令时尚、饮食习惯等基本与广东、福建相似。同时受西方文化的影响，其节庆的形式与内容呈现出中西合璧的特点。

1. 礼节

港、澳、台地区通行的礼节为握手礼，亲朋好友相见时，也有用拥抱礼和亲吻礼的。对男士称“先生”，女士称“小姐”，如果是年纪大的男子可称“阿叔”或“阿伯”，年长的女子称“阿婶”。港、澳、台同胞在接受他人斟酒、倒茶时行“叩指礼”，即把手弯曲，以指尖轻轻叩打桌面以示谢意。港、澳、台同胞一般比较勤勉、守时，与他们交往时要注意遵守时间观念。与他人见面前应该先电话预约，会见亲朋忌伸“香蕉手”（香港民间对空手上门的客人称为“香蕉手”，意为两手空空），去人家家里做客可以准备一些水果糕点作为礼物。与他们谈话入正题前要说些客套话，多表示热情友好和真诚欢迎。

● **知识链接 11-10**

叩指礼

叩指礼相传起源于清代乾隆年间，传说乾隆皇帝下江南时，有一次在江南茶馆喝茶，他一时兴起，抓起茶壶给臣子们倒水。大臣们受宠若惊，按彼时规矩，无论皇帝给的什么东西都属于赏赐，接受者都要跪下谢恩。但在公共场合，又不能暴露身份，怎么办？情急之下，有个官员顿时伸出右手，把食指、中指并拢，自然弯曲，以两指关节轻轻敲击桌面，屈指代跪以示谢主隆恩，其他大臣纷纷效仿。这一礼节一直延续到现在。

2. 饮食

港、澳、台同胞的饮食习惯和大陆基本相仿。香港人的饮食特点是口味清淡，偏爱甜味，讲究菜肴鲜、嫩、爽、滑，注重菜肴营养成分。喜欢吃面食，爱吃鱼、虾、蟹等海鲜及鸡肉、鸭肉、蛋类、猪肉、牛肉、羊肉等。调料爱用胡椒、花椒、料酒、葱、姜、糖、味精等，对各种烹调技法烹制的菜肴均能适应，偏爱煎、烧、烩、炸等烹调方法制作的菜肴，最喜爱粤菜、闽菜，也喜欢乌龙茶、龙井茶等。

澳门人饮食“以中为主，中葡结合”，吸收了广东地区的烹饪方法和取材喜好，以及中国香港、葡萄牙、印度以非洲、东南亚等国家和地区的特色，创制出独一无二的澳门菜，如烧腊、多士、非洲鸡、马介休、葡国鸡、沙嗲等。受香港影响，澳门也有吃下午茶的习惯，一般在下午4时半左右，多以车仔面、多士、猪扒包、咖啡奶茶为主。在周末或假日，许多家庭只吃两顿饭。他们会在11时左右去酒楼饮茶，同时吃早饭和午饭。

台湾和香港、澳门一样，主食以大米为主。台湾盛产大米，有“米仓”之誉。盛产茶叶，其中冻顶乌龙茶驰名中外。台湾是个美丽富饶的宝岛，盛产水果，一年四季不断，因而有“水果之乡”的美称；台湾人在饮食上讲究清淡，喜甜味，与福建、江浙一带口味相近。

3．节庆

香港人和澳门人既过中国传统的节日，也过一些西方节日。对传统的民间节日非常重视，如农历新年、元宵节、清明节、端午节、重阳节、中秋节、赛龙舟会等都热闹非常，其中尤以春节最为热闹。香港、澳门和台湾都讲究好兆头，每到节日，都要燃放鞭炮、封“利是”、舞龙舞狮贺岁。过节时要祭神、祭祖，其形式、规矩讲究较多。

香港是一个中西荟萃的都市，除春节走亲访友，元宵节吃元宵、赛花灯、猜灯谜，端午节吃粽子、赛龙舟，中秋节赏月、吃月饼，重阳节登高远足等外，也受西方文化的影响，许多人也习惯过西方的圣诞节等节日。

澳门人由除夕晚开始，至翌日凌晨时分，大批善信涌往妈阁庙还神及祈求来年顺景，前往上香的市民又可在指定范围内鸣放烟花炮竹庆祝。另外，一些与宗教、习俗有关的节日，如“娘妈诞”“醉龙醒狮大会”“圣母花地玛出游”等也有庆祝活动。教堂内举行宗教弥撒和圣像出游，形形色色，充分表现了澳门中西文化相融的特色。

端午节与春节、中秋同为台湾同胞的三大传统节日。在端午节的前一周，从普通市民到机关团体，都紧锣密鼓安排节日的各种活动。由于专门放一天端午节假，更增添了节日气氛。人们纷纷包粽子，参与赛龙舟等活动。

4．禁忌

港、澳、台同胞过年时喜欢别人说“恭喜发财”之类的话，而不说“新年快乐”，因为“快乐”谐音“快落”。港、澳、台同胞，尤其是上了年纪的老一辈人说话讲究吉利，忌讳说不吉利的话，喜欢讨口彩。港、澳、台同胞都喜爱“8”和“6”，因为“8”是“发”的谐音，“6”与“禄”同音，也有“六六顺”之意；“3”在香港很吃香，原因是香港人读“3”与“升”是谐音；香港人特别忌“4”字，因广东话中“4”与“死”谐音，如住饭店不愿进“324”房间，因其在广东话里的发音与“生意死”谐音，不吉利。

港、澳、台同胞忌讳别人打听自己的隐私；给他们送礼不要送钟，因为“送钟”与“送终”同音；不要送剪刀或其他锐利的物品，它们象征断绝关系，有“一刀两断”之意；台湾人禁用手巾赠人，因在台湾是给吊丧者的留念，意为让吊丧者与死者断绝往来，故台湾有“送巾断根”或“送巾离别”之说。禁用扇子送人，有“送扇，无相见”之说。禁用雨伞送人，因为“伞”与“散”同音，送人不吉，故拿伞送人，会引起对方误会。由于长期受西方的影响，港、澳忌“13”“星期五”等。还忌讳给坐月子的人送鸭子，一则鸭属凉性，不利于产妇；二则台湾有“七月半的鸭子——不知死期”的民谚，是不祥之兆。

情境实训与练习

一、思考题

1. 土家族的服饰有何特点？

2. 简要阐述土家族的饮食特点。

3. 土家族有何交往禁忌？

4. 苗族服饰有何特点？

5. 蒙古族敬献哈达的礼节是什么？

6. 回族有哪些饮食禁忌？

7. 与藏族同胞交往应该注意哪些宗教禁忌和饮食禁忌？

8. 我国港、澳、台地区有哪些习俗禁忌？

二、实训题

1. 分组训练，扮演不同少数民族的交往对象，模拟交往过程并讲解应该注意的事项。

2. 分小组模拟导游和饭店工作人员，接待不同少数民族的游客。

三、案例题

你的禁忌我不懂

爱新先生是一个满族人。他到南方某市出公差，在预定的时间内提前完成了所办的事情，因已经订了返程的机票，所以爱新先生在最后一天参加了本地组织的一日游。游览了上午的景点，中午旅游社安排了免费午餐，爱新先生既圆满地完成公司的事情，又参观了当地的旅游景点，心情非常愉悦。南方冬季比较流行吃狗肉，由于是散团，导游也没在意游客的禁忌，午餐安排大家吃狗肉火锅。爱新先生拍案而起，恼怒离去。在座的其他游客和导游对突然离去的爱新先生甚是不解。

思考：

1．爱新先生为何恼怒离去？满族有哪些禁忌习俗？

2．导游工作有何失误？为避免此类事情再次发生，导游和饭店经营者应该如何开展工作？

参考文献

[1] 张丽娟，单浩杰．现代社交礼仪[M]．北京：清华大学出版社，北京交通大学出版社，2009．

[2] 金正昆．社交礼仪教程[M]．北京：中国人民大学出版社，2009．

[3] 金丽娟．中外礼仪[M]．武汉：武汉理工大学出版社，2010．

[4] 魏瑾，周鹏，王艳霞．礼仪规范教程[M]．北京：中国广播电视出版社，2011．

[5] 金丽娟．旅游礼仪[M]．天津：天津大学出版社，2011．

[6] 金丽娟．商务礼仪[M]．北京：北京大学出版社，中国农业大学出版社，2011．

[7] 张岩松．实用礼仪教程[M]．北京：中国人民大学出版社，2012．

[8] 郑思礼，李雨轩．旅游服务礼仪[M]．北京：机械工业出版社，2014．

[9] 徐兆寿．旅游服务礼仪[M]．北京：北京大学出版社，2013．

[10] 吕彦云．现代实用礼仪[M]．北京：清华大学出版社，2014．

[11] 李丽．旅游行业礼仪实训教程[M]．北京：北京大学出版社，2012．

[12] 陈光谊．现代实用社交礼仪[M]．北京：清华大学出版社，2009．

[13] 雷晶．旅游礼仪[M]．武汉：武汉理工大学出版社，2010．

[14] 陆永庆，王春林，郑旭华．旅游交际礼仪[M]．4 版．大连：东北财经大学出版社，2010．

[15] 胡柳．现代礼仪[M]．上海：上海交通大学出版社，2013．

[16] 汪东亮，胡世伟．商务礼仪[M]．桂林：广西师范大学出版社，2014．

[17] 王琦．旅游礼仪服务实训教程[M]．北京：机械工业出版社，2009．

[18] 金正昆．国际礼仪概论[M]．北京：北京大学出版社，2010．

[19] 赵序，金丽娟．中外民俗[M]．天津：天津大学出版社，2011．

[20] 熊国铭．旅游客源地与目的地概况[M]．上海：上海交通大学出版社，2012．